KB126015

중국의 안과 밖

중국적 표준과 세계질서

이 저서는 2019년 대한민국 교육부와 한국연구재단의 지원을 받아 수행된 연구임
(NRF—2019S1A6A3A02102843)
This work was supported by the Ministry of Education of the Republic of Korea
and the National Research Foundation of Korea (NRF—2019S1A6A3A02102843)

인천대학교 중국학술원 교양총서

02

중국의 안과 밖

중국적 표준과 세계질서

장정아·심주형·정주영 책임편집
인천대학교 중국학술원 중국·화교문화연구소 기획

IB 인터북스

인천대학교 중국학술원 중국·화교문화연구소는 2009년 인문한국 (HK)사업 선정을 계기로 중국의 사회경제관행에 대한 연구 및 조사를 꾸준히 진행해왔다. 특히, 인문학과 사회과학의 학제적 융·복합, 학술적 연구와 정책적 실천의 결합을 통해, 한국의 중국학에 대한 새로운 패러다임을 제시하고자 했다. 인문한국사업 10년을 성공적으로 완료한 후 2019년부터는 인문한국(HK)플러스사업에 선정되어 '중국적 질서와 표준의 재구성에 대한 비판적 연구'라는 아젠다 연구를 수행하고 있다. 중국학술원 중국·화교문화연구소에서 지속적으로 발간하고 있는 "중국관행연구총서"와 "중국관행자료총서"는 이러한 장기간의 공동 연구를 통해 나온 성과들이다.

인천대학교 중국학술원과 중국·화교문화연구소는 중국에 대한 우리 사회의 대중적 관심과 수요에 부응하고자 학술적 연구 성과를 사회적으로 확산하는 활동도 꾸준히 해왔다. 중국 관행과 문화에 대한 시민강좌를 비롯하여 기업체 대상의 비즈니스스쿨을 운영하고, 학생들의 중국문화산업 탐방, 한중 대학생 공동 문화조사 수행 등의 활동을 통해 후속세대의 양성 및 한중 상호문화이해에 기여하고자 했다.

또한 매월 연구 성과와 자료 소개, 시사진단 및 다양한 정보를 제공하며 시민과 만나는 웹진 『관행중국』을 발행하여 인문학의 대중화에도 힘쓰고 있다.

우리는 전문 연구자들을 위해 중국 관련 연구와 정보의 제공 및 교류의 거점으로서 연구소의 역할을 강화할 것이며, 이에 머무르지 않고 중국에 관심 있는 학생과 일반 시민들에게 중국에 관한 올바른 지식과 정보를 제공함으로써 중국에 대한 이해를 돕는 길잡이로서의 역할도 수행하고자 한다. 이를 위해 "인천대학교 중국학술원 교양총서"를 발간한다. 이 『중국의 안과 밖: 중국적 표준과 세계질서』는 2017년 펴낸 첫 교양총서 『중국 도시락(樂)』에 이은 두 번째 교양총서다. 우리는 일대일로, 동아시아 질서, 접경지대, 화인·화교, 중국 도시와 향촌에서의 사회문화적 변화와 연속성 등 다양한 주제에 대해 이 책에서 다루었다. 앞으로 중국 역사와 문화, 시사 문제에 더 많은 사람들이 접근하고 이해할 수 있도록 양질의 교양총서 시리즈 발간에 힘을 모을 것을 약속드리며, 한국사회의 다양한 수요에 이바지할 수 있기를 기원한다.

2022년 5월
인천대학교 중국학술원 중국·화교문화연구소
(인문한국플러스사업단)
소장(단장) 장정아

 이 책은 인천대학교 중국학술원 중국·화교문화연구소 인문한국플러스사업단이 '중국적 질서와 표준의 재구성에 대한 비판적 연구'라는 아젠다 연구를 수행하면서 연구하고 고민해온 내용을 좀 더 많은 이들과 함께 공유하고자 기획한 교양서로서, 필진에는 인문한국플러스사업단 뿐 아니라 중국학술원 상임연구원들도 함께 참여하였다.

 이 책의 출발점이 된 것은 중국·화교문화연구소에서 인문한국사업을 수행하면서 2010년부터 발간한 〈중국관행웹진〉이다. 우리 연구진은 중국에 대한 통시적 이해와 공시적 이해를 결합하고 인문학적 중국연구와 사회과학적 중국연구를 조화시킬 수 있는 패러다임으로 중국의 사회경제 관행 연구를 설정하고, 관행에 대한 연구를 통해 중국적 표준과 질서의 형성 및 발전을 심도 깊게 탐구하고자 오랜 기간 노력해 왔다. 우리 연구진의 연구성과를 대외적으로 공유하면서 다양한 주제를 통해 대중과 긴밀하게 소통하고자 시작한 것이 바로 이 웹진으로서, 웹진은 2016년 7월부터는 〈관행중국〉으로 명칭을 바꾸고 체제를 개편하여 2022년 4월 기준으로 139호까지 발간했다.

 〈관행중국〉은 중국과 동아시아 관련 연구자 뿐 아니라 일반인을 대상으로 하는 중국 관련 지식정보지로서 중국 전문가를 비롯한 각계 전문가 약 150여 명을 필진으로 확보하고 있으며, 연구자, 기업인, 공공기관, 언론인, 학생, 일반 시민 등 약 3,500여 명의 독자에게 매월 1일 발송되고 있다. 〈관행중국〉은 학술적 성격을 견지하면서도 일반 대중을 대상으로 시의성 있고 유용한 중국 관련 지식과 정보를 제공하는 통로 역할을 했고, 중국 각 방면에 대한 다양한 정보와 분석을 제공함으로써 중국 연구와 정보 교류의 거점 역할을 통해 인문학의 대중화와 사회적 확산에 기여하고자 해왔다. 특히 최근에는 내용을 중국에 국한시키지 않고 여러 이론분야와 지역으로 확대함으로써 더 많은 사람들의 관심사와 접점을 형성하고 있다. 지난 5년 여의 노력의 결실로 〈관행중국〉은 중국에 관심은 있지만 관련 정보에 쉽게 접할 수 없던 다양한 집단과 개인으로부터 호평을 받고 있고, 새로운 형태의 대중화된 중국 전문지식의 생산지이자 정보 확산 플랫폼으로서 자리잡아 가고 있다.

〈관행중국〉에서는 그동안 중국 사회경제 관행, 화교, 변경, 일대일로 등 우리 연구소 인문한국플러스사업 아젠다와 관련된 내용을 다양한 각도에서 다루면서, 중국의 정치·경제·사회·문화 방면의 여러 주제에 대해 토론의 장을 마련해 왔다. 우리는 지난 10년간 여러 특집을 기획한 바 있는데, "이미지로 보는 중국", "중국의 향촌사회", "중국 철도 이야기", "썩어 문드러진 상처", "중화요리, 그 식食과 설說", "중국 동북 이야기", "화북 농촌 관행조사", "중국 도시이야기", "변경에서 바라본 중국", "관습과 중국문화", "동남아화교화인 관행", "김태승의 65非", "현장에서 마주친 관행", "프랑스의 마오" 등의 기획특집을 통해 독자들에게 다가갔다. 우리는 본 연구소와 학술원의 연구자뿐만 아니라 국내외 최고의 전문가들을 초청해 칼럼을 게재함으로써 더 풍부하고 깊이 있는 글을 제공하고자 노력해 왔다.

　이번 책 『중국의 안과 밖: 중국적 표준과 세계질서』는 위와 같은 기반에서 출발하여 '중국적 질서와 표준의 재구성에 대한 비판적 연구'를 중심으로 글을 엮으며 수정보완했고, 필진 중 이원준 교수와 이정희 교수는 각각 『東史』 7권과 인천시립박물관 〈박물관풍경〉에 실린 글에 대해 허락을 받고 이 책에 수정보완하여 실음으로써 우리 책의 완성도를 높여주었다. 이 책은 크게 '제1부 중국적 표준과 세계질서는 어떻게 변화하고 있는가: 일대일로, 동아시아, 정치외교'와 '제2부 국경의 안과 밖: 접경지대, 화교, 그리고 사회문화적 변화와 연속성'의 두 파트로 나뉘어 있다. 제1부는 다시 '제1장 중국적 표준과 일대일로 그리고 세계질서'와 '제2장 중국 정치외교와 거버넌스'의 두 절로 나뉘어 있으며, 중국적 표준과 규범·패러다임이 어떻게 형성되고 있는지, 미중관계를 비롯한 국제관계 속 주요 이슈는 무엇인지, 세계에 대한 중국의 역사적 인식은 어떠했는지, 일대일로 프로젝트에서 핵심 지역인 동남아에서는 일대일로에 대해 어떤 인식을 가지고 있는지, 중국의 정치권력의 역사적 문제, '군민융합' 용어가 사라진 현상의 함의, 사투리와 올림픽의 정치적 함의, 코로나와 권위주의 등 다양한 주제로 구성하였다. 제2부는 다시 '제1장 접경지대의 경관과 정치'와 '제2장 화교화인: 고투와 공존', '제3장 중국 도시와 향촌: 사회문화적 변화와 연속성'의 세 절로 나뉘어 있고, 신장, 홍콩, 베트남 등 여러 접경지역의 경관과 정치, 한국 화교와 쿨리, 베트남의 화교난민, 한국과 베트남의 화교배척 사건 비교, 토지소유 제한 문제, 현대에 재등장한 피휘避諱 금기, 문화와 예술 정책, 코로나와 사교육 금지 그리고 최근 영화 〈장진호〉와 당에 대한 시민의 인식 등 여러 관점에서의 글을 통해 복합적인 중국을 드러내고자 했다. 이 책을 통해 독자들이 부디 중국에 대해 좀 더 다각도로 바라보고 이해할 수 있기를 희망한다.

책의 출발점이 되어준 〈관행중국〉을 오랫동안 기획하고 편집해 주신 손승희, 안치영 교수님, 그리고 〈관행중국〉 발간을 비롯하여 우리 연구소에서 많은 일을 함께 해준 김난희, 이민주 선생님과 정설아, 조승균 학우의 노고에 깊이 감사드린다. 이 책은 다양한 필자가 참여한 책으로서 이 책에 실린 글들은 각 필자의 관점을 대표하며, 연구소의 공식 입장을 대표하지 않는다. 이 책에서 중국어를 비롯한 외국어 표기는 기본적으로 원어발음 표기에 가깝게 하는 것을 원칙으로 하되, 역사적 인물을 비롯하여 한국인에게 좀더 익숙한 명칭의 경우 가독성을 높이기 위해 원어(한자)표기의 한글 발음을 쓰거나 한국에서 관례로 쓰이는 표기를 따랐다.

『중국관행연구총서』 간행에 즈음하여 ························· 5

서문 ·· 7

제1부
중국적 표준과 세계질서는 어떻게 변화하고 있는가
일대일로, 동아시아, 정치외교

제1장 중국적 표준과 일대일로 그리고 세계질서

1. 지역 개념의 불안한 분화 ···························· 16
   : 동아시아, 인도-태평양, 일대일로

2. 미·중 전략경쟁과 한국의 선택 ··················· 21

3. 중국의 규범 선도국 도약 ·························· 26
   : EU - 중국 포괄적투자협정 합의

4. 중국 경제발전 패러다임의 변화 ···················· 29
   : '국내대순환'의 배경과 의의

6. 중국공산당의 세계 인식 ·························· 36
   : 지속과 변화의 이중주

7. 공산당 창당 100주년과 역사의 질곡 ················ 41
   : 중미정상회담과 신축조약

8. '미·중 패권경쟁 시즌2'의 태풍의 눈, 기후변화 문제 ········ 46

9. '두 개의 회랑 하나의 경제권' ·· 50
   : 중국의 일대일로 사업에 대한 베트남의 대응

10. 베트남 도시철도 첫 구간 개통과 일대일로의 명암 ········· 56

11. 사회주의 '소수민족정책'은 끝났는가? ···························· 64
   : '중국 모델'과 베트남의 소수민족 정책

12. '반反제국주의 진영'의 중심에서 '인류운명공동체'의
   중심으로 ·· 73

제2장 중국 정치외교와 거버넌스

1. 1930년대 중국공산당사를 통해 본 '역사'와
   정치권력의 결합 ··· 77

2. 마오쩌둥의 '중간지대론'과 그 현재적 의의 ····················· 88

3. 피서산장, 중국 외교의 상상력 부족 ······························· 93

4. 잠시 사라진 단어, '군민융합' ··· 98

5. 중국사회과학원의 최근 몇 가지 변화 ···························· 101

6. 사투리를 억누르는 권력, 사투리를 말할 수 있는 권력 ·· 105

7. 올림픽의 정치적 도구화에 대한 단상 ···························· 109

8. 올림픽과 정치 ··· 114
   : 어떤 강국을 추구하는가

9. 칠부강七不講, 중국 지식인의 칠거지악 ························ 118

10. 드라마 〈겨우, 서른〉 속 왕만니는 구자와 세금 문제로
   논쟁을 벌일까? ··· 122

11. 코로나 2년과 중국의 권위주의 ·································· 128

12. 중국의 불매운동과 백년의 간극 ································ 132

제2부

국경의 안과 밖

접경지대, 화교, 그리고 사회문화적 변화와 연속성

제1장 접경지대의 경관과 정치

1. 접경의 안정과 일대일로의 미래 ·· 140

2. '코로나19 시대' 중-베 국경경관borderscapes ···················· 146

3. 청명절과 '소묘掃墓의 정치' ··· 155

4. 신장위구르자치구의 줄 맞춘 칫솔과 인식의 차이 ··········· 162

5. 주변에서 변경으로, 변경에서 전장으로? ························· 165

6. 홍콩 땅을 지키려는 목소리들 ··· 168

제2장 화교화인: 고투와 공존

1. 무덤은 역사이다, 마이너리티의 힘겨운 고투 ···················· 172

2. 인천 화교의 항일운동, 그리고 일동회 ···························· 178

3. 신·구 화교 융합의 길 ··· 183

4. 한국화교 130년, 그 신산辛酸의 시간 ······························ 188

5. 한국화교는 '타이완화교'가 아니다! ································· 194

6. 드라마〈도깨비〉와 1931년 인천화교배척사건의
   화교 원혼冤魂들 ·· 199

7. 화교 난민, 쩐 응옥 란陳玉蘭의 베트남 탈출기 ··········· 205

8. 조선화교 배척사건과 하이퐁화교 배척사건의 비교 ········· 213

9. 베트남 북부의 1945년 대기근을 둘러싼 논쟁과
   화교 미곡 상인 ···································· 218

10. 현대판 쿨리의 악몽 ································ 223

11. 세계의 화교·화인 인구는 얼마나 될까? ············· 228

제3장 중국 도시와 향촌: 사회문화적 변화와 연속성

1. 중국 역사 속의 '한전限田' ······················ 232
   : '보수의 논리'와 '혁명의 논리'

2. 시황제 시대의 피휘避諱 ························ 241

3. 예술가가 떠난 예술촌, 베이징 798예술특구 ·········· 244

4. '한한령'의 함정 ······························· 250

5. 시진핑 시대의 '문화자신감' ······················ 255

6. CBD ·· 259
   : 손상되지 않은 외래어, 합의된 욕망

7. '싸구려' 중국의 종결과 '싸구려' 북한의 부상 ········· 265

8. '신촌新村' 건설의 꿈 ·························· 268

9. 신종 코로나 바이러스의 감정적 진실emotional truth ······· 273

10. 한국을 절대 따라 하지 말라 ···················· 276
    : 중국의 사교육 금지

11. 영화 〈장진호〉는 당에 대한 지지를 강화시켰을까? ········ 279

참고문헌 ·· 284

제 1 부

중국적 표준과 세계질서는 어떻게 변화하고 있는가

일대일로, 동아시아, 정치외교

제**1**장
중국적 표준과 일대일로 그리고 세계질서

① **지역 개념의 불안한 분화**
　　: 동아시아, 인도 – 태평양, 일대일로*

　　한반도를 둘러싼 국제 정세가 심상치 않다는 건 이미 자명하다. 미중 무역전쟁을 비롯해 미국과 중국의 대결이 본격화되고 있으며, 미국은 중거리 핵전력 조약INF에서 탈퇴하면서 우리의 의사와 상관없이 한국을 중거리 미사일을 새로 배치할 후보지로 꼽고 있다. 일본의 한국에 대한 수출 규제로 한일관계가 역대 최악으로 치닫고 있으며, 남북관계와 북미 관계의 향방은 아직도 오리무중이다. 이 변화가 단순한 사건들의 연쇄가 아니라, 장기간 지속될 구조 변동이라 점을 보여주는 한 가지 증거는 한반도가 포함된 유라시아의 하위 지역subregion을 지칭하는 단어가 국가별로 뚜렷이 분화되고

---

* 조형진, 중국학술원 중국·화교문화연구소 웹진 『관행중국』 109호(2019.09)에 실린 글을 수정보완함.

있다는 것이다.

우리에게는 동아시아, 동북아시아가 여전히 익숙하지만, 두 단어를 정확히 정의하고 그 기원을 추적하기가 만만치 않다는 것은 이미 여러 연구들을 통해 널리 알려져 있다. 동아시아는 '대동아공영권'이라는 우리에게 익숙하면서도 불온한 단어에서 보듯이 일본 제국주의로부터 기원한 측면이 크다. 일본은 서구 열강이 지배하고 남긴 '동아東亞'를 자신의 영역으로 삼기를 바랐다. 동북아의 실질적인 기원은 냉전 시기 미국이 일본과 한국을 '동북아'로 지칭하면서 시작되었다. 탈냉전과 중국의 개혁·개방으로 동북아는 지금처럼 중국을 포함하여 확장되었다. 하지만 동아시아와 동북아가 과연 정확히 정의되고 구별될 수 있는지는 여전히 불명확하다.

탈냉전 이후, 동아시아와 동북아는 우리에게 더욱 익숙한 단어가 되었다. 소련과 동구권 붕괴, 냉전 종식에 따라 새로운 이념과 분석틀을 찾던 한국의 진보 진영과 변혁 이론은 동아시아를 하나의 '담론'으로 재창조했다. 이른바 '동아시아 담론'은 한국 진보 진영에서 상당한 영향력을 행사했고 노무현 정부의 '동북아 균형자론'을 통해 어느 정도 실제 정책으로 현실화되었다고 볼 수 있다. 그러나 '동아시아 담론'은 실제 동아시아로 거의 확장되지 못했고, 그저 한국만의 '담론'이었다는 냉철한 평가에서 자유롭지 못하다.

박근혜 정부의 '유라시아 이니셔티브'는 우리의 지역 개념과 지역 전략이 형편없다는 점을 여실히 드러냈다. 그저 우리가 상상할 수 있는 최대의 범주로 '유라시아'를 상정했을 뿐이다. 유라시아로 나아가기 위한 전제인 북한 문제는 그저 북한의 붕괴를 기다리는 것이었고, 휘황찬란한 선포와 달리 정책적, 재정적 뒷받침도 사실상 없었다. 현재 문재인 정부는 '신북방 정책'에서 보듯이 과거의 족보를 답습하거나, '한반도 운전자론', '한반도 신경제지도'처럼 지역 개념을 없앤 채 안전한 명칭을 택하고 있다. 노무현 정부가 추진했던 '동북아 균형자론'의 실패에 대한 기억 때문일 수도 있고, 지역 개념이 없이 한반도에 집중하자는 선택과 집중일 수도 있다.

　이러한 상황에서 미국의 지역 개념은 완전히 뒤바뀌었다. 오바마 행정부 시절이었던 2011년 10월, 힐러리 클린턴 당시 국무장관이 『포린 폴리시Foreign Policy』에 아시아 중시 정책pivot to Asia을 천명했던 때까지만 하더라도 미국은 '아시아-태평양Asia-Pacific'이라는 평이한 단어를 사용했었다. 그러나 트럼프 행정부가 2017년 10월 발간한 『국가안보전략서National Security Strategy』는 지역별 전략을 새로운 장으로 편성하면서 '인도-태평양Indo-Pacific'을 제일 앞에 내세웠다. 미국의 '인도-태평양' 전략의 의도는 명시적이지는 않더라도 분명하다. 2018년 5월 미군의 태평양 사령부를 인도-태평양 사령부로 조정한 것에서도 드러나듯이 중국의 부상을 견제하고, 구체적으로는 중국의 일대일로를 통한 유라시아에서의 영향력 확장에 대응하겠다는 것이다.

　'인도-태평양'은 트럼프 행정부의 공식 용어로서 이미 확고한 입지를 다졌다. 트럼프 대통령의 트위터에서 지역 명칭은 자주 등장하지 않는다. 동아시아, 동북아시아는 단 한 차례도 언급된 적이 없다. 다만 2017년 11월 베트남 다낭에서 열린 APEC에 참가하면서 날린 트윗에서 '인도-태평양'이라는 단어를 찾을 수 있다. 역설적으로 APEC이 '아시아태평양 경제협력체'임에도 불구하고 말이다. 현재 미국 외교의 수장인 폼페이오 국무장관의 트위터에는 '인도-태평양'이라는 단어가 수없이 등장한다. 대조적으로 '동아시아 정상회담' 같은 고유명사를 제외하고는 동아시아나 동북아가 언급된 적이 없다.

심지어 폼페이오는 한국, 일본, 베트남, 필리핀 등 우리가 아시아, 동아시아로 부르는 곳을 방문해서도 '인도 - 태평양'을 매우 의도적으로 사용하고 있다.

일본은 지역 개념에서도 미국을 철저하게 따라가고 있다. '인도 - 태평양'이 공식 용어로 막 자리를 잡아가기 시작할 무렵이었던 2017년 11월, 일본의 아베총리는 일본을 방문한 트럼프 대통령과 함께 '자유롭고 개방된 인도 - 태평양 전략FOIP, Free and Open Indo-Pacific Strategy'을 미일의 공동 외교전략으로 삼는다고 발표했다. 아직 확고하게 입장을 정한 것은 아니지만, 아세안 국가들도 최근 '인도 - 태평양'을 적극적으로 사용하기 시작했다. 2019년 6월 태국에서 열린 아세안 정상회담은 의장 성명과 함께 '아세안의 인도 - 태평양 전망'이라는 별도의 성명을 채택하였다. 인도양과 태평양을 연결하는 위치에 있는 아세안 국가들로서는 인도 - 태평양 개념이 자신들의 몸값을 올리기에 더욱 유리할 것이다.

우리의 입장은 아직 모호하다. 트럼프 대통령의 2017년 일본 방문의 다음 행선지였던 한국에서도 한미 동맹이 인도 - 태평양 전략에 포함된다는 양국 정상의 발표가 있었다. 중국과의 관계를 고려하지 않을 수 없었던 청와대는 김현철 당시 경제보좌관이 다음날 이를 부정했지만, 다시 얼마 지나지 않아 외교부가 인도 - 태평양 전략을 연구할 가치가 있다는 입장을 내놓았다. 2018년 8월에는 우리 외교부와 미국의 국무부가 한국의 신남방 정책과 미국의 인도 - 태평양 전략 간의 협력을 추진하기로 합의했고, 이는 2019년 6월 트럼프 대통령 방한시 양국 정상의 공동기자회견에서 재확인되었다. 경제 전략에 가까운 신남방 정책을 내세워 인도 - 태평양 전략에서 미중 대립의 안보 관련 내용을 희석하려는 포석일 것이다. 그러나 미국이 중국을 견제하기 위해 2018년 7월에 제정한 「아시아 재보증 법안Asia Reassurance Act」에는 한미 동맹이 인도-태평양의 평화와 안보 증진에서 핵심적 역할을 한다고 이미 규정되어 있다.

결국 '인도-태평양 전략'을 둘러싼 지역 개념의 분화는 미국이냐, 중국이냐의 문제로 귀결되지만, 그렇기 때문에 쉽게 선택할 수 없는 문제이다. 양자택일에서 벗어나, 오히려 '동아시아 담론'이나 '동북아 균형자론'처럼 새로운 개념을 선도하거나 주체적인 입장을 내세울 수도 있다. 그러나 실질적인 힘이 뒷받침되지 않거나 차가운 현실을 극복하고 주변 국가의 뜨거운 공감을 이끌어 낼 만큼 탁월한 비전이 없다면, 이는 두 개념이 그랬던 것처럼 그저 '담론'에 그치거나 실패할 뿐이다. 여전히 '동아시아 담론'은 현실에 대한 분석이나 전략과 결합되지 못한 채, 인문학의 영역에만 머물면서 담론의 계보학으로 천천히 잊혀져가는 것 같다. '한반도'에 집중하는 정책조차도 세밀하게 조정되고 있다고 보기 어렵다. 예를 들어 신북방 정책의 핵심은 남북을 먼저 연결하여 유라시아로 확장하는 것이지만, 정작 북한은 과거 노태우 정권의 북방정책이 자신들을 고립하고 궤멸시키려는 술책이었다는 기억 속에서 '북방'이라는 단어를 혐오하고 있다. 불행히 학계의 논의도, 정부의 정책도 아직까지 긍정적인 전망을 내놓기는 어려워 보인다.

❷ 미·중 전략경쟁과 한국의 선택*

　2021년 중반 시점에서 미·중 상호 전략은 보다 명시적으로 드러났다. 출범한 지 반년이 되어가는 미국 바이든 신임 행정부의 대중 전략도 어느 정도 구체화되었으며, 3월 양회兩會를 거치면서 중국의 대응전략도 명확해졌다. 양국의 입장 정리로 미·중의 경쟁과 갈등이 고조되고 있다는 점이 더욱 분명해졌다. 2021년 5월, 문재인 대통령의 방미도 미국의 압박 속에서 중국에 대한 입장이 어떻게 표현될지 큰 주목을 받았다. 이러한 배경에서 미국이 공식화한 대중 전략과 중국의 대응을 살펴보고, 한미 정상회담을 통해 한국의 전략을 간단히 평가해 보겠다.

미국의 대중 전략

　중국의 양회 하루 전인 3월 3일 미국이 「국가안보전략 잠정 지침 Interim National Security Strategic Guidance」을 발표했다. 이번 지침은 공식적인 「국가안보전략National Security Strategy」이 나오기 전에 급히 임시로 내놓은 것이다. 바이든 행정부가 현재의 안보 상황을 엄중하게 보면서 트럼프 시기의 정책을 신속하게 전환하기를 원한다는 점을 확인할 수 있다. 지침의 핵심 키워드는 민주주의, 동맹, 기술이다. 중국, 러시아 등의 권위주의 국가와 반민주주의 세력에 맞서 동맹, 파트너들과 함께 민주주의를 수호하겠다는 것이다. 특히 중국이 '전

---

* 조형진, 중국학술원 중국·화교문화연구소 웹진 『관행중국』 129호(2021.06)에 실린 글을 수정보완함.

략 경쟁'의 대상이며, 기술이 가장 중요한 경쟁 영역이라고 적시했다. 또한 지침은 홍콩, 신장, 티베트와 관련하여 민주주의, 인권, 인간의 존엄성을 옹호하겠다고 선포했다. 경제·안보 파트너로서 타이완에 대한 지원도 약속했다. 미·중 경쟁을 민주주의 대 반민주주의라는 가치와 체제의 경쟁으로 공식화한 것이다.

뒤이은 미국과 일본의 국무·국방 장관 2+2 회담은 중국과 관련된 내용으로 채워졌다. 양국은 중국의 행동이 미·일 동맹과 국제사회에 대하여 정치·경제·군사·기술적 도전을 제기하고 있다는 인식을 공유했다. 또한 중국의 동중국해와 남중국해에 대한 현상 변경 시도에 반대하며, 센카쿠 열도(댜오위다오)를 보호하겠다고 선언했다. 아울러 타이완, 홍콩, 신장 문제에 대해 심각한 우려를 표명했다. 4월 17일 미·일 정상회담 공동성명은 동일한 내용을 반복하면서도 1969년 이후 처음으로 미·일 정상이 함께 타이완 문제를 언급함으로써 압박의 수위를 높였다.

요컨대 미국은 권위주의 국가인 중국이 민주주의를 위협하고 현존 국제질서를 불안정하게 만든다고 규정하고, 모든 주요 이슈에 대해 중국과 전략 경쟁을 하겠다고 선포했다. 이를 위해 동맹을 강화하면서 동맹국들에게 구체적인 역할을 주문하고 있다.

중국의 대응

2021년 3월에 열린 중국의 양회는 그 전해 10월의 중국공산당 19기 5중전회에서 이미 제시된 「국민경제 및 사회발전 제14차 5개년 계획과 2035년 장기목표」(14·5 규획)와 쌍순환雙循環 전략을 정부 정책으로 공식화했다. 쌍순환 전략은 내수를 확대하여 대외의존도를 축소한다는 것이다. 이와 같은 경제 전략은 미·중 경쟁에 대한 장기적 대비라고 할 수 있다. 중국 양회에서 가장 중요한 문건인 「정부업무보고」를 보면, 이전보다 다자주의가 강조되었다. 보고는 2020년의 주요한 외교 성과로 다자주의 추진을 꼽고 이러한 성과를 마무리할 계획을 열거했다. 역내 포괄적 경제 동반자 협정RCEP 발표, 중국-유럽연합 투자협정 서명, 포괄적·점진적 환태평양경제동반자협정CPTPP에 대한 가입 고려가 이에 해당한다. 과학기술과 관련해서는 '자립자강自立自强'이라는 용어가 새로 등장했다. 특히 '10년 동안 하나의 칼을 가는' 것처럼 차분하게 한 가지 일에만 전념하는 방식으로 과학기술을 혁신하겠다는 문구가 눈에 띈다. 결국 중국은 미국의 동맹 강화에 맞서 다자주의를 강조하고, 기술 경쟁에서는 자체적인 내부 역량을 강화하는 전략으로 대응하겠다는 것이다.

미국의 이슈별 압박에 대해서 중국은 기존 원칙을 완고하게 재천명하고 있다. 남중국해, 타이완, 신장, 홍콩, 티베트 등이 중국의 내부 문제임을 강조하고 미국이 민주, 인권 등을 이유로 내정에 간섭하는 것을 비판했다. 특히 일본, 호주 등이 이런 이슈들에 대해 미국과 공동의 입장을 천명하는 것을 위협적으로 경고하고 있다. 이러한 내용은 중국의 기존 입장과 큰 차이가 없기 때문에 지나치게 과장할 필요는 없지만, 중국이 미국의 압박에 굴복하거나 자신의 입장을 바꿀 의향이 전혀 없다는 점을 분명하게 보여준다.

신냉전의 도래와 한국의 선택

트럼프 행정부 시절, 냉전사의 권위자인 역사학자 베스타Odd Arne Westad는 미·중 갈등을 '신냉전'으로 볼 수 없다고 평가했었다. 미

·소 양극 체제로 규정되는 냉전과 달리 미국의 국력이 상대적으로 쇠퇴하면서 국제질서가 다극화되었고 경제 시스템에서는 미·중의 차이가 없기 때문이다. 냉전 시기처럼 이념에 따라 생사를 걸고 벌이는 사투가 아니라, 경제적 이익을 차지하려는 강대국들의 경쟁일 뿐이라는 것이다. 역설적으로 이 논리를 최근 구체화된 미·중 경쟁에 대입하면, 비관적인 전망이 도출된다. 미국은 중국과의 경쟁을 민주주의 대 반민주주의의 대결로 규정하고 동맹 국가들에도 동일한 입장과 역할 분담을 요구하고 있다. 미국은 미·중 갈등을 선과 악의 대립으로 몰아가고 있다. 중국은 이에 맞서 내부 역량을 강화하는 장기적 전략으로 대응하고자 한다. 그러면서도 자신의 원칙과 핵심 이익을 부정한다면, 대결도 회피하지 않겠다는 입장이다.

이러한 상황에서 한국은 어떻게 대처해야 할까? 2021년 5월 19일부터 22일까지 문재인 대통령의 방미를 통해 최소한 현재 한국 정부의 대응 방향이 표출되었다. 미·일 공동성명과 비교하면, 한·미 두 정상의 공동성명에는 타이완과 남중국해에 대한 짤막한 언급은 있었지만, 홍콩과 신장은 등장하지 않았다. 더 이상 중국에 대한 다른 언급도 없었다. 대신 글로벌 보건 안보와 중미 국가들에 대한 재정 기여가 구체적 액수로 명시되고, 여성 참여 문제까지 거론되었다. 미·일 공동성명에 없는 이런 내용들이 포함되다보니 2,000개가 조금 넘는 영어 단어로 구성된 미·일 공동성명과 비교하면, 2,500 단어를 훌쩍 넘어 훨씬 길어졌다. 내용 구성으로만 보자면, 미·일 공동성명이 요점을 간명하게 써서 더 모범적인 문장으로 보인다. 더욱 냉소적으로 이야기한다면, 중국에 대한 내용을 빼느라 자질구레하고 번잡한 내용을 잔뜩 집어넣어 변죽만 열심히 울렸다고 할 수도 있다.

그러나 현재의 상황에서 이보다 더 나은 선택이 가능할 수 있을까?

중국은 타이완을 언급한 점에 항의하고 있지만, 항의의 실제 대상은 우리이기보다는 미국과 향후의 다른 국가들이다. 미국은 내심 성에 차지 않은 부분이 있겠지만, 더 이상의 요구는 무리라는 점을 확인했을 것이다. 미국 국무부에서 협상의 달인으로 통했던 리처드 홀브룩 Richard Holbrooke은 외교와 협상을 재즈 음악에 비유했다. 주제를 반복하며 단단히 형식을 고수하는 오래된 클래식 음악처럼 정해진 공식과 선율을 따라갈 수만은 없다는 것이다. 국익이라는 주제를 놓치지 않으면서 임시변통해야 하며, 때로는 즉흥적이기도 해야 한다. 불협화음을 넣기로 작정한 미국과 중국 사이에서 우리의 외교는 더욱 변주가 심해지고 자주 변죽을 울려야 할지도 모른다. 다가올 대선을 앞두고 '엄마가 좋아, 아빠가 좋아?'라는 가장 오래된 인류의 난제만큼이나 '미국이냐, 중국이냐?'라는 질문이 강요될 것이다. 여전히 정답이 엄마인지, 아빠인지 정해지지 않은 것처럼 우리는 힘들게 수많은 변주를 준비하고 더 많이 변죽을 때릴 수밖에 없다.

③ 중국의 규범 선도국 도약
: EU – 중국 포괄적투자협정 합의*

2020년 12월 30일 EU와 중국은 포괄적투자협정CAI, Comprehensive Agreement on Investment의 원칙적 합의를 선언하였다. 이후 본 협정은 유럽의회와 EU 27개 회원국 전체의 비준을 받아야 하지만 2021년 5월 유럽의회가 위구르족 인권탄압을 문제로 중국에 제재를 가하고 중국이 이에 맞대응하면서 비준 논의가 동결된 상태이다. 중국은 최근까지도 EU 개별 회원국과의 고위급 회담과 방문을 이어가면서 논의 재개의 필요성을 피력하고 있다.

중국과 EU의 CAI가 갖는 의미는 무엇일까? 이번 협정으로 EU는 경제적 실리를, 중국은 외교적 성과를 달성한 것으로 평가된다. 그도 그럴 것이 협정 내용에는 외국인 지분 한도, 최소자본, 합자회사 설립 관련 요건 폐지와 서비스 시장개방 확대 등이 포함되면서 중국 시장 접근권이 전례 없이 확대되었고, 국유기업과 보조금에 대한 규제 및 투명성 강화, 강제 기술이전 금지 등의 합의를 통해 공정경쟁의 장이 마련되었다. 또한 EU의 핵심 투자가치인 국제적 수준의 환경과 노동 기준, 지속가능한 개발 관련 의무 등도 포함되면서 중국보다 EU의 경제적 이익이 크다는 점이 강조되었다.

그렇다면 중국으로서는 과도한 양보로 경제적 실익이 큰 협정으로 평가될 만도 하지만, 중국 정부의 공식 입장에 발맞춰 높은 수준의 투자협정 체결로 시장개방과 경제협력 확대, 공정경쟁을 위한 시장

---

* 신지연, 중국학술원 중국·화교문화연구소 웹진 『관행중국』 133호(2021.10)에 실린 글을 수정보완함.

환경 조성 등 긍정적 효과를 기대한다는 의견이 다수이다. 일각에서는 서비스업을 포함하여 대부분 산업에 대한 네거티브 리스트 형태의 개방을 약속한 최초의 협정, 국유기업의 의무나 보조금 투명성 규정을 강화한 최초의 협정, 지속가능한 개발을 별도의 장으로 삽입한 최초의 협정 등 숱한 '최초' 수식어가 붙으면서 2001년 WTO 가입 이후 가장 중요한 경제협정으로 평가되기도 한다. 전문가들은 중국이 경제적 이익보다는 외교적 실리에 방점을 뒀다고 본다. 즉, 미국과의 대립 속에서 거대 시장을 무기로 EU를 자국 편으로 끌어들이고, EU와의 경제협력 확대를 통해 미국 주도의 대중국 포위망을 뚫겠다는 심산으로 풀이된다.

그러나 협정의 구성과 내용적 측면에서 보면 세계 경제의 약 15%를 차지하는 중국과 규범 선도국인 EU가 역사상 가장 선진적이고 개방적인 투자협정을 체결했다는 점에서 향후 해당 투자협정이 글로벌 투자협정의 모델로서 자리매김할 가능성도 간과할 수 없다. 알다시피 EU는 투자와 관련하여 세계에서 가장 개방적이고 선진적인 규범을 갖춘 것으로 평가된다. 아울러 국제질서 수립에서 상당한 영향력을 발휘하고 있을 뿐만 아니라 최근에는 WTO 개혁 등 글로벌 경제질서 새판 짜기와 디지털 경제, ESG 관련 각종 규제(기준) 등을 선제적으로 발표하면서 국제질서 주도권 강화에 주력하고 있다. 이를 고려한다면 중국은 이번 협정을 통해 규범 선도국 도약을 위한 든든한 우군을 확보했다고 볼 수 있다. 전 세계에 반중 감정이 확산하는 가운데 EU와의 투자협정 체결을 통해 국가 신뢰나 국제질서 선도국으로서의 이미지 제고에 긍정적 영향을 기대할 수 있기 때문이다. 최근 중국도 ESG 경영과 지속가능한 분야에 대한 관심을 표명하고 있는 만큼 EU와의 투자협정을 계기로 중국판 ESG 규범 수립도

속도가 붙을 것으로 예상된다. 이미 시장개방과 경쟁, 환경 등에 있어서도 상당한 규제개선이 이루어지고 있다.

미중 패권경쟁이 장기화되면서 중국과의 디커플링이 진행되고 있지만, 국제 경제질서 측면에서는 상당한 커플링이 진행되고 있다. 이러한 움직임은 미국의 중국 때리기가 한몫한 측면도 있지만, EU가 유연하고 전략적으로 중국의 변화를 끌어냄으로써 오히려 미국보다 긍정적 역할을 하는 측면도 있다. 현재 유럽의회의 비준 논의 중단으로 CAI 발효에 먹구름이 끼면서 중국의 규범 선도국 도약기에도 험로가 예상된다. 하지만 논의 재개를 위해 중국이 적극적 자세를 보이는 만큼 중국 시장환경이 급변할 수 있음에 유의해야 할 것이다.

4 중국 경제발전 패러다임의 변화
: '국내대순환'의 배경과 의의*

　최근 중국 경제와 관련해 가장 주목받고 있는 개념 중 하나는 '쌍순환雙循環'과 '국내대순환國內大循環'이다. 2020년 5월 양회 기간 중 열렸던 정치협상회의에서 시진핑 주석이 언급한 것을 시작으로 국내외 주목을 받았으며, 뒤이어 10월 발표된 제14차 5개년 규획 건의에서 보다 구체화된 내용이 공개되었다. 그 핵심은 시진핑 주석의 발언처럼 "국내의 수요를 만족시키는 것을 발전의 출발점으로 삼고, 점차 국내대순환을 주로하여 국내와 국제 쌍순환이 상호 촉진되는 새로운 발전 국면을 만드는 것"으로 요약할 수 있다. 국내대순환의 구체적 내용은 사실 전형적인 소비증가 - 투자확대 - 고용증대 - 소득증가의 순환 구조라고 할 수 있다. 최종적으로 증가한 소득에 따라 소비가 다시 증가하면서 선순환 구조가 형성되는 것이다.

　여기서 국내대순환을 주로 한 쌍순환이란 결국 시장메커니즘 하에 최종 상품의 수요공급 균형이 주로 국내시장을 통해 이루어지고, 동시에 국제대순환격인 글로벌 공급망, 무역, 국제금융시장의 활용과 참여는 보다 효과적으로 수요와 공급의 균형을 맞춰줄 수 있다는 것이다. 이 과정에서 국내 소비, 국내 투자 등 내수 변수가 주도적 역할을 할 것이고, 수출, 대외 투자 등이 중요한 보조 변수가 되는 것이다. 13차 5개년 기간까지만 해도 소비의 질이나 공간 확대, 해외소비의 U턴을 유도하는 정도에서 그쳤다면, 14차 5개년 기간에는 소비 이후

---

* 신지연, 중국학술원 중국·화교문화연구소 웹진 『관행중국』 125호(2021.02)에 실린 글을 수정보완함.

순환의 과정까지 강조됨으로써 소비가 경제발전 전 영역에 미치는 영향력이 전보다 확연히 강화되었다. 중국이 이 같은 강력한 내수위주 성장으로의 전환을 추진하는 데에는 기존 성장 방식의 부작용 누적과 함께 신창타이 시대 진입과 대외 환경의 불확실성 증대에 따른 경제성장 방식의 변화와 정책 조정 요구가 커졌기 때문이다.

신창타이 진입 이후 시진핑 주석은 "세 개의 시기가 겹치면서三期疊加" 중국 경제가 난항을 겪고 있으므로 성장방식의 전환이 시급하다고 언급한 바 있다. 첫 번째 시기는 경제성장률의 전환기, 두 번째는 구조조정 진통기로서 산업과 성장 동력의 전환기를 의미하며, 세 번째는 이전에 행해졌던 각종 촉진 정책의 (부작용)해소기를 의미한다. 첫 번째는 이미 신창타이 시대 진입으로 기정사실화 되었다고 할 수 있다. 두 번째인 산업과 성장 구조의 전환은 1997년 금융위기 이후 꾸준히 제기되었던 문제라고 볼 수 있다. 중국은 글로벌 공급망의 중하부 제조업 부분에서 저가의 생산요소 우위를 바탕으로 '세계의 공장'을 자처하며 외수에 의존한 경제구조를 통해 막대한 경상수지 흑자를 달성했었다. 그러나 경제위기를 계기로 외수가 아닌 내수위주의 성장으로 전환할 필요성이 대두되었으나 높은 경제성장률 달성이라는 목표에 함몰되면서 오히려 경제구조의 불균형이 심화되는 결과를 낳았다. 그 예로 산업분야의 경우, 2차 산업의 과밀과 서비스 산업의 약세, 내부적으로는 지나치게 높은 투자율과 낮은 소비율, 외부적으로는 높은 외환보유고로 인한 유동성 과잉 및 자산시장 거품 등을 들 수 있다. 이 같은 구조적 불균형은 결국 중국의 지속가능한 성장에 장애로 작용할 수밖에 없다. 세 번째, 중국은 정부의 수요측 관리를 통한 투자 확대와 산업촉진 정책을 바탕으로 높은 경제성장률을 유지해왔다. 이 같은 케인즈식 정부팽창 정책은 단기적 경기상승을 통한 경제 선순환을 목표로 하지만 중국처럼 장기간 시행되면 과잉 투자와 초과 공급으로 이어져 수요공급 불균형을 가중시킬 수밖에 없다. 미국발 금융위기 이후 내수와 외수 부족을 겪는 중국이 지속된 공급과 투자를 효과적으로 소화하지 못함으로써 정책의 후유증이 누적되었다고 볼 수 있다.

이 같은 세 시기의 중첩 상황에서 중국이 이전과 같은 수요측 관리 정책을 유지한다면 물가상승이나 자산거품을 초래할 수 있고, 높은 투자율에도 불구하고 경제성장률이 하락하고 있으므로 투자를 지속해도 생산성 향상은커녕 저조한 소비로 공급 과잉이 가중될 수 있다. 그러므로 지난 13차 5개년 기간 동안 실시한 공급측 개혁은 중국의 필연적 선택이었다고 볼 수 있다. 다만 정책 기술적 측면에서 보면 공급측 개혁은 생산요소에 대한 정책 개입으로서 혁신이나 구조조정, 공급요소의 질 향상 등을 통해 이루어질 수 있지만 긴 시간을 요하는 정책이다. 중국의 수요가 빠른 시일 내 증가할 수 없다고 본다면 결국 성장 속도의 하락을 수반할 수밖에 없으므로 지금과 같은 대외 악재가 지속되는 상황에서 장기 기조로 활용하기에는 무리일 수 있다. 공급측 개혁의 장기적 추진을 위한 기반을 다잡았다면 다시 수요측 관리를 통해 빠른 시일 내 경제성장을 끌어올려 정책적 균형을 맞춰나가야 할 것이다. 국내대순환이 부상한 것은 이 같은 정책 균형의 과정으로도 이해할 수 있을 것이다.

아울러 국내대순환은 국내적 구조개혁의 필요성뿐만 아니라 대외 여건 악화에 대한 우려도 크게 작용하고 있다. 세계 경기침체 장기화로 세계 경제가 중국의 경제성장을 견인할 수 있는 여력이 축소되었다는 점, 글로벌 공급망 중하부를 담당하던 중국의 비교우위가 사라지는 가운데 선진국이나 여타 개발도상국의 제조업 리쇼어링 또는 재공업화가 진행 중인 점, 미국의 기술관련 제재와 무역마찰이 가중되고 있어 외자 유입을 통한 성장보다는 스스로의 공급능력 혁신이 더 절실해진 점 등 외부적 환경이 더 이상 중국에 우호적이지 않다는 것이다.

그간 중국이 보여준 경제성장 방식과 일대일로 등을 통해 강조한 포용적, 능동적 개방 정책을 감안한다면 이번 국내대순환 전략은 분명 중국 경제발전사에 중요한 전환점이 될 것이다. 13차 5개년 시기까지 중국이 대내개혁과 대외개방을 상호 촉진하는 실질적 쌍순환을 강조했다면, 14차 5개년 기간부터는 '내순환'이라는 레토릭이 강조되면서 순환의 방향성이 바뀌기 때문이다. 특히 국내대순환 전략이 공개된 국내외적 배경을 고려할 때, 이는 단순한 중국의 경제발전전략 이상의 의미를 갖는다고 볼 수 있다. 게다가 공산당 창당 100주년인 사회주의 발전 1단계와 신중국 수립 100주년인 사회주의 발전 2단계의 역사적 교차 지점에서 내놓은 전략이니만큼 그 정치적 의미도 상당하다고 할 수 있다. 이에 중국과 높은 수준의 정치·경제적 관계를 맺고 있는 한국에 미치는 영향도 상당할 것으로 예상됨에 따라 향후 관련 정책에 대한 지속적인 모니터링과 함께 경제적 대응책 이상의 전략 수립을 위한 논의가 필요할 것으로 보인다.

5 세계 '최초' 타이틀 쟁탈전
: 중국의 화성 탐사 시대 개막*

　2021년 5월 중국의 뉴스와 포털 상위권을 차지한 이슈는 단연 중국의 첫 화성 탐사선 '톈원天問 1호'의 화성 착륙 소식일 것이다. 2020년 7월 23일 하이난성 원창우주발사장에서 톈원 1호를 실은 창정長征 5호 운반 로켓이 발사된 뒤 10개월 만인 2021년 5월 15일 착륙함으로써 미국과 구소련에 이어 세계에서 세 번째로 화성 착륙에 성공한 나라가 되었다.

　사실 2020년 창정 5호 발사 당시 구체적 발사 시각이나 계획이 베일에 싸여진 바 있었다. 창정 5호 발사 24분 후 톈원 1호가 창정 5호에서 성공적으로 분리되고 나서야 중국 당국은 뒤늦게 발사시각과 과정을 중계했다. 이는 직전 2011년 러시아의 로켓에 실어 보낸 중국의 화성탐사선 잉훠螢火 1호의 실패로 발사 계획을 알리는데 소극적 자세를 취한 듯 했다. 그러나 이후 톈원 1호의 행적은 언론을 통해 종종 공개되었고, 화성 궤도에 진입한 2021년 2월부터는 촬영된 화성표면의 사진들이 공개되면서 착륙에 대한 기대감을 높였다. 화성 착륙에 성공한 톈원 1호로부터 탐사로봇(로버) 주룽祝融이 분리되어 약 90일 간의 탐사 활동을 개시했으며, 중국국가항공우주국國家航天局은 주룽이 임무 중 보내온 사진을 공개하기도 했다.

　이번 화성 착륙 성공을 놓고 중국에서는 때 아닌 세계 랭킹 논쟁이 일기도 했다. 화성 착륙 성공을 단계별로 구분하면 중국의 세계 랭킹

---

* 신지연, 중국학술원 중국·화교문화연구소 웹진 『관행중국』 129호(2021.06)에 실린 글을 수정보완함.

이 달라지기 때문이다. 화성 탐사선이 화성 표면에 착륙한 것으로 따지면 중국은 미국과 구소련에 이어 세계 3번째가 되지만 여기에 이견이 존재한다. 1971년 구소련의 마스Mars 3호가 화성 표면에 착륙한 뒤 수 초만에 교신이 끊긴 바 있기 때문이다. 이에 미국과 중국은 이번 화성 착륙을 세계 2번째로 판단하고 있지만 일각에서 세계 3번째로 언급되는 경우도 적지 않다. 다음으로 탐사 로버를 화성에 내린 것을 기준으로 중국은 미국에 이어 세계 2번째가 된다. 여기에 대해서는 큰 이견이 없다. 마지막으로 이번 톈원 1호 탐사선은 궤도선과 착륙선, 로버로 구성된 트리플 탐사선이다. 중국보다 먼저 화성 탐사에 성공한 미국의 화성탐사선은 착륙선과 탐사로버로만 구성되어 있고, 지구와 송수신은 화성궤도에 먼저 보내진 다른 탐사선이 중계하는 형태였다. 이는 즉 한 번의 발사로 화성 궤도 비행, 화성 표면 착륙, 탐사 3가지 임무를 동시해 수행하는 화성 탐사 프로젝트를 중국이 세계 최초로 성공시킨 것을 의미한다. 이미 수차례 화성에 탐사선과 로버를 보낸 미국으로서는 동시 수행의 필요성을 달리 생각할 수 있지만 후발 주자로서는 분명 중국이 최초이며, 바꾸어 얘기하면 미국이 수십 년 동안 한 일을 중국이 한 번에 성공시킨 것으로 볼 수 있을 것이다. 한편 2011년 러시아의 발사로켓을 통해 쏜 화성탐사선의 실패를 감안한다면 이번 톈원 1호 프로젝트를 2번째 시도로 볼 수도 있겠지만, 중국 당국은 자국 발사로켓으로 첫 시도 만에 성공한 세계 최초의 화성 착륙 사례로 남기고자 하는 분위기이다.

중국의 우주 굴기는 이미 시작되었다. 우주개발 및 기술 경쟁의 장은 참여 국가들이 한정적일 뿐만 아니라 일정 수준의 기술에 도달한 국가도 소수이므로 세계 '최초' 내지 '세계 몇 번째' 타이틀 쟁탈전이 될 수밖에 없다. 미국의 전유물로만 여겨지던 우주산업 내 세계 최초 타이틀을 이제는 중국도 넘볼 수 있게 되었다. 2020년에는 중국뿐만 아니라 미국과 아랍에미리트도 화성탐사선을 쏘아 올린 바 있다. 그러나 탐사 로버를 화성에 내려 탐사 활동을 벌이고 있는 국가는 중국과 미국 둘 뿐이다. 중국의 화성 착륙 성공으로 미국과 중국의 지구상 경쟁이 화성에서도 어김없이 벌어지게 되었다.

⑥ 중국공산당의 세계 인식
: 지속과 변화의 이중주*

　시진핑 시기에 들어와 중국공산당은 '일대일로一帶一路', '인류운 명공동체人類命運共同體' 등의 개념을 내세우며 적극적인 대외 행보에 나서고 있다. 공동의 과제에 직면한 인류의 상호협력과 위기 극복, 공동 번영 등의 담론은 사실 특별할 것도 없고, 어떤 면에서는 공허하기까지 하다. 게다가 '일대일로' 프로젝트는 여러 가지 문제에 봉착하면서, 시행 초기보다는 동력이 많이 떨어진 것으로 보이는 상황이다. 중국공산당은 정책과 노선을 아주 그럴듯하게 개념화하는 것에 뛰어나지만, 정작 이러한 개념들이 실질적으로 무슨 의미가 있는가에 대한 의문이 들기도 한다.

　그런데 '일대일로'나 '인류운명공동체'와 같은 추상화한 개념이 현실 세계의 복잡다단한 외교를 모두 설명할 수는 없지만, 그럼에도 불구하고 이러한 추상화한 세계관이 현실 외교의 포괄적인 토대를 형성하고 그 범주를 규정한다는 점에서는 여전히 중요하다고 볼 수 있다. 현실에서는 다양한 시행착오와 변주가 발생하지만, 전체적으로 그 방향은 중국공산당이 개념화한 세계관을 구현하는 쪽으로 움직이기 때문이다. 특히 중국과 같은 '당－국가 체제' 아래에서는 중국공산당의 세계관에 근거한 장기적 구상과 계획의 힘은 더욱 크다. 물론 미국을 비롯한 국제사회의 대응 여하에 따라서 계획의 실현 가능성은 달라지겠지만, 중국의 대외 행보가 그들의 세계관을 구현하는 방

---

* 이원준, 중국학술원 중국·화교문화연구소 웹진 『관행중국』 126호(2021.03)에 실린 글을 수정보완함.

향으로 나아가려 할 것임은 분명하다. 이런 점에서 중국의 세계관을 장기적인 시각에서 이해하는 것은 매우 중요하다.

마오쩌둥 시기 중국의 세계관은 근대 이후의 반反제국주의 투쟁의 역사적 경험이 강하게 투영된 것이었다. 그 세계관의 구체적인 내용은 '중간지대론中間地帶論', '2개의 중간지대론兩個中間地帶論', '3개 세계론三個世界論' 등으로 시기에 따라 변화했지만, 그 근저에 흐르는 주선율은 기본적으로 일치하였다. 세계는 중국이 포함된 '인민·민주·평화·반反제국주의' 진영과 이에 대립하는 '반反인민·반反민주·전쟁·제국주의' 진영으로 양분되었다. 그리고 두 진영을 구분하는 기준선은 특정 국가가 중국에 대해서 어떠한 태도를 취하느냐에 따라서 매우 탄력적으로 적용되었다. '사회주의 진영의 지도자'였던 소련이 어느 순간 '사회주의 제국주의'로 규정된 것은 그 대표적인 사례이다.

냉전 시대에 대한 우리의 이미지와는 달리, 마오쩌둥에게 있어서 이데올로기와 사회제도의 차이가 갖는 중요성은 결정적으로 중요한 것은 아니었다. 제국주의 침략의 질곡에서 벗어나 독립적이고 부강한 '새로운 중국'을 건설하는 것이 더 중요했기 때문에, 중국의 주권과 존엄을 지키고 강화하는 것이 우선이었다. 그리고 바로 이러한 점이 동아시아 냉전의 특수성을 초래하였다.

아울러, 여기에는 중국을 중심에 놓고 세계를 사유하는 일종의 '중국 중심적 세계관'이 확인된다. 즉, 냉전 시대의 양대 진영 중 하나에 속하는 한 구성원으로서 세계를 바라보는 것이 아니라 자국을 중심으로 세계의 진영을 구획한다는 점에서, 마오쩌둥 시기 중국공산당의 국제정세 인식에서 중국 중심적 세계관이 엿보인다. 그리고 이는 어떤 측면에서는 전통 시대의 중화주의적 천하관의 일면을 공유하는 것이기도 하다. 물론 전통적 중화사상의 화이관華夷觀은 사라졌지만, 중국을 중심에 두고 세계의 공간을 관념적으로 재구성한다는 점에서 전통적 천하관과 유사한 부분을 찾을 수 있다. 나아가서는 중국의 경험에 바탕을 둔 '혁명의 수출'을 통하여 세계 민족혁명의 지도자가 되겠다는 구상은 전통적 천하관에서의 '왕화王化' 개념과 흡사한 면도 있다. 마오쩌둥 시기 중국공산당의 세계관은 '전통적 중화주의 천하관'과 '근대적 민족주의 세계관'의 복합적 상호작용에 의해 형성된 것이 아닐까.

개혁개방 이후 중국공산당의 대외정책에는 많은 변화가 나타났다. 덩샤오핑은 세계의 핵심 문제를 '패권주의'와 '강권정치强權政治'에 반대하는 동서 간 '평화'의 문제, 그리고 경제 발전을 통해 남북 간 격차를 해소하는 '발전'의 문제로 규정했고, '동서남북'의 문제 중에서도 '남북' 문제가 핵심이라고 진단하였다. 이는 세계를 '패권·강권' – '발전국가' – '발전 중 국가'로 구분한다는 점에서 1970년대 제기된 '3개 세계론'의 연속이라는 측면도 있다. 물론 1974년의 UN 총회 연설에서 이를 공개적으로 발표한 것이 덩샤오핑이기도 하다.

그런데 이러한 세계관이 궁극적으로 지향하는 것이 무엇인가라는 점에 주목할 필요가 있다. 마오쩌둥 시기의 세계관은 근본적으로 대립하는 두 진영 사이의 투쟁을 통해서 민족주의적 목표를 달성하는 것이 핵심이었다. 하지만 덩샤오핑 시기의 '평화와 발전' 세계관은 이러한 투쟁적 세계관을 버리는 대신, 논리적으로 보면 궁극적으로는 세계의 정치적 대립과 경제적 격차가 제거된 상태를 지향한다고 볼 수 있다. 마오쩌둥 시기 내내 강조되었던 세계의 진영을 구획하는 기준선이 모호해졌다는 점에서, 일종의 '대동大同'의 이상을 내포한 것이라고 하면 지나친 해석일까. 필자가 보기에 덩샤오핑 시기에는 이러한 구상이 직접적으로 구체화하지는 않은 것 같지만, 그 가능성이 결국 후진타오 시기의 '화해세계和諧世界', 시진핑 시기의 '인류운명공동체' 담론으로 형상화한 것은 아닐까.

후진타오 시기 세계관의 변화를 덩샤오핑 시기 '평화와 발전' 담론의 '승화昇華'라고 적극적으로 평가하기도 하지만(葉靑, 2011), 이러한 통합 - 지향적 세계관의 내면에는 중요한 '불균형'이 있다는 점에도 유의해야 할 것이다. 1990년대 말부터 중국공산당은 국제사회에서 문화경쟁의 중요성을 강조하면서, 중국문화의 국제적 영향력 강화와 문화 교류의 확대를 추진하고 있다. 공공외교와 인문외교人文外交의 강화를 통해 대외문화 교류를 확대하고, 이를 통하여 '중화우수문화中華優秀文化'를 전파하려 하고 있다. 그리고 이를 통하여 궁극적으로는 '중국방식中國方式'을 제시함으로써, 근대의 서구 중심적 가치관이 해결하지 못하는 인류사회의 새로운 도전들에 대응할 수 있는 중국식 의제와 원칙, 이념을 제시하는 것을 추구하고 있다. 즉, '화해세계'나 '인류운명공동체'에서 설정된 통합적 세계의 중심은 어디까지나 '중국'인 것이다. 중국 문명 중심의 통합된 세계를 구상한다는 점에서 한편으로는 전통적 '대일통大一統'의 세계관을 떠올리게 한다.

앞에서 언급한 것처럼 마오쩌둥 시기의 세계관에서도 중국 중심적 사유의 흔적이 나타나지만, 이러한 '중국 중심성'은 개혁개방 시기 중국공산당의 세계관에서 그 강도나 범위에서 더욱 확장된 것으로 보인다. 마오쩌둥의 세계관에서는 반反제국주의 혁명을 통한 '독립자주'의 지향이 강하게 드러날 뿐, 혁명 성공 이후의 세계에 대한 전망은 잘 보이지 않으며, '혁명 수출'도 주로 '제3세계'를 대상으로 했다. 마오쩌둥이 '투쟁'의 방식을 통해서 이분법적 대립의 '억압'으로부터 해방을 추구했다면, 덩샤오핑 이후는 '경제건설'의 방식을 통해서 대립의 구도 자체를 초월하고, 중국 문명이 중심이 되는 '대동'의 세계를 상상하는 것으로 보인다. '중국적 천하질서'의 담론이 유행하는 것도 이러한 맥락에서 이해할 수 있지 않을까.

근래에 중국 학계에서는 시진핑 시기의 '일대일로' 전략이나 '인류운명공동체' 담론의 정통성을 마오쩌둥에서 구하는 경향이 확인된다. 주로 '일대일로'나 '인류운명공동체' 담론이 마오쩌둥의 '외교 사상'을 계승·발전시킨 것이라는 점을 강조하는 방식이다. 그 논리에 따르면, '평화로운 발전과 공동 번영', '개방성과 포용성', '지역경제 건설' 등을 지향하는 '일대일로' 노선의 근원은 마오쩌둥의 세계관에 있다고 한다(張瀟天, 2018). 이러한 관점이 수많은 논문을 통해서 재생산되고 있다. 근본적으로 이분법적인 대립 구도를 전제하는 세계관이 어떻게 '평화 발전'과 '공동 번영', '포용성' 등으로 연결되는지 의문일 따름이다. 1950년대 중반에 제기되었던 '평화공존 5항 원칙' 역시 '반미反美'를 위한 국제통일전선의 맥락에서 제기된 것이었다(楊奎松, 2010).

한 국가가 과거에 세계 속에서 어떠한 관계를 맺어왔는가에 대한 역사적 내러티브는 현재의 대외정책을 규정하는 매우 중요한 요소이다. '조공체제'의 중심으로서의 중국이든, '반半식민지'로의 전락과 그 극복의 상징으로서의 중국이든, 서로 다른 내러티브에 따라 현재 대외정책의 방향성이 좌우되기 때문이다(Harry Harding, 2009). 마오쩌둥의 세계관은 기본적으로 후자後者의 세계관에 기초한 것이며, 전자前者보다 대립적이고 투쟁적인 성격을 지닌다. 오늘날 마오쩌둥의 세계관을 어떻게 평가하느냐의 문제는 현대 중국의 대외정책을 조망할 때 매우 중요한 시사점을 제공한다. 중국공산당의 외교 노선을 장기적인 시야에서 보는 것이 중요한 이유이다.

⑦ 공산당 창당 100주년과 역사의 질곡
: 중미정상회담과 신축조약*

2021년 7월 1일은 중국공산당 창당 100주년이다. 중국은 이를 기념하기 위한 행사를 대대적으로 준비해 왔다. 원래 중국공산당 제1차 전국대표대회는 상하이 조계지에서 1921년 7월 23일에 개최되었다. 그리고 마지막날 회의는 저장성 자싱嘉興에 있는 난후南湖의 유람선에서 마무리되었다. 이 회의에는 상하이 대표 리다李達, 리한쥔李漢俊, 베이징 대표 장궈타오張國燾, 류런징劉仁靜, 창사長沙 대표 마오쩌둥毛澤東, 허수헝何叔衡, 우한武漢 대표 둥비우董必武, 천탄추陳潭秋, 지난濟南 대표 왕진메이王盡美, 덩언밍鄧恩銘, 광저우廣州 대표 천공보陳公博, 일본유학생 대표 저우포하이周佛海, 그리고 천두슈陳獨秀가 파견한 바오후이썽包惠僧 총 13명이 참가하였다. 이들은 전국 50여 명의 당원을 대표했고, 회의 결과 천두슈가 중공 중앙국 서기로 선출되었다. 당시 공산주의 전파에 앞장섰던 천두슈와 리다자오李大釗는 정작 다른 일 때문에 참석하지 못했다.

그렇다면 왜 7월 1일을 기념일로 정했을까? 7월 1일은 1938년 5월 펴낸 마오쩌둥의 저서에 처음 나온다. 마오쩌둥은 『지구전론論持久戰』에서 "금년 7월 1일은 중국공산당 건립 17주년 기념일이다"라고 썼다. 이후 1941년 6월 중국공산당 중앙이 옌안에서 발표한 「중국공산당 탄생 20주년, 항전 4주년 기념에 관한 지시關於中國共産黨誕生二十周年」에서 "금년 7월 1일은 중국공산당 탄생 20주년, 7월 7일은 중

---

* 구자선, 중국학술원 중국·화교문화연구소 웹진 『관행중국』 130호(2021.07)에 실린 글을 수정보완함.

국 항일전쟁 4주년이므로 각 항일 근거지는 각각 회의를 소집하여 각종 방법으로 기념행사를 거행하고, 각종 출간물 특별호를 발행하도록 한다."라고 하여 공식 문건에서 당 창건 기념일을 7월 1일로 명기했다. 당시 옌안에 있던 사람들 가운데 1차 대표대회에 참석한 사람은 마오쩌둥과 둥비우뿐이었다. 그동안 남아 있던 자료도 없고 기억도 희미하여 편의상 7월 1일을 기념일로 정했다고 추측된다.

이 작은 모임은 점차 세력을 확장했으나 소멸될 위기에 처하기도 했다. 도시에서의 혁명을 위해 폭동을 일으키다가 결국 농촌의 근거지로 쫓겨났으며, 이 근거지가 공격받아 만 리에 이르는 대장정大長征에 나서기도 했다. 위기의 순간 공산당을 구해준 것은 일본의 침략이었다. 일본 제국주의의 침략에 맞서기보다 공산주의 세력 토벌에 주력했던 장제스蔣介石를 구금하여 2차 국공합작을 이뤄낸 것이 시안사변西安事變이었다. 이후 일본의 대륙 침략이 본격화하자 공산당은 점차 세력을 확장하였고, 전쟁이 끝날 무렵 132만 명의 군대를 갖추고 약 1억 명을 통치하는 집단으로 성장하였다. 국민당과의 내전에서 승리한 공산당은 1949년 10월 1일 톈안문 광장에서 "중화인민공화국이 성립되었다"고 선언하였다.

중국은 중화인민공화국 수립으로 1840년 아편전쟁 이후 시작된 식민지·반식민지 상태의 굴종의 역사가 막을 내렸다고 평가한다. 시진핑 총서기도 2017년 19차 당대회에서 마오쩌둥 시기 중국이 일어섰다站起來고 표현했다. 그러나 중국인들의 뇌리 속에는 굴종의 역사가 완전히 종식되지 않았고, 중국이 완전히 일어서지도 않은 것 같다. 간헐적으로 발생하는 민족주의 파동 속에서 중국인들은 아직까지도 서구에 대한 피해의식을 표현하고 있고, 현재에 만족하지 못하고 더 강대해지기를強起來 원하고 있는 것 같다.

덩샤오핑에 의해 추진된 개혁개방 시기에는 외국자본과 기술의 힘을 빌려 중국이 급속한 발전을 이루었다. 그래서인지 서구에 대한 배타성이 잘 드러나지 않았다. 그러나 시진핑이 총서기에 취임한 이후 상황이 달라졌다. 이미 후진타오 시기에 중국은 일본을 추월하여 세계 제2위의 경제대국이 되었다. 이를 바탕으로 시진핑은 18차 당대회에서 총서기에 취임하자 중화민족의 위대한 부흥이라는 중국몽中國夢을 제기하였다. 연구자들에 의하면 아편전쟁이 일어나기 20년 전인 1820년경 중국의 GDP는 세계 GDP의 약 1/3을 차지했다고 한다. 중국이 세계 GDP에서 차지하는 비중은 2009년 8.3%에서 2018년 16.3%로 증가했다(이때 미국은 24.4%). 이 추세라면 중국이 미국 경제를 추월하는 것은 시간문제이다. 그런데 중화민족의 위대한 부흥은 단지 경제력만을 추구하는 것이 아닌 것 같다. 세계는 중국이 미국을 대신하는 패권을 추구한다고 의심하였다.

이에 대해 미국은 새롭게 부상한 중국을 견제하는 정책을 추진하였다. 오바마 행정부의 재균형 정책, 그리고 트럼프 행정부의 무역전쟁 등이 그것이다. 바이든 행정부도 이런 기조를 유지하고 있다. 트럼프 행정부부터 시작된 미중 갈등은 전방위적으로 확산되는 모양새다. 이에 대한 중국의 대응은 전랑戰狼외교로 표현되는 강경 일변도다. 중국 민간에서도 이에 맞춰 애국주의 열풍이 불고 있다. 국제사회가 신장위구르 지역의 인권탄압을 제기하면서 신장에서 생산한 면화를 사용하지 않겠다는 성명을 몇몇 기업들이 발표하자 중국인들은 발끈했다. 이들은 "중국 밥을 먹으면서 중국 솥을 깨뜨리려 하지 말라"고 주장하였다. 그리하여 나이키, H&M, ZARA 등 기업 제품에 대한 대대적인 불매 운동이 일어났고, 애국 마케팅을 뜻하는 궈차오國潮 열풍이 일어났다. 이런 반응은 이미 익숙한 바이다.

그런데 2021년 3월 알래스카 회담 이후 또 다시 수난의 역사에 빗댄 비유가 등장했다. 바이든 행정부 출범 이후 중미 양국의 외교 담당자들이 3월 18일 알래스카에서 처음 만났다. 그러나 회의 시작부터 설전이 이어져 건설적인 결과를 도출하지 못했다. 압권은 이를 보도한 기사였다. 중국공산당 선전매체 인민일보가 웨이보에 1901년 신축조약과 2021년 알래스카 회담을 비교한 사진을 게재한 것이다. 이 사진은 인터넷을 타고 전 세계에 알려졌다. 중국외교부 대변인은 "오늘의 중국은 120년 전의 중국이 아니다. 외국 열강이 대포 몇방으로 중국의 대문을 열 수 있는 시대는 이미 지났다"라고 말했다. 그런데 신축조약이 무엇인가?

1901년 신축조약은 의화단 운동 때문에 야기된 불평등 조약이다. 의화단의 난은 부청멸양扶淸滅洋을 기치로 교회, 철도, 학교 등을 파괴하고 외국인과 기독교도를 잔인하게 살해했으며, 각국 공사관을 공격한 운동이다. 열강은 자국민 보호를 위해 청나라에 의화단을 진압해 달라고 요구했으나, 오히려 청 정부는 열강에 선전포고를 하였다. 당연히 열강은 8개국 연합군을 구성해 베이징을 점령하고 의화단을 진압했고, 베이징을 약탈했다. 그리고 1901년 맺은 조약이 신축조약이다. 물론 베이징 점령 과정에서 약탈 등의 악랄한 행위가 있었지만, 8개국 연합군 베이징 진주의 원인 제공자는 당시 중국 정부였다. 여담으로 미국은 중국과의 관계 개선을 위해 신축조약으로 받은 배상금을 1908년 반환하였고, 그 자금으로 청 정부는 미국유학을 위한 예비학교를 세웠다. 1912년 이 학교는 이름을 칭화(淸華)학교로 개명하였고, 1928년에는 칭화대학으로 다시 이름을 바꿨다. 시진핑이 졸업했다는 그 대학이다.

6월 13일 영국 콘월에서 개최된 G7 회의를 두고도 중화권 어느 언론은 '새로운 8개국 연합군新八國聯軍'이라고 지칭하기도 했다. 매우 적절하지 못한 비유이기도 하거니와, 중국의 피해자 콤플렉스가 다시 고개를 내민 사례이기도 하다. 중국은 미국 등 강대국을 대할 때는 항상 자신을 억울하게 피해를 당하는 대상으로 여기는 것 같다. 그것이 아편전쟁 이후의 역사를 소환하는 것이다. 반면 자국보다 힘이 약한 국가를 대할 때는 태도가 돌변한다. 중국은 평화를 옹호하며 다른 나라를 침략한 적이 없는 나라라고 선전한다. 그동안의 전쟁도 항상 자위반격전이라고 말한다. 그렇게 따지면 6.25 참전, 중인전쟁, 중월전쟁은 모두 중국이 침략을 받아서 어쩔 수 없이 벌인 전쟁이 된다. 과연 주변 국가들 혹은 국제사회가 이런 모순된 논리를 인정할 수 있을까?

중국은 중국몽을 이루기 위해 내부 단결이 필요할 것이다. 가끔 애국주의가 나타나는 것은 그 과정에서 피할 수 없을 것이다. 하지만, 중화민족의 위대한 부흥을 실현하고 국제사회에 공헌하고자 한다면 지금까지와는 다른 태도를 보여야 한다. 그 출발은 역사적 피해의식이라는 색안경을 벗고 맨눈으로 세계를 보는 것이다. 그럴 때만이 세계도 안정되고 중국의 꿈도 한층 더 가까이 다가올 것이다.

8 '미·중 패권경쟁 시즌2'의 태풍의 눈, 기후변화 문제*

바이든 행정부의 출범으로 '미·중 패권전쟁 시즌 2'가 시작되었다. 친중적 이미지의 바이든 대통령의 개인적인 이력에 불안해하던 미국의 매파들도 현재 바이든 행정부의 대중 정책을 칭찬할 정도로 그의 대중국 태도는 강경하다. 바이든 행정부는 중국이 미국의 최대 위협이라는 점을 공식화하고, 그 진행 방식에는 동의하지 않지만 '트럼프 전 대통령 대중 정책의 기본 원칙은 맞다'라는 입장을 취하고 있다. 실천적 측면에서 미국은 전통적 동맹관계를 회복하여 강고한 세계적 포위망을 구축해 중국 경제의 미국 추월을 방지하는 것을 최대의 목표로 하고 있다. 그러나 이러한 미국의 공세적 전략적 경쟁자와 경제적 동반자라는 중국의 두 가지 측면을 새로운 방식으로 조화시켜야 한다는 미국의 고민이 읽힌다. 바이든 행정부는 군사·통상·금융·인권 등을 두고 연일 중국에 경고를 하고 있지만 기후변화와 보건안보, 경제재건 등에서는 협력이 필요하다는 입장을 보이고 있는 것이다. 이에 따라 기후변화 문제는 미중이 협력할 수 있는 몇 안 되는 이슈 중 하나로 미·중 패권경쟁의 '태풍의 눈'이 되었다.

그간 미국의 공세적 태도에도 연일 대화와 협력에 기반한 관계구축을 주장하며 미국에게 화해의 손짓을 보내고 있는 중국은 미국과의 협상 테이블을 준비하는 모습이다. 이는 중국 외교 수장들의 발언에 나타나고 있다. 왕이王毅 중국 외교 담당 국무위원 겸 외교부장은 공식적인 발언을 통해 미국의 중국에 대한 내정간섭 불가와 핵심이

---

* 정주영, 중국학술원 중국·화교문화연구소 웹진 『관행중국』 126호(2021.03)에 실린 글을 수정보완함.

익 존중을 강조하면서도 중국이 미국에 도전하거나 대체할 의사가 없음을 피력하고 대화의 강화를 통한 갈등 해결을 주장하고 있다. 중국 외교의 수장격인 양제츠揚潔篪 외교담당 정치국원은 미국과 신에너지·신기술 협력을 확대할 것이라고 밝혔다. 또한 미국과의 실무적 협상 테이블에 대한 준비도 하고 있는 것으로 보인다. 이미 퇴임한 셰전화解振華(71) 전 중국 중국기후변화사무 특별대표를 기후특사로 재등용한 것이다. 셰전화 특사는 중국 국가발전개혁위원회 부주임 시절이던 2007년부터 중국의 기후변화 협상 대표로 활동해왔으며, 파리기후협약 1년 전인 2014년 기후변화 대응 관련 미·중의 공동 발표를 이끌었던 베테랑 기후변화 외교관으로 평가받는 인물이다.

그러나 기후변화문제에 대한 미·중간의 협력이 마냥 핑크빛으로만 보이지 않는 것은 그간 기후변화 문제에 있어서도 미·중간의 팽팽한 상호 비방과 갈등이 있었던 이유에서이다. 중국과 미국은 기후변화 문제에 있어 근본적인 입장 차이를 가지고 있었는데, 미국은 현재 이산화탄소 최대 배출국으로서의 중국의 책임을 요구했고, 중국은 역사적 책임에 더 방점을 두고 미국의 역할을 요구해왔다. 이러한 미중간의 신경전은 각종 기후변화 관련 주요 국제회의에서 날카롭게 표출되어왔다. 그리고 미국과 중국은 상대방이 먼저 움직이지 않는다면 자신도 움직이지 않겠다는 긴장관계를 지속하여 왔다.

바이든 대통령은 취임 당일에 제일 먼저 파리기후협약 복귀 행정명령에 서명하고 곧이어 연방정부 소유 국유지에서 석유·가스 신규 채굴을 중단하는 등의 '기후변화 행정명령'에 서명했다. 조 바이든 미국 새 행정부가 출범 직후부터 공격적인 기후변화 대응정책을 내놓았다는 것은 앞으로의 국면에서도 기후변화문제에서 미국의 중국에 대한 책임추궁과 요구가 더욱 강도 높게 전개될 것임을 예고하는 것이다. 바이든 행정부의 강력한 기후변화 대응정책은 동시에 중국에 대한 압박의 여지를 만들기 때문이다. 또한 트럼프 대통령 시기 무역전쟁을 유발시켰던 미국의 중국에 대한 오랜 피해의식과 의심은 기후변화 문제에 있어서도 여전히 유효하다. 미국은 자국의 배출감소 노력이 중국의 혜택을 증가시켰던 경험을 기억하고 있다. 2010년 미국이 4억 5천만 달러의 경기부양 자금을 투입했던 서부 텍사스 지역의 풍력발전소 건설 프로젝트에 대해, 미국은 미국보다 중국의 국익이 컸던 것으로 평가했다. 프로젝트에 중국산 풍력 터번을 사용함으로써 중국인 3천명을 고용하는 효과를 발생시킨 것에 비해 미국인 고용은 300명에 그쳤으며, 그 국내적 경기부양 효과도 미국에서는 5천만 불에 그쳤지만 중국에서는 3억불에 이르렀다는 평가가 나왔기 때문이다. 2020년 시진핑 중국 국가주석의 탄소중립 선언에도 불구하고 화력발전소를 계속 건설하는 중국의 이중적 태도 또한 비판의 도마에 올랐다. 2021년 초에 있었던 세계경제포럼WEF 화상회의에서 존 케리 미국 기후특사는 이러한 중국의 이중적 행위를 비판하며 기후변화 문제에 있어 중국과 협력하겠지만 다른 이슈가 기후문제의 거래 대상이 될 수 없음을 분명히 밝혔다.

중국은 2000년대 초반부터 '환경'과 '경제'의 이분법적 사고에서 '경제'를 선택하기보다는, 질적인 '경제발전'을 위해 '환경'을 이용하는 것으로 인식을 전환시켜 왔으며 그에 상응하는 법과 제도적 조치들도 꾸준히 준비해왔다. 그러나 중국은 기후변화 문제의 심각성을 인식하고 정책들을 입안, 시행하고 있는 와중에서도 미국과 기후변화 문제에서 협력의 제약 요인들도 제기해왔다. 또한 강제력 있는 규정을 설정할 경우 경제성장을 유지하지 못하거나 규정을 지키지 못할 것에 대한 우려감도 가지고 있다. 2020년 9월 유엔 총회에서 중국 시진핑 중국 국가주석은 국제사회에 '2060년 탄소 중립' 목표를 제시하며 2030년까지 이산화탄소 배출량을 2005년 대비 65% 이상 줄이고 2060년까지 탄소중립을 이루겠다고 파격적인 발표를 했지만, 그렇다고 이를 중국이 기후문제에 있어 절대적인 협력을 할 수 있다는 의미로 받아들이기는 어렵다. 기후변화 관련 국제 협약들이 현재 미국의 중국에 대한 공세에 이용되거나 중국이 수용할 수 있는 선을 넘어서는 비판과 요구를 한다면 중국도 이에 대한 적극적인 방어를 할 것이기 때문이다. 따라서 기후변화문제에 있어 미국의 강력한 대응과 요구를 중국이 어느 정도 선까지 얼마만큼 수용할 수 있는지의 문제는 여전히 의문이 남는 부분이다. 특히나 국제세계의 기후변화 영역은 2017년 미국 트럼트 행정부가 기후변화협약에서 탈퇴한 이후 중국이 미국과는 정반대의 목소리를 내면서 패권 행보를 이어오던 곳이다. 이 영역에서 미국의 복귀는 미국과 중국의 새로운 주도권 경쟁을 유발할 가능성이 매우 높다. 이처럼 기후변화 문제는 '미·중 패권 경쟁 시즌 2'의 한 가운데에 '태풍의 눈'으로 남아 있다.

⑨ '두 개의 회랑 하나의 경제권'
: 중국의 일대일로 사업에 대한 베트남의 대응*

'제2차 국제협력을 위한 일대일로 정상포럼'과 베트남

2019년 4월 25일부터 27일까지, 중국의 베이징에서 열린 제2차 국제협력을 위한 일대일로 정상포럼에는 37개국 정상들과 150개국 90개 국제기구의 고위급 대표단이 참석했다. 이번 포럼에서 주목할 만한 사실 중 하나는, 격화된 미·중 무역 분쟁과 중국의 일대일로 계획에 대한 서구의 공공연한 비판에도 불구하고 사실상 동남아시아국가연합ASEAN(이후 아세안)의 대부분의 회원국 정상이 참석했다는 것이다. 태국과 싱가포르, 브루나이 다루살람의 정상이 불참했던 2017년 제1차 포럼과 비교할 때, 이번에는 중국의 일대일로 프로젝트에 참여하고자 하는 아세안 회원국의 공통된 관심이 드러난 것이자, 동남아시아 지역발전에 대한 기여도와 관련한 대중적 이미지 측면에서 적어도 미국보다는 더 직접적이며 우월한 위치에 있는 중국의 역내 위상을 재확인시켜주는 것이었다.

제2차 일대일로 포럼에 참석한 아세안 회원국들 가운데, 중국과 정치, 경제, 문화 그리고 지정학적 특수 관계에 있으며 2020년부터 아세안 의장국 지위를 수행하게 될 예정인 베트남도 제1차 일대일로 포럼 때와 비교해 대규모 고위급 대표단을 파견했다. 특히 이번 제2차 포럼에는 2018년 말부터 공산당 총비서뿐만 아니라 국가주석직까지 겸임하게 된, '친중파' 응우옌푸쫑Nguyễn Phú Trọng이 국가수반으

* 심주형, 중국학술원 중국·화교문화연구소 웹진 『관행중국』 107호(2019.07)에 실린 글을 수정보완함.

로서 정부 대표단을 이끌고 중국 공식방문에 나선다는 점에서 주목을 받았다. 사실 그동안 베트남은 동남아시아지역의 대표적인 일대일로 연선국가로서 사업 참여에 예상과 달리 소극적이라는 평가를 받아 왔다. 2017년 말 양국의 공산당 총비서인 푸쫑과 시진핑이 일대일로 사업에 상호 협력하기로 합의하는 문서에 서명했지만, 그 후 이렇다 할만한 구체적인 사업 추진이 논의된 바는 없었다. 이번에는 국가수반의 권력까지 거머쥔 푸쫑이 직접 일대일로 포럼의 장에서 양국 간 정상회담을 통해 현안을 논의하게 된다는 점에서, 실질적인 협력방안들이 논의되고 실행에 옮겨질 것이라는 관측이 있었다. 포럼을 앞두고 베트남 내에서는, 양국간 정상외교를 통해 베트남과 중국 사이의 산적한 문제들이 해결되고 베트남이 일대일로 사업의 주도적 참여국으로 나서게 될 것이라는 전망과 함께, 당 - 국가의 '친중 노선'이 공공연하게 선언될 수도 있다는 대중적 우려도 터져 나오고 있었다.

그러나 결과적으로 푸쫑 주석의 포럼 참석은 무산되었다. 푸쫑 주석의 급작스러운 건강 악화에 관한 각종 루머가 베트남 소셜미디어를 뜨겁게 달구고 있음에도 상당 기간 침묵하던 베트남 정부는 대표단 방중 직전인 4월 22일, 이번 포럼에는 국가주석을 대신해 응우옌 쑤언푹Nguyễn Xuân Phúc 총리가 정부 고위급 대표단을 이끌고 참석하기로 했다고 공식 발표하였다. 공교롭게도 푸쫑 주석의 건강 악화 사실이 공식 확인되던 그 날은, 1979년 베 - 중 국경전쟁 이후 단절된 양국 간 국교 정상화와 탈냉전 시대 "베 - 중 우의관계" 복원에 지대한 역할을 했던 대표적 친중파 정치인 전 국가주석 레득아잉Lê Đức Anh의 사망 소식이 알려진 날이기도 했다. 동아시아 맑스 - 레닌주의, 사회주의 혁명의 역사에서 "하나의 뜻, 하나의 마음, 승리의 붉은 깃발의 길"에서 함께 싸우며, "호찌민 - 마오쩌둥"을 함께 외치던 두

나라의 동지적 관계가 그렇게 저물어 가는 듯해 보이는 한편, 자본의 질서와 원리들을 바탕으로 한 일대일로의 계획 속에서 베트남과 중국은 다시 마주침을 준비하고 있었다.

베트남 북부 랑선Lạng Sơn성 국경 관문의 표지석 – "우의Hữu nghị; 友誼" 뒤편으로 중국의 "일대일로 공항미래一帶一路 共享未來" 대형 선전 간판이 보인다. (출처: 현지조사 중 필자 촬영. 2019.01.27.)

"일대일로와 함께 하는 두 개의 회랑 하나의 경제권"

이번 제2차 일 대일로 정상포럼에서 베트남의 쑤언푹 총리는 중국 시진핑 주석, 리커창 총리와 잇달아 만나 베트남이 중국과의 북부 국경지역 개발을 위해 추진해 왔던, "두 개의 회랑 하나의 경제권 hai hành lang một vành đai kinh tế" 프로젝트를 중국의 일대일로 사업과 함께 양국이 공동 추진할 것을 재차 요구하였다. 동남아시아 지역에서 중국의 일대일로 사업의 핵심이라고 할 수 있는 '해상 실크로드' 계획이 남중국해(베트남에서는 "동해Biển Đông"로 부른다)를 둘러싼 영유권 분쟁으로 사실상 답보상태에 있는 상황에서, 지난 2008년 양국 간 국경선 확정이 마무리된 베트남 북부와 중국 남부지역 사이의 국경지역을 육로로 연결하는 물류망 건설을 추진하자는 것이다. 특별히 이번 정상외교에서 베트남은 중국이 미온적인 태도를 보여 온, 중국의 윈난雲南성과 베트남 라오까이Lào Cai성 사이의 철도 연결사업 추진을 강력하게 요구하였다.

지난 2004년 5월 당시 베트남의 총리였던 판반카이Phan Văn Khải 수상이 중국을 방문했을 때 최초로 제안한 "두 개의 회랑 하나의 경제권" 계획은, 쿤밍昆明 - 라오까이Lào Cai - 하노이Hà Nội - 하이퐁Hải Phòng을 하나의 축으로 연결하고, 난닝南寧 - 랑선Lạng Sơn - 하노이 - 하이퐁을 다른 한 축으로 연결하는 경제 물류망을 건설하자는 내용을 담고 있다. 베트남의 항구와 북부 국경지역 그리고 중국의 남부 내륙지역을 연결하는 경제지대 구축을 골자로 하는 이 계획안은 중국과 아세안 국가들을 연결하는 물류망의 핵심적 위치를 베트남이 선점하고자 하는 의도와 더불어, 1979년 중국과 치른 국경전쟁의 여파와 주로 소수민족들이 거주하는 산악지대라는 지리 - 정치적 문제로 상대적으로 낙후되었던 북부지역을 본격적으로 개발하고자 하는 열망을 담고 있다. 이 계획안은 2007년에 불어 닥친 미국발 세계금융위기의 상황에서 중국의 경제력에 대한 베트남과 동남아시아 국가들의 기대와 의존도가 더욱 커지면서 다시금 주목받았다. 베트남 정부는 중국의 광둥廣東성과 육로 및 해로로 가깝게 연결되고 대중국 석탄 수출 기지인 꽝닝Quảng Ninh성까지 추가하여 계획안을 더욱 구체화하였고, 그에 따라 북부지역 고속도로 건설, 국경관문 검역소 확장과 현대화 및 국경무역지대 조성 사업 등을 역동적으로 추진해 왔다.

그러나 중국의 일대일로 사업과 함께 추진할 수 있을 것으로 기대되던 이 계획안은 2000년대 후반부터 다시 빈번한 무력충돌이 발생하고 있는 남중국해 영유권 분쟁 문제와 양국관계사에 뒤엉킨 정치 – 경제적 긴장이라는 난제에 봉착하고 말았다. 해상영유권 분쟁으로 인해 베트남 내에서 폭발하기 시작한 반중정서와 베트남의 최대 무역적자국인 중국의 영향력 확대에 대한 정치 – 경제적 우려는 "두 개의 회랑 하나의 경제권" 사업 추진만이 아니라 일대일로 사업에 대한 참여까지도 민감한 정치적 사안으로 만들었다. 2018년 베트남 정부가 "두 개의 회랑 하나의 경제권"사업의 교두보로 삼고자 야심차게 추진했던 꽝닝성의 번돈Vân Đồn지역 경제특구 조성사업과 관련된 법안 통과가 중국기업과 자본에 의한 "식민화"를 우려한 베트남인들의 전국적인 대규모 반중시위로 인해 무산된 사건은 양국 간의 경제개발 협력사업 추진이 정치적 협력관계 복원보다도 더 어려운 일이 될 수 있다는 현실적 고민을 낳기에 충분했다.

"산과 산이 이어지고, 강과 강이 이어지며, 하나의 바다를 공유하는…"

베트남의 음악가 도뉴언Đỗ Nhuận이 1950년대에 작곡한 노래 "베트남 - 중화"는 베트남어와 중국어 가사를 통해 자연화된 연결체이자 **순망치한**môi hở răng lạnh; 脣亡齒寒의 공동 운명체로서 양국관계를 상**징화한다.** 중국의 오랜 침략에 시달려 온 베트남 인민들의 뿌리 깊은 반중정서를 극복하기 위해 일찍이 호찌민은 사회주의 혁명을 통해 건설된 '신新 중국'은 이전의 중국과는 전혀 다르다고 설득했고, 양국 인민은 '사회주의적 국제주의'의 깃발 아래 함께 '제국주의와 자본주의 세력'에 맞섰다. 그러나 1979년 베트남 북부 국경지역에서 벌어진 전쟁과 해상영유권 분쟁은 또다시 과거의 역사적 원한을 상기시키고 상호 불신의 기억을 불러일으켰다. 전 세계 사회주의권이 급격히 무너져 내리던 상황에서 레득아잉은 "그래도 베트남이 믿을만한 동지는 중국밖에 없다"라며 설득에 나서 베트남과 중국의 정치적 동맹관계를 복원시켰다. 그리고 이제 중국이 신자유주의적 세계질서 하에서 동남아시아 지역에서 펼쳐내고자 하는 '중국몽中國夢'과 더불어 베트남은 스스로의 위치를 재설정하는 문제를 두고 경합하는 중이다.

베트남이 중국에 제안한 "일대일로와 함께 하는 두 개의 회랑 하나의 경제권" 계획은 라오스와 캄보디아에 대한 영향력을 넘어 중국과의 특수 관계를 활용해 동남아시아 지역 내의 정치·경제적 위상을 제고하려는 '이몽異夢'을 담고 있다. 이 계획의 추진 향배에 따라, 동아시아 전체의 정치·경제·물류의 흐름과 지형이 바뀔 수 있는 충분한 가능성이 있다. 베트남 국내적으로도 '도이 머이Đổi mới' 이후 호찌민시와 남부지역에 중심을 두고 있던 국가 경제개발 경관에 커다란 지각변동을 가져올 수도 있기에 그 추이와 경합과정에 남다른 관심을 기울일 필요가 있다. 또한, 양국 간 전쟁의 기억이 여전히 생생하며 소수민족의 삶의 터전인 베트남 북부와 중국의 남부 국경지역이 "자본주의적 물류흐름의 매듭이자 교차점"으로 더욱 급속히 전화해 갈 것으로 예상되기에, 국경경관borderscape의 변화를 추적하고 그 문화 – 정치적 의미들을 비판적으로 해석해 내는 심층적인 연구가 필요하다. 이러한 관심들을 통해 "상호 연결성inter-connectivity"과 "인프라스트럭쳐infrastructure" 건설에 관한 환상과 강박, 그리고 기대와 불안이 교차하며, '다시쓰기와 덧쓰기'를 통해 펼쳐지고 있는 "일대일로적 질서"를 이해할 인식론적 지평을 확장해 나갈 수 있을 것이다.

⑩ 베트남 도시철도 첫 구간 개통과 일대일로의 명암*

10년간의 시공, 12번의 약속 파기
: 하노이 도시철도 2A선 깟링 - 하동Cát Linh-Hà Đông 구간 개통

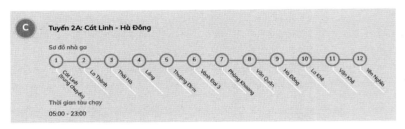

하노이 도시철도 2A 노선: 깟링 - 하동 구간

출처: http://hanoimetro.net.vn

2021년 하반기에 접어들며 '코로나 19와 함께 살기sống chung với
Covid-19'로의 방역정책 전환을 통해 조심스럽게 일상생활 복귀를 추
진하고 있던 베트남 정부는 11월 초 도시철도 2A선 깟링 - 하동 구간
의 공식운행을 시작하겠다고 전격 발표했다. 바이러스 확산세가 잦
아들지 않고 사회적 거리두기가 여전히 강조되는 베트남 상황을 감
안할 때, 밀집도가 높은 새로운 대중 교통수단을 15일간의 무료 시승
체험행사까지 펼치며 개통하겠다는 발표는 방역에 대한 큰 우려를
불러일으키는 것이었다. 그러나 당 - 국가는 개통을 강행했고, 이는
도시철도 노선 개통을 더 이상 미룰 수 없다는 정치 · 경제적 압박감

---

* 심주형, 중국학술원 중국 · 화교문화연구소 웹진 『관행중국』 135호(2021.12)에
  실린 글을 수정보완함.

을 드러낸 것이었다.

베트남의 첫 도시철도 노선 개통은 도시기반시설urban infrastructure을 확충하려는 오랜 열망과 정치적 노력이 비로소 현실화된 것으로 평가할 수 있다. 수도 하노이와 그 주변 도시의 인구가 급증하여 "2020년에는 약 5백만 명에 이를 것"을 예상했던(공식통계에 따르면 하노이의 인구는 2019년에 이미 8백만을 넘었다) 당－국가가 1990년대 말 '수도 일반계획 조정안 2020'(Số 108/1998/QĐ-TTg)을 세우면서 위성 도시를 잇는 5개의 도시철도 노선 건설계획을 포함시켰던 것이 도시철도 건설사업의 정치적 기원이다. 이후 사업 타당성과 예산 문제 등을 고려해 사업 우선순위를 재조정했다. 베트남 도시철도 역사의 서막을 열며 첫 개통된 하노이(중심가인 동다Đống đa 구의 깟링)와 하동(2008년 하노이와 합병되기 전까지는 하떠이Hà Tây 성의 성도)을 잇는 2A 노선 건설은 가장 근접한 수도권 중심 도시이지만 연결 도로의 확장이 어려운 현실적 조건을 고려하여 시범노선으로 추진된 것이었다. 2A 노선에 대한 본격적인 연구조사 및 설계는 2000년대 초 중국 '중철6국中鐵六局'이 맡았고, 2008년 5월 베트남이 중국의 정부개발원조ODA, official development assistance를 통해 사업을 추진한다는 기본 협정이 체결되면서 시공되기 시작했다(Báo Chính phủ 2019년 10월 14일).

베트남 수도에서 중국의 ODA를 통해 대규모 기반시설 건설 프로젝트를 진행하기로 합의한 것은 1970년대 이후 원조문제로 급격히 악화되었던 베－중관계(심주형 2020)의 유산과 기억에서 벗어난다는 상징적 의미가 있었다. 또한, 직접적으로는 2007년 말 '동해/남중국해' 영유권 분쟁지역에 중국이 싼사시三沙市(베트남명 땀사Tam Sa)를 행정구역으로 설치했다는 사실이 알려지며 촉발되었던 전국적인 대규모 반중시위 사태로부터 국면전환을 모색하던 당－국가의 시도와 맞닿아 있었다. 그러나 중국과의 '협력'에 대한 기대는 다시 정치적 갈등으로 퇴색하고 말았다. 깟링－하노이 구간 도시철도 사업이 모든 준비를 마치고 첫 삽을 뜨게 된 2011년 '동해/남중국해' 영유권 문제로 인해 하노이에서 지식인과 청년들이 참여하는 대규모 반중시위가 3달여 동안 계속되었다. 반중여론이 전례 없이 고조된 당시의 베트남 사회의 분위기 속에서, 도시철도 건설 착공식이 '중화민국'의 국경일인 '쌍십절'에 맞춰 하노이에서 개최된 것은 베－중 관계의 비대칭성과 긴장 관계가 표출된 또 다른 역사적 장면이었다.

당초 도시철도 2A선은 2015년 완공과 운행이 계획되어 있었지만 (Quỳnh Anh 2011년 10월 10일), 2014년 9월 하노이 시당 위원회 비서의 현장점검에서 공사 진척이 약속대로 이행되지 않고 있다는 것이 확인된 이후 2021년 6월까지 무려 12차례 완공과 운행 약속이 파기되는 기록을 세웠다. 2021년 중에만 해도 1월에 개최된 베트남 제13차 당 대회 이전 개통 약속이 깨진 것을 시작으로 6월까지 무려 4차례나 개통 약속이 파기되었는데, 수년간 지속적으로 반복되어 온 이러한 상황은 하노이 시정부와 베트남 당－국가가 중국 측에 특단의 조치 혹은 요구를 하지 못하고 무시당하며 저자세를 유지하고 있다는 대중적 이미지를 강화하기 충분한 것이었다. 시공 기간 10년을 채우고 6년의 기다림 속에서 12번의 개통 약속 파기를 경험했던 베트남인들은 11월 6일 공식운행과 무료 시승 체험행사가 실제로 시작되어서야 비로소 도로 위로 펼쳐진 13km의 교각과 철로를 통해 12개 역을 연결하는 첫 도시철도가 수도 하노이의 일상생활 경관을 변화시킬 것임을 체감하기 시작했다.

인프라스트럭처의 정치Politics of Infrastructure
: 일대일로와 양질의 인프라 파트너십PQI, Partnership for Quality
Infrastructure

기해년 봄 호찌민시 도시철도 1호선 벤타잉Bến Thanh‒수오이띠엔Suối Tiên
공사재개식 행사 장면
출처: 호찌민시 도시철도 관리위원회 홈페이지 Ban Quản ly Đường sắt đo
thị Thanh phố Hồ Chi Minh(MAUR) http://mâu.hochiminhcity.gov.vn/

    지난 2019년 4월 중국 베이징에서 개최된 "제2차 국제협력을 위한
일대일로 정상포럼"에 맞춰, 중국은 하노이 도시철도 깟링‒하동 노
선 ODA 건설사업을 베트남에서 진행한 일대일로 사업의 성공적 사
례로 홍보했다(China Radio International 2019.4.26). '중철6국'의 하노이
도시철도 건설사업 책임자는 홍보영상 인터뷰에서 도시철도 준공이
"베트남과 중국의 우의관계 상징일뿐만 아니라, 중국의 철도기술이
세계로 진출하는 명시적인 표상이 될 것"이라고 강조했다. 그러나
사업에 대한 베트남인들의 관점은 그가 확신했던 인도引渡와 개통의
실제 일정만큼이나 큰 차이를 보였다.

더딘 속도로 진행된 도시철도 건설 기간 중 발생한 인명과 재산피해 사고들은 베트남인들의 불안감을 키웠고, 완공이 지연되는 동안 지속된 교통체증과 개통이 연달아 미뤄지며 황폐화되고 우범 지역화된 역사驛舍들도 시민들의 눈살을 찌푸리게 하고 안전에 대한 의구심을 키웠다. 당-국가의 관료들도 별반 다르지 않았다. 2015년 당시 교통운송부 장관을 맡고 있던 딩라탕Đinh La Thăng은 도시철도 운행 차량 13대를 중국으로부터 구매하면서, "중국 측 계약자가 (능력이) 부족하지만 어쩔 수 없다"(BBC Vietnamese 2015.6.10)라는 입장을 공개적으로 표하기도 했다.

　이러한 상황이 펼쳐진 기저에는 중국이 베트남에 제공한 ODA의 계약조건이 자리하고 있었다. 중국은 일대일로 ODA 조건으로 대형 건설 프로젝트나 인프라스트럭쳐 사업에서 활용되는 이른바 EPCEngineering, Procurement, Construction; 설계 조달 시공 일괄 입찰방식 계약방식을 베트남이 중국기업과 체결하도록 요구했다. 이에 따라, 중국 측이 설계와 시공, 운행을 위한 기술 및 인력 양성까지 모두 마친 후 베트남에 인도하기 전까지는 베트남 정부가 사실상 시공과정에 개입하거나 계약조건을 변경할 권리가 없었다. 깟링-하동 도시철도 건설 사업의 경우에는 완공, 인도, 운행 일정이 수년간 지연되면서 베트남 정부가 추가 건설비용과 더불어 중국 ODA의 상대적으로 높은 이자율까지도 온전히 떠안아야 하는 상황까지 초래되었다.

　상대적으로 뒤떨어진 인프라스트럭처 경쟁력을 급속히 향상하고자 하는 베트남의 정치적 욕망에도 불구하고 재정 투자 여력의 한계는 ODA에 의존한 공공 부분 투자사업 추진을 불가피하게 하는 것이 사실이다. 그러나 중국으로부터의 ODA는 깟링-하동 도시철도 건설사업 경험처럼 '사업 실패' 위기라는 정치·경제적 부담과 국민 여론의 악화까지도 초래할 수 있다는 교훈을 얻기에 충분했다.

현재 베트남 수도 하노이의 도시철도는 모두 8개 노선 10개의 지선에 대한 건설계획이 수립되어 있고, 개통된 깟링 – 하동(2A 노선)외에 3호선 뇬Nhổn – 하노이 역 구간이 프랑스와 아시아개발은행ADB, Asia Development Bank의 ODA를 통해 건설되고 있다. 하노이 도시철도 3호선의 경우에도 번번이 공사 일정이 지연되고 있지만, 깟링 – 하노이 노선보다는 최소한 여론으로부터의 정치적 부담이 상대적으로 덜하다는 점에 특별히 주의해 볼 필요가 있다. 다시 말해, 중국에 대한 대중적인 반감이 2A 노선 건설사업 전 과정을 양국관계의 실체적 표상으로 주목하게 했던 것이다.

2011년 하노이의 깟링 – 하노이 도시철도 노선이 착공된 이후, 2012년에는 남부 호찌민시의 도시철도 1호선 벤타잉Bến Thanh – 수오이띠엔Suối Tiên 구간 건설이 시작되었다. 호찌민시의 도시철도 건설사업은 중국이 아닌 일본의 ODA를 통해 시작되었다는 점에서 베트남의 ODA 유치 다각화 시도를 보여준다. 또한 인프라스트럭처 사업에 대한 원조를 통해 중국과 일본이 정치적으로 경쟁하는 양상을 띄고 있다. 일본은 중국이 2013년 일대일로 정책을 추진하자, 2015년 곧바로 "양질의 인프라 파트너십" 캠페인으로 대응하였다(Do and Hoang, 2021). 중국의 일대일로 사업이 그 범위와 대상국 규모에서 일본의 양질의 인프라스트럭처 파트너십 캠페인과 비교할 수 없을 정도인 것은 분명하지만, 적어도 동남아지역 국가들, 특히 베트남에서는 일본의 인프라스트럭처 프로젝트의 사업 수와 금액이 모두 중국의 일대일로 프로젝트에 앞서고 있다. 2019년 9월 베트남 정부가 야심차게 추진하고자 했던 남북고속철도 8개 구간에 대한 BOTBuild-Operate-Transfer 모델 건설사업에 대한 취소를 발표한 가장 심각한 이유 중의 하나가 사업계획서를 제출한 절반 이상의 기업이 중국기업이었기 때문이었다는 해석은(Le 2019.10.8), 결국 인프라스트럭처의 정치가 정치·경제적 안보와 주권적 독립에 민감성을 부여하고, ODA 제공자와 사업 파트너에 대한 역사적 집단기억과 여론에 취약할 수 있다는 것을 재확인시켜준 사건이었다.

"인프라스트럭처 열병"과 사회문화적 접근의 필요성

2017년을 기준으로 베트남은 중국 다음으로 아시아국가들 중 국민총생산대비 가장 많은 비용을 인프라스트럭처 확충에 사용하는 국가이다(Yap and Nguyen, 2017.3.23). 국가경제발전을 위한 경쟁력과 해외투자 유치, 그리고 무엇보다 국민들의 일상적 삶의 욕구를 충족하고 질을 향상하기 위한 노력의 일환으로 볼 수도 있을 것이다. 그러나 '사람'과 '환경'이 지닌 사회문화적 가치를 고려하지 않는 대규모 건설 프로젝트 위주의 사업들은 곧바로 저항을 불러왔고, 이것은 베트남 도시철도 건설사업에서도 예외가 아니었다.

2015년 하노이 시당-정부가 고가철로 건설의 편의와 운행의 안정성을 확보한다는 명분으로 수천 그루의 아름드리나무들을 벌목하고 가로수 교체 작업을 결정했을 때 하노이 시민들은 "나는 푸르른 나무입니다"라는 선언을 통해 저항했다. 뙤약볕과 비바람을 막아주고, 대기오염을 감소시켜주던 하노이 거리의 나무들은 도시민의 일상과 뗄 수 없는 존재들이었고, 이동시간 단축이라는 단순한 교환관계로 환원되어 희생되는 것을 지켜보고 있을 수만은 없었던 것이었다.

15일간의 무료 시승 체험 행사가 끝나고 유료화된 도시철도의 이용 승객이 급감했다는 보도들도 들려온다. 도시철도 역사 근처까지 오토바이를 타고 이동해야 하는 사람들에 대한 주차장 설계와 배려가 부족했고, 승차권 판매 시스템이 베트남인들의 상황을 고려하지 않았을 뿐 아니라 노약자에 대한 배려도 설계에 충분히 반영되지 못했다는 지적들도 터져나온다. 아마도 ODA 사업 혹은 BOT 사업의 EPC 계약자들이 당장 이익에 급급한 설계, 조달, 시공을 한 결과일 것이다. 중국의 일대일로 사업이든 일본이 추진하는 양질의 인프라스트럭처 파트너십이든, 현지인들의 삶과 그 조건에 대한 이해와 배려보다는 '당신들의 문제를 해결할 능력이 우리에게 있습니다'라는 낡은 시혜적인 수사들만 내세우게 된다면, 언제든 일상의 파괴자 혹은 위협자로 간주 될 수 있다는 사실을 다시금 상기할 필요가 있다.

⑪ 사회주의 '소수민족정책'은 끝났는가?
: '중국 모델'과 베트남의 소수민족 정책*

'66년' 동안 지속되던 관행의 끝

2020년 12월 말, 중국의 제13기 전국인민대표대회 상임위원회는 예상치 못한 결정사항을 발표했다. 중국 소수민족과 관련된 업무와 권익 보호를 담당하는 국가민족사무위원회國家民族事務委員會 위원 장이던 몽골족 출신의 바터얼巴特爾을 대신해 천샤오장陳小江을 임명 했다는 것이었다. 천샤오장은 1954년 이후 소수민족 출신이 소수민 족을 관리하던 관행을 깨트린 최초의 한족 출신 위원장이자, 소수민 족 관련업무와는 무관한 이력의 중국공산당 중앙기율위원회 출신이 다. 그의 전격적인 발탁이 던지는 메시지를 두고 여러 가지 해석이 나올 수밖에 없는 이유다. 위원장 교체 결정을 두고, 2020년 9월 중국 의 새 학기 시작과 함께 네이멍구內蒙古 자치구에서 표준 중국어 교 육 강화 정책에 반대해 발생했던 등교거부 시위에 대한 중국정부의 경고 메시지라는 해석이 나왔다. 바터얼이 대학에서 몽고어를 전공 했다는 사실도 이러한 해석을 뒷받침한다. 시진핑 시대의 당-국가 는 이미 2018년 당정개편을 통해 국가민족위원회를 통일전선부 산하 로 배치하면서, 소수민족의 자치권과 권익보호 역할보다 '소수민족 문제'를 정치적 관리대상으로 삼는 데 주력하는 면모를 보였다. 이번 에 '한족' 위원장을 임명한 것은 당-국가가 위원회에 사실상 '조종弔 鐘'을 울린 것이며, '한족 중심주의'에 따른 소수민족 동화정책을 공

---

* 심주형, 중국학술원 중국·화교문화연구소 웹진 『관행중국』 124호(2021.01)에 실린 글을 수정보완함.

공연하게 추진하겠다는 것을 표명한 것이라는 비판이 제기되고 있다. 1954년 중국 헌법에 명시되었던 '민족구역자치民族區域自治'라는 사회주의적 소수민족정책의 이념적 지향이 '한족' 위원장의 임명을 거치면서 마지막 남은 '상징성'마저 뿌리 뽑히는 상황에 이르고 만 것이다.

'중국 모델'의 사회주의 (소수)민족 정책

사회주의 민족정책에 대한 이데올로기적 기원은 스탈린의 『마르크스주의와 민족문제』(1913)로 거슬러 올라간다. 스탈린은 민족을 "언어, 영토, 경제생활, 공통의 문화에 표현된 정신적 구성물"에 기반해 "역사적으로 진화한 안정적인 공동체"로 정의했다. 당시 제국주의의 압제에 신음하는 민족들의 문제가 자본주의 철폐를 통해서만 해결될 수 있으며, 따라서 러시아 제국의 모든 민족이 제국주의와 자본주의에 대한 투쟁 속에 연대할 것을 제안하는 것이었다. 소련은 '10월 혁명' 이후 내전 과정에서 각 민족으로부터의 지원을 확보하고자 '자결권'과 '분리독립권rights of secession'을 인정하며 공동의 번영을 약속했다. 그 결과 각 민족단위 사회주의 공화국'들'이 '소비에트 사회주의 공화국 연방U.S.S.R., the Union of Soviet Socialist Republics'을 건설하게 되었다. 이는 각 민족이 스스로 통치하는 '공화국'을 전제하는 것이었고, 실제로 우크라이나 소비에트 사회주의 공화국과 벨로루시 소비에트 사회주의 공화국은 별도로 유엔에 가입해 독립된 투표권을 행사했다. 소련에서 처음으로 현실화된 사회주의 민족정책은 '영토'를 기반으로 한 '공화국'의 형태를 인정해 스스로 통치하는 것을 강조했고, 개인의 '민족 정체성'을 확인하고 민족 상호 간의 '실질적 불평등'을 해소하기 위한 지원정책을 마련했다.

중화인민공화국의 출범 이후 민족 정체성 확인, 불평등 해소, 자치라는 사회주의 민족정책의 기본 노선은 대체로 받아들여졌다. 민족에 대한 스탈린의 정의에 따라 민족정체성에 대한 확인과 범주화 작업(소수민족식별작업)이 진행되었고, 경제와 문화적 삶을 증진 시키기위한 정책적 지원들이 펼쳐졌으며, 자치구 지정을 통해 양성된 소수민족 지도자들이 자치정부를 구성해 '민족문제'를 담당하기 시작했다. 그러나 중화인민'공화국'은 '중화연방'이 아니라는 점에서 '중국모델'은 소련과 다른 경로를 갈 수밖에 없었다. 국가건설 초기부터 신장과 티벳 등에서 분리주의 움직임과 타이완 문제가 있었고, 소수민족 인구가 전체의 10%에도 미치지 못했지만 소수민족의 전통적인 거주 지역은 중국 전체면적의 50-60%에 달하는 현실적인 문제를 고려해야 했다. 또한 덩샤오핑이 1950년 "남서부 소수민족" 관련 담화에서 밝혔듯, 역사상 한족과 소수민족 간의 소원疏遠한 관계는 뿌리가 깊고 단시간에 해결될 문제가 아니었다. 그 결과 소련과 달리 중화인민공화국은 1954년 헌법에 민족 자치권에 대한 명시를 포함하는 대신 각 민족의 '분리독립권'에 대한 보장은 제외했다. 이러한 소련과의 차이는 '자결권'에 대해 제한적이고 양가적인 성격을 띤 '중국적소수민족 정책모델'로 귀결됐고, '한족 중심주의'가 중앙과 자치정부사이의 위계관계로 재활성화 되는 역설을 낳았다. 문화대혁명 시기에 소수민족의 '민족적 이해interest' 혹은 '분리독립'에 관한 주장을 '적'으로 간주하고 폭력과 파괴를 자행했던 역사는 '민족자치'에 관한 양가적인 모델이 내재한 모순이 빚어낸 파국에 다름 아니다.

"베트남 민족공동체" [베트남 건국 60주년 기념우표(2005)]
각 민족 남녀를 묘사한 우표와 함께 베트남사회주의공화국 국가 휘장과 "베트남 국가는 하나, 베트남 민족은
하나"라는 호찌민 주석의 발언이 적혀 있다.

베트남의 소수민족 정책

베트남 민주공화국(북베트남, 오늘날의 베트남 사회주의 공화국)은 베트남전쟁 종전 이전까지는 적어도 '중국모델'을 수용하는 모습을 보였다. 무엇보다 북베트남은 중국과 '종족경관ethnoscape'이 흡사했다. 다수 종족인 낑족dân tộc Kinh, 비엣족Việt; 중국에서는 징족京族이 인구의 절대 다수를 차지하고 있다는 점(2019년 인구조사 통계 기준 86.2%)에서 중국에서 한족이 다수인 상황과 비슷하다. 역사적으로 낑족과 소수민족들이 소원한 관계를 맺어왔다는 점도 유사하다. 다만, 북베트남의 경우 1940년대 이후 '비엣밍(베트남 독립동맹의 약칭)' 세력이 베트남과 중국의 접경지역에서 활동을 시작하던 초기부터 북부지역 소수민족의 지지와 지원은 필수적이었는데, 눙Nùng족인 쭈반떤Chu Văn Tấn과 따이Tày족인 호앙반투Hoàng Văn Thụ 등 소수민족 출신 간부들이 비엣밍 세력과 북부산악지역을 연결시키는 핵심적인 역할을 수행했다. 실제로 호찌민도 눙족의 이름을 사용하며, 그들의 옷을 입고 그들의 언어를 사용했다고 한다. 당시의 비엣밍은 사회주의와 민족주의 세력이 뒤섞여 있었고 낑족 중심의 '민족주의'적 정치노선이 매우 강했다는 점을 고려하면, 결과적으로 소수민족 '영토'에서 장기간 활동한 경험은 새로운 정치 세력으로서 이미지를 구성하고 경험을 쌓는데 큰 도움이 되었다.

1954년 중화인민공화국 헌법이 민족자치에 관한 내용을 명시한 이후, 뒤이어 베트남민주공화국도 1955년 '정부의 민족정책'Sắc lệnh 229 chính sách dân tộc Chính phủ을 공포하였다. 이 '민족정책'의 제2조는 민족들 사이의 모든 멸시khinh rẻ, 민족에 대한 억압과 분리, 대민족주의와 편협한 민족주의에 대한 금지를 명시하였다. 제6조에는 모든 소수민족이 자신의 언어를 사용할 자유와 풍속과 관습을 보존하고 개선하며, 종교적 자유를 누릴 권한을 인정하고, 정부가 정치경제와 문화사회 전반에 대한 발전을 지원한다는 내용이 들어있다. 중국의 국가민족사무위원회에 해당하는 민족분과위원회Tiểu ban Dân tộc(오늘날의 민족위원회Ủy ban Dân tộc)도 소수민족관련 업무를 전담하는 기관으로 설립되었다. 자치구 지정도 곧바로 진행되었다. 1955년에는 북서부 국경지역 소수민족 영토를 포괄하는 타이 - 메오 자치구 Khu tự trị Thái-Mèo(1962년 떠이박 자치구로 개명Khu tự trị Tây Bắc)가, 1956년에는 북동부 국경지역의 소수민족 거주지들을 포괄하는 비엣박 자치구Khu tự trị Việt Bắc가 설치되었다. 이러한 자치구 설치에 관한 규정은 1959년 베트남민주공화국 헌법에 명시되었다.

베트남민주공화국에서도 소수민족 자치권을 두고 복잡한 현실적 고려와 정치적 계산이 불가피했다. 타이 - 메오 자치구는 북베트남 지역의 5분의 1을 차지하고 50여만 명의 인구와 12-19개 소수민족이 거주하는 지역이며, 프랑스 식민지 시기 이른바 '분리에 의한 통치' 전술에 따라 '자치주'로 승격되었던 역사를 지니고 있었다. 그리고 타이족 중 상당수는 비엣밍에 대한 정치적 반대세력이기도 했다. 이러한 배경은 '민족자치'에 관한 '중국모델'로부터 베트남이 이탈하는 상황을 낳았다. 중국의 모든 소수민족자치구에는 각 소수민족의 고유한 이름이 붙어 있는데, 베트남은 1962년 타이족과 메오족(오늘날 흐몽H'Mông 족)의 이름을 지우고, 이를 (하노이를 기준으로 한 단순한 지리적 명칭인) '북서부 자치구(떠이박 자치구)'로 개명하였다. 베트남의 분단 상황이 소수민족 정체성을 확인하고 분류하는 작업을 더디게 만든 측면도 있으나, '혁명' 기간 유예되었던 '낑족 중심주의'가 부활하면서 하노이를 중심으로 한 지리적 규정성이 강화되고. 소수민족 정체성은 '자치구' 명칭에서 사라져갔다.

　　베트남이 '중국모델'로부터 급격히 멀어지기 시작한 것은 베트남 전쟁 종전 직후이다. 통일된 베트남은 1975년 말 국회 의결을 통해 두 개의 자치구 모두를 해산시키고 일반 행정구역으로 재편하였다. '통일' 베트남의 새로운 행정구역 개편이 불가피한 상황이었으나, 소수민족의 '자결권'이 무시된 채 국회의 결정을 통해 '자치권'을 회수한 것은 당시 악화일로에 있던 베트남과 중국 관계의 또 다른 일면을 보여준다. 이러한 상황은 1979년 2월 베트남과 중국 사이에 국경전쟁이 발발하면서 완전히 새로운 국면으로 전개되었다. 국경전쟁은 베트남 북부 국경지역과 중국의 윈난성과 광시성지역에 걸쳐 거주하는 '동일한' 소수민족들을 전쟁으로 내몰았다. 베트남은 전쟁이 아직 한창이던 1979년 3월 2일, "베트남 전체 민족 구성 목록"Danh mục các thành phần dân tộc Việt Nam을 발표하고, 베트남이 54개의 민족(낑족을 제외한 53개의 소수민족)으로 구성되어 있음을 발표하였다. 중국의 경우 1954년 첫 인구 총조사에서 39개의 소수민족을 인정하고, 1964년에는 그 수가 54개 민족으로 증가했으며, 1979년에 기낙족基諾族을 추가하여 전체 56개 민족으로 구분하고 있다. 베트남은 중국의 소수민족 분류체계와 완전히 다른 '베트남의 분류체계'를 공표하여 베트남과 중국의 소수민족의 '차이'를 부각했다. 특히 베트남과 중국의 국경지역에 거주하는 소수민족을 비교했을 때 분류체계의 차이가 두드러진다. 중국의 윈난성과 광시성 지역의 소수민족은 모두 13개로 분류되는데, 베트남은 무려 26개의 소수민족으로 분류하였다. 물론, 낑족(중국의 징족), 하니Hà Nhì족 등 동일하게 분류된 민족도 있지만, 예를 들어 한족은 베트남에서 호아Hoa와 응아이Ngái로, 중국의 태족은 베트남에서 타이족과 르Lự족으로, 야오족은 베트남에서

자오Dao, 빠텐Pà Thèn, 산지우Sán Diu등 3개 민족으로, 좡족은 무려 5개 종족 - 따이, 눙, 뿌뻬오Pu Péo, 라찌La Chí, 산짜이Sán Chay로 분류되었다. 이러한 상이한 민족분류체계의 공식화는 단순한 인류학적 연구방법론의 차이에서 비롯된 것이 아니라, 양국 간의 전쟁이 촉발시킨 베트남의 소수민족에 대한 '인구 통제'의 정치적 기술에 영향을 받았다. 베트남의 소수민족 정체성 분류체계는 중국에 대한 대항적 '시민권'을 확정하려는 정치적 강박에서 자유롭지 못했고, 결국 중국과 베트남은 소수민족정책의 기본 전제라고 할 수 있는 민족 정체성을 상이하게 '호명'해내면서 각각 '분리독립'된 '사회주의 공화국' 체제의 차이를 선언한 셈이 되었다.

다수 민족의 삶이 중요하다?: '평등'과 '공정성'의 그늘

오늘날 중국과 베트남은 외교관계 정상화 이후 가장 높은 수준의 우호 관계인 '포괄적 전략적 협력 동반자 관계'에 있다. 닫혔던 국경이 다시 열리고 국경지역 소수민족의 자유로운 국경 통행과 무역 활동도 법적으로 보장되고 있다. 그러나 양국 모두에서 '탈사회주의'적 시장경제체제가 전면화되면서 소수민족의 상황은 다시금 새로운 국면을 맞고 있다. 자치권과 정체성의 측면에서 이미 큰 차이를 보여왔지만, 최근 들어 소수민족 지원정책의 전환에는 동일한 길을 걷는 모습이 흥미롭다.

무엇보다 소수민족의 정치 - 경제적 지위와 가능성을 보장하기 위해 양국 모두 적극적으로 추진해왔던 소수민족 교육정책이 흔들리고 있다. 중국의 경우 대학입학시험에서 소수민족자치구의 '특권'에 대한 '불평등' 문제가 심각하게 제기되면서, 이른바 '가오카오高考 이민자’ 문제를 해소하고 기회의 ‘공정성’을 제고한다는 명분에 따라 2019년부터 소수민족자치구에 대한 특권이 폐지되었다. 베트남 또한 2020년 12월 초에 공표된 새로운 소수민족 특별입학제도에 따라 향후 소수민족의 특별입학 조건이 한층 까다로워질 전망이다. 신자유주의적인 경쟁체제 속에서 도시에 거주하는 ‘다수 민족’의 삶이 불안정해지자, 소수민족의 삶에 ‘평등’과 ‘공정성’의 잣대를 들이대기 시작한 것이다.

　과거 소련에서 레닌은 사회주의적인 민족정책이 처음 논의되고 실행되던 시기, 혁명은 단지 법적인 평등을 제공할 뿐이고 ‘프롤레타리아트’ 정부와 지도자들은 ‘실질적 평등equality de facto’를 실현하기 위해 일해야 한다고 강조한 바 있다. 단순한 자유주의적 ‘평등’과 ‘공정성’의 논리로 오늘날 소수민족문제를 사고하는 것은 ‘사회주의 소수민족정책’과는 거리가 멀다. ‘소수민족’에 대한 최초의 사회주의적 인식이 지녔던 잠재성이 ‘평등’과 ‘공정성’에 관한 자유주의적 담론으로 대체된다면, 불평등의 구조화를 막을 길은 없을지도 모른다. 자치와 정체성의 문제가 사회주의 소수민족정책에서 늘 정치적으로 사고되고 ‘동원’의 기술로 활용되어왔던 역사가 어두운 과거라면, ‘실질적 평등’의 실현에 눈감는 정책의 변화는 신자유주의 질서를 재생산하는 부역일 뿐이라는 사실을 기억해야 할 것이다.

⑫ '반反제국주의 진영'의 중심에서 '인류운명공동체'의 중심으로*

'삼로향심우회三路向心迂回', 즉 '세 개의 길로 우회하여 중심을 향한다'라는 뜻이다. 이 말은 중국공산당이 한국전쟁 시기 미국의 아시아·중국 전략을 묘사하기 위하여 사용한 개념이다. 중국공산당 지도부는 당시 미국의 '침략'이 한반도뿐만 아니라 타이완, 베트남을 통해서도 동시에 전개되고 있었고, 그 최종 목표는 다름 아닌 중국이었다고 보았다. 미국의 한국전쟁 참전, 제7함대 타이완 파견, 베트남에서의 프랑스 지원 등을 하나의 통합적인 중국 침략 전략으로 인식한 것이다. 중국의 한국전쟁 참전도 이러한 논리에서 합리화되었다.

미국의 전략이 '침략'을 위한 것이었는지, 아니면 '봉쇄'를 위한 것이었는지는 토론의 여지가 있겠지만, 이 글에서 주목하고 싶은 것은 어쨌든 간에 중국공산당은 그것을 '침략'으로 이해했고, 그것도 '중심을 향한向心' 침략으로 이해했다는 점이다. 세계를 '미국이 이끄는 제국주의 진영'과 '소련이 이끄는 반反제국주의 진영'으로 크게 양분하면서도, '중간지대中間地帶'의 개념을 통하여 사실상 소련보다 중국의 중심적 역할을 더 강조했던 마오쩌둥의 세계관이 여실히 드러난다. 이후의 역사 전개에서 나타나듯이, 마오쩌둥과 중국공산당은 소련보다 중국을 '반反제국주의 진영'의 중심으로 인식했으며, 1960년대에는 아예 소련을 '사회제국주의'로 규정하기까지 하였다.

이처럼 중국을 세계적인 반反제국주의 투쟁의 중심으로 사유하는

---

* 이원준, 중국학술원 중국·화교문화연구소 웹진 『관행중국』 131호(2021.08)에 실린 글을 수정보완함.

인식은 근대 중국의 역사적 경험과 무관하지 않을 것이다. 19세기 후반 이래 '반半식민지'로 전락했던 중국의 역사적 경험은 중국을 둘러싼 국제정세를 '침략/제국주의'와 '저항/반反제국주의'로 인식하는 경험적 토대가 되었기 때문이다. 19세기 말의 사회진화론적 약육강식의 국제정세와 2차 세계대전 이후의 체제 대립이라는 국제정세는 서로 달랐지만, 근대 중국의 역사적 경험이 이 둘을 연결했다고 볼 수 있다.

 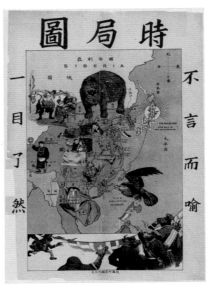

시국도 원본   시국도 새 버전

출처: 維基百科 – 時局圖 (https://zh.wikipedia.org/wiki/時局圖)

19세기 말 중국의 위기를 시각적으로 표현하는 가장 대표적인 이미지는 아무래도 위의 〈시국도時局圖〉일 것이다. 이 그림은 1898년 7월에 홍콩에서 발행된 〈보인문사사간輔仁文社社刊〉에 처음 게재되

었다고 하며, 확실하지는 않지만, 작가는 흥중회興中會 회원인 셰주 안타이謝纘泰(1872-1939)일 것으로 추정된다. 이 이미지는 근대 중국이 처한 국제적 위기 상황을 시각적으로 매우 효과적으로 표현하였고, 이후 20세기 초에 도안이 추가·수정된 채색본 형태의 새로운 버전이 등장하면서 더 널리 각인되었다. 중국을 침략하는 주체가 여럿(러시아·일본·독일·영국·미국·프랑스 등)에서 하나(미국)로 줄었을 뿐, 중국이 세계 제국주의 세력의 침략 상황에 처해있다는 인식은 앞에서 언급한 '삼로향심우회'의 국제정세 인식과 기본적으로 상통한다.

마오쩌둥 통치 아래의 중화인민공화국에서 중국은 이미 과거의 '반半식민지'에서 벗어나 지역 강대국으로 부상했지만, 그의 '중간지대론'이나 '3개 세계론三個世界論'은 모두 기본적으로 세계를 '제국주의 vs. 반反제국주의'의 이분법적인 대립 구도로 설명하였다. 그리고 중국의 중심성은 바로 이 반反제국주의 투쟁에서 발현되는 것이었다. 주지하듯이, 1980년대에 들어와 개혁개방이 본격화하면서, 대외관계의 안정이 외교 정책의 중심 목표가 되었다. 그리고 이에 따라 마오쩌둥 시기의 이분법적 대립의 세계관은 설 자리를 잃게 되었다. '패권'에 대한 반대는 여전히 강조되었지만, 이는 과거와 같이 세계를 적대적인 진영으로 구분하여 '전쟁과 혁명'을 외치는 것과는 근본적으로 달랐다. 중국공산당의 세계 인식에서 중심 키워드는 '평화와 발전'이 되었고, 세계의 진영을 나누었던 경계선은 희미해졌다. 이러한 관점은 이후 계속되었고, 21세기에 들어와서는 후진타오 시기의 '화해세계和諧世界', 시진핑 시기의 '인류운명공동체人類命運共同體' 담론 등으로 연결되었다.

중국공산당은 이 '공동체'의 다원성을 강조하지만, 그 진정성을 의심하는 시선이 더 많은 것이 사실이다. 21세기에 들어와 중국공산당은 문화경쟁의 중요성을 강조하면서, 중국문화의 국제적 영향력 강화를 통한 '중화우수문화中華優秀文化'의 대외 확산을 추진하고 있다. 특히, 근대의 서구 중심적 가치관이 해결하지 못하는 인류사회의 새로운 도전들에 대응할 수 있는 '중국 방안中國方案', 즉 중국식 의제와 원칙, 이념을 국제사회에 제시하겠다는 구상을 가감 없이 드러내고 있다. '인류운명공동체'의 중심에는 역시 중국이 있다는 것이다.

요컨대, 적자생존의 사회진화론적 세계이든, 이데올로기와 체제 대립의 냉전적 세계이든, '평화와 발전'을 추구하는 평화공존의 세계이든, 그 중심에는 늘 '천하의 중앙'인 '중국中國'이 있었다. 그리고 이는 세계를 '중국과 그 바깥'인 '중외中外'로 개념화하여 사유했던 전통 시대의 중화주의적 세계관과 맥락을 같이 하는 것이라고 볼 수 있다.

제2장
중국 정치외교와 거버넌스

① 1930년대 중국공산당사를 통해 본 '역사'와 정치권력의 결합*

마오쩌둥毛澤東이 중국공산당의 실질적 지도자로 부상하게 된 계기는 장정長征 중에 개최된 1935년 1월의 쭌이회의遵義會議였다. 국민정부군의 제5차 포위작전으로 소비에트 근거지를 상실한 홍군紅軍은 중화소비에트공화국의 수도 루이진瑞金을 탈출하여 그 유명한 '대장정'의 길에 올랐다. 마오쩌둥은 쭌이에서 개최된 중공중앙정치국 확대회의에서 친방시엔秦邦憲 등 소위 '28인의 볼셰비키'가 이끄는 당 중앙을 비판했고, 회의에서 이루어진 조직 개편을 통하여 당의 핵심 지도부로 진입하였다. 제5차 포위공격 방어전에서의 전술적 오류, 장정 초기의 잘못된 전략 등 두 가지 문제가 당 중앙 비판의 핵심

---

* 이원준, 서울대학교 동양사학과 『東史』 7권(2015)에 실린 글을 수정보완함.

이었고, 마오쩌둥의 비판은 다수의 홍군 지도자들의 지지를 획득하였다. 그 결과 마오쩌둥은 정치국상무위원회, 삼인군사지휘소조三人軍事指揮小組의 일원이 될 수 있었고, 중국공산당의 정치적·군사적 지도자로 부상하게 되었다. 마오쩌둥은 쭌이회의 이후에 재개된 장정을 성공적으로 지휘하여 옌안延安에 새로운 근거지를 설립하는 데 성공하였고, 결국에는 이 근거지를 토대로 중국 통일을 달성할 수 있었다. 중국공산당사에서 장정이 갖는 역사적 의의는 바로 이 지점에서 찾을 수 있다.

여기까지는 중국현대사에 관심이 있는 독자들이라면 한 번쯤은 접해보았을 법한 내용이다. 하지만 쭌이회의 이후에도 당내 최고 지도자로서의 마오쩌둥의 입지는 불완전한 것이었다. 군사작전 지휘, 당관리 등에 필요한 능력은 장정과 옌안근거지 운영 과정을 통하여 입증되었지만, 중국공산당과 같은 혁명정당의 지도자로서 갖추어야 할 정치가·이론가로서의 지위는 아직 미흡한 상황이었기 때문이다. 무엇보다도, 코민테른의 지지를 등에 업고 있는 왕밍王明과 소련유학파의 존재는 마오쩌둥으로서는 반드시 극복해야 할 정치적 장애물이었다. 이 글은 마오쩌둥이 중국공산당의 명실상부한 최고 지도자로서의 지위를 확립하기 위해서 중국공산당의 역사에 관한 내러티브를 어떻게 재구축했는지, 그리고 이 새로운 내러티브를 당원들에게 어떻게 강제했는지 소개하고자 한다. 역사 서술과 정치권력의 결합은 '역사' 자체의 탄생과 함께 시작되었다고 할 수 있는데, 마오쩌둥과 중국공산당의 사례를 통해서 독자들이 그 일면을 들여다보고, 아울러 그 현재적 의미에 대해서도 생각해볼 수 있는 계기가 되었으면 한다.

'당사黨史' 재구성의 맥락

장정을 성공적으로 지휘함으로써 당내 입지를 다진 마오쩌둥은 코민테른의 지지를 배경으로 여전히 당내에서 일정한 정치적 권위를 유지하고 있었던 왕밍과 소련 유학파들을 정치적으로 무력화할 필요가 있었다. 이미 군사적·행정적 실권을 확보한 상황에서, 마오쩌둥은 그들에게 남아있었던 '당내 이론가로서의 권위'라는 정치적 무기를 무장해제하는 작업에 착수할 필요가 있었다. 1938년의 6기6중전회에서 코민테른이 중국공산당의 지도자로서의 마오쩌둥의 지위를 승인하자, 마오쩌둥은 곧바로 왕밍 일파의 정치적 권위를 무너뜨리기 위한 공작에 착수하였고, 이 공작의 핵심은 당사黨史를 재구성하는 것에 있었다. 중국 역사 속의 '정사正史' 편찬이 새로운 왕조의 정통성을 확립하기 위하여 과거를 정리하는 작업이었던 것과 마찬가지로, 중국공산당 역시 '공식적인 당사'의 서사를 재구성하는 방식으로 새 지도부의 정치적 정통성을 확립했던 것이다.

'당사'(이하 마오쩌둥에 의해 재구성된 중국공산당사를 지칭할 때는 따옴표를 붙여 구분함)의 재구성을 둘러싼 사상투쟁의 요점은 왕밍 중심의 지도부를 낳은 6기4중전회(1931년 1월)와, 마오쩌둥의 정치적 부상이 이루어진 쭌이회의(1935년 1월)에 대한 역사적 재평가에 있었다. 6기4중전회를 통해 당권을 장악한 왕밍과 '28인의 볼셰비키'의 '좌경노선'은 1930년대 전반기 중국공산당 실패의 근본적 원인이 되었고, 쭌이회의를 통해서 마오쩌둥 중심의 새로운 지도부가 등장하면서 이러한 문제들이 극복되었다는 식의 서사는 사실 현재의 우리에게도 매우 익숙한 서사이다. 하지만 1938년 당시에 이러한 서사는 결코 익숙한 것이 아니었으며, 오히려 대다수의 간부들에게는 매우 어색하고 불편한 것이었다.

마오쩌둥에 의해 '당사'가 재구성되기까지 중국공산당의 공식적인 관점은 왕밍의 『두 가지의 노선兩條路線』에 근거하고 있었다. 이 얇은 책은 6기4중전회 개최 직후에 집필된 것으로서, 리리싼李立三의 노선을 비판하는 데 대부분의 지면이 할애되어 있다. 요점은 리리싼의 입장은 마르크스레닌주의와 코민테른의 입장에 어긋나는 것이며, '트로츠키주의의 오류'와 '좌경노선의 오류'를 범했다는 것이었다. 이러한 '좌경의 오류'는 6기4중전회 이후에 등장한 소련 유학파 중심의 새 지도부에 의해서 극복되었다는 것이 결론이다. 사실, 1930년 9월의 6기3중전회에서 리리싼李立三에 대한 비판이 처음 공식화된 이후, 1931년 1월에 6기4중전회가 개최될 때까지 중국공산당 내부에서는 치열한 권력투쟁이 전개되었다. 이 권력투쟁은 1930년 12월에 왕밍과 소련유학파를 지지하는 코민테른 대표 파벨 미프가 상하이에 도착하여 6기4중전회 개최를 제안함으로써 종결되었다. 미프와 왕밍의 주도 아래 1931년 1월 7일에 6기4중전회가 개최되었고, 이를 통해 '28인의 볼셰비키'의 주도권이 확립되었다. 왕밍의 『두 가지의 노선兩條路線』은 이러한 권력투쟁의 결과이기도 했으며, 이후 마오쩌둥에 의하여 부정될 때까지는 당의 공식적인 관점으로 유지되고 있었다.

따라서 마오쩌둥으로서 왕밍과 소련 유학파의 정치적 입지를 무너뜨리기 위해서는 6기4중전회에 대한 역사적 평가를 뒤집는 것이 필요하였다. 여기서 흥미로운 점, 6기4중전회 당시에 왕밍과 마오쩌둥 사이의 노선상의 차이는 그다지 명확한 것이 아니었다는 점이다. 마오쩌둥은 6기5중전회(1934년 1월)에서 정치국원으로서의 지위를 유지하였고, 제2차 전국소비에트대표대회(1934년 1-2월)에서의 연설에서도 6기5중전회의 노선과 결정을 충실히 따랐다. 심지어 마오쩌둥은 리리싼의 '좌경노선'을 극복했다는 점에서 6기4중전회를 긍정적으로 평가한 바도 있다. 사실, 6기4중전회에 대한 부정은 코민테른의 권위에 도전한다는 의미를 갖고 있었기 때문에 마오쩌둥으로서는 매우 조심스러운 것일 수밖에 없었다. 6기4중전회에 대한 부정적 평가가 공식화된 것이 코민테른이 해체(1943년 5월)된 이후였다는 점도 이런 맥락에서 이해할 수 있다.

여하튼 몇몇 전술적 문제들을 제외하고, 1930년대 전반기에 마오쩌둥과 왕밍의 노선에서는 사실 명확한 차이가 발견되지 않으며, 1945년 4월의 7전대회에서 공식적으로 채택된 「약간의 역사문제에 관한 결의關於若干歷史問題的決議」(이하 「결의」로 약칭)에서 서술하고 있는 것처럼 대립적인 것은 더더욱 아니었다. 물론 1933년 무렵에 친방시엔이 이끄는 상하이의 당 지도부가 쟝시江西소비에트로 이동하면서 마오쩌둥과 당 중앙 사이에 정책적 충돌이 발생한 것은 사실이나, 이는 군사전술과 토지개혁정책을 둘러싼 갈등으로, 마오쩌둥이 당의 노선 전반을 부정한 것은 아니었다.

6기4중전회 이후의 당 노선에 대해서 마오쩌둥이 본격적으로 비판하기 시작한 것은 1938년 10월의 6기6중전회를 통해서 왕밍의 정치적 패배가 명확해진 다음부터였다. 이 전에도 6기4중전회 이후의 노선에 대한 비판이 제기되었던 것은 사실이지만, 이러한 비판은 마오쩌둥이 아닌 류사오치劉少奇에 의해서 제기되었다. 류사오치는 왕밍의 노선을 8·7긴급회의(1927) 이후 지속된 '좌경노선'의 연장으로 비판하였고, 당이 '주관주의主觀主義'와 '형식주의' 등의 오류를 범하고 있다고 주장하였다. 류사오치의 이러한 비판은 이후 「결의」에서 채택된 서사와 매우 흡사한 것이었지만, 1938년 전까지 마오쩌둥을 포함한 중국공산당 지도부는 이러한 비판을 공식적으로 부정하고 있었다.

'당사黨史'의 학습

6기6중전회에서 마오쩌둥은 '추상적인 마르크스주의'는 존재하지 않으며, 오로지 민족적 현실에 기초한 마르크스주의가 존재할 뿐이며, 마르크스레닌주의의 '중국화'가 중요하다는 것을 강조하기 시작하였다. 이때부터 마오쩌둥은 자신을 중국혁명의 '정확한 방향'을 실천해온 지도자로서 자리매김함으로써, 당내 이론가로서의 권위를 제고하고자 하였다. 이때부터 마오쩌둥은 1930년대의 중국공산당사를 요약하면서 쭌이회의를 6기4중전회 이후의 '좌경기회주의'의 '심각한 오류'를 시정한 전환점으로 내세우기 시작하였다. 마오쩌둥은 쭌이회의 이후로 당의 '볼셰비키화'가 이루어졌다고 선언함으로써, '당사'의 재구성을 통해 왕밍 일파를 공격하기 시작하였다. 당시의 공식적인 관점은 6기4중전회에서 왕밍 일파에 의해서 당의 '볼셰비키화'가 진전되었다고 평가하고 있었기 때문이다. 1938-1939년에 이르러서 마오쩌둥은 류사오치가 당 중앙에 대해서 비판했던 내용들을 수용하기 시작했으며, '소비에트 지역을 대표하는 마오쩌둥'과 '백구白區(도시)를 대표하는 류사오치' 사이의 정치적 연대가 형성되었다. 마오쩌둥은 이때부터 왕밍노선을 공개적으로 비판하면서, 동시에 고위 간부들을 대상으로 '당사' 학습을 실시함으로써, 자신을 중국혁명의 '정확한 길'을 실천해온 지도자로서 부각시키기 시작하였다.

고위 간부들의 '당사' 학습운동은 1938년의 6기6중전회 이후부터 본격적으로 시작되었다. 1938년 12월에 마오쩌둥은 마르크스레닌주의와 중국혁명사 학습의 필요성을 강조하였고, 곧이어 1939년 2월에는 중앙위원회 내에 중앙간부교육부中央幹部敎育部를 설립하여 이 과제를 수행하도록 하였다. 1939년 5월부터 1941년 3월까지 『전연방공산당(볼셰비키)사: 단기과정』을 주요 교재로 삼아 고위 간부들에 대한 교육을 실시하였고, 1940년 6월부터는 중간급 간부들에 대한 학습도 조직되었다. 『단기과정』의 출판은 소련공산당 내 권력투쟁에서의 스탈린의 최종적 승리를 의미하는 것이었으며, 마오쩌둥은 이를 번역함으로써 당의 과거에 대한 '정확한 역사'를 구성함으로써 이데올로기적 헤게모니를 장악한다는 아이디어를 얻었다. 『단기과정』은 마르크스주의와 러시아혁명의 특수한 현실의 결합을 보여주는 사례로 인용되었고, 그러한 의미에서 왕밍 일파의 '교조주의'에 대한 공격의 좋은 교재로 활용되었다. 이 『단기과정』의 번역을 주도한 런비쓰任弼時는 나중에 「결의」를 작성하는 과정에서도 핵심적인 역할을 담당하였다.

마오쩌둥은 '당사' 학습의 참고자료를 제작하는 데 직접 참여하였으며, 특히 창당부터 1930년대 말까지의 '당사'를 구성할 자료집으로서 공식 문건집을 편찬하는 데 주력하였다. 『6대 이전六大以前』과 『6대 이후六大以後』는 '당사' 학습의 가장 중요한 자료집이었다. 마오쩌둥의 주도 아래 1941년 7월-8월에 걸쳐 편집 작업이 진행되었으며, 이 두 문건집의 편찬은 정풍운동의 시작을 알린 1941년 9월의 정치국 확대회의 개최에 중요한 밑바탕이 되었다. 두 문건집에 수록된 문건들은 마오쩌둥 중심으로 재구성된 '당사'의 '정확성'을 뒷받침하기 위한 것들이었다.

1941년 9월의 정치국확대회의 이후로 '당사' 학습은 더욱 체계화되었고, 1941년 10월 13일에는 마오쩌둥이 직접 지휘하는 '청산과거역사위원회淸算過去歷史委員會'가 설립되었다. 이 위원회에서는 왕쟈샹王稼祥의 책임 아래 6기4중전회 이후의 당 지도부와 그 노선에 대한 평가를 담은 보고서가 작성되었고, 이 보고서는 이후 여러 차례의 수정과정을 거쳐 7전대회에서의 「결의」로 반영되었다.

정풍운동整風運動과 '당사黨史'의 재구성

하지만 마오쩌둥이 재구성한 새로운 '당사'는 고위 간부들에게 곧바로 수용되지 않았으며, 이들의 주저는 마오쩌둥으로 하여금 1942년 봄부터 '당사' 학습운동을 당풍黨風 전반에 대한 숙정('정풍整風')으로 확대하게 만드는 요인이 되었다. 마오쩌둥은 정풍운동의 핵심 비판대상이었던 '주관주의'와 '분파주의', '형식주의'의 극복을 위해서 '중국적 현실'을 강조하였고, 이는 곧 '중국적 현실'에 입각한 '마르크스주의의 중국화'에 대한 강조와 연결되었다. 즉, '마르크스주의의 중국화' 노선에 입각한 마오쩌둥의 혁명활동과 왕밍 일파의 '교조주의'를 대비시킴으로써, '당사'에 대한 학습과 '정풍'의 문제를 연계시켰던 것이다. 마오쩌둥의 '당사' 관점을 거부하는 것은 곧 '교조주의의 오류'를 범하는 것과 동일시되었고, 정풍운동이 효력을 발휘하게 되면서 마오쩌둥 중심의 새로운 '당사'는 간부들 사이에서 자의반 타의반으로 수용되기 시작하였다.

정풍운동 시기에 전개된 '교조주의'에 대한 공격은 명백히 왕밍 일파에 대한 공격을 위한 것이었고, '교조주의'의 대안으로서 마르크스 레닌주의의 관점과 개념, 방법 등을 중국의 현실에 적용할 수 있는 이론의 중요성이 거듭 강조되었다. 정풍운동 기간에 마오쩌둥이 강조한 '병을 치료하여 사람을 구한다治病救人'는 논리는 6기4중전회 이후에 만연한 '교조주의'라는 '병'을 마오쩌둥의 '중국적 마르크스주의'라는 '약'으로 '치료'한다는 것이었으며, 마오쩌둥 중심으로 재구성된 '당사'는 바로 이 '약'의 효능을 입증하는 '임상실험의 사례'와도 같은 것이었다.

새로운 '당사'의 확립을 위한 최종 단계는 1943년 9월부터 11월 사이에 개최된 일련의 회의들을 통해서 진행되었다. 류사오치는 왕밍의 『두 가지 노선』 증보판을 세밀하게 비판하면서, 리리싼의 노선과 왕밍의 노선에는 거의 차이가 없으며, 오히려 왕밍의 노선이 보다 '좌경화'된 것이었다고 비판하였다. 왕밍 일파에 의해서 치밀하게 준비된 6기4중전회는 사실은 코민테른의 이름을 내세워 분파적 이익을 관철하기 위한 것이었고, 또한 1930년대 전반기의 위기를 초래한 근본적 원인으로 규정되었다. 반면, 마오쩌둥은 1925년의 5·30운동 이후로 혁명의 무게중심이 농민의 혁명전쟁으로 옮겨가고 있다는 것을 '정확히' 인식한 대표적인 혁명가로서 재조명되었고, 이후의 당 중앙이 '교조주의의 오류'를 범하고 있는 와중에도 중국의 현실에 부합한 '정확한' 노선을 견지한 '선각자'로서 서술되었다. 그리고 쭌이회의는 마오쩌둥이 대변한 이러한 '정확한' 노선이 당의 중심에 오른 결정적 전환점으로서 부각되었다. 중국공산당이 과거의 '좌경노선'의 오류를 극복하여 '볼셰비키화'될 수 있었던 계기는 1931년의 6기4중전회가 아니라 1935년의 쭌이회의가 되었던 것이다. 이는 곧 각각의 회의를 통해서 권력의 중심에 진입한 왕밍과 마오쩌둥에 대하여 완전히 '새로운' 역사적 평가가 이루어졌음을 의미하는 것이기도 하였다.

1944년 5월 10일에 중앙위원회 서기처는 '당사'를 최종적으로 정리하기 위한 위원회를 구성하였다. 류사오치, 캉성康生, 저우언라이周恩來, 장원티엔張聞天, 펑전彭眞, 가오강高岡, 런비쓰 등이 포함된 이 위원회는 여러 차례에 걸쳐 '당사'의 정리 및 수정을 진행하여, 1945년의 7전대회에서 「결의」로 공식화하였다. 이 「결의」는 1927년부터 1935년(쭌이회의)까지의 시기를 세 차례의 '좌경노선'의 시기로 평가하고 있으며, 특히 1931년의 6기4중전회부터 쭌이회의까지의 기간을 집중적으로 서술하고 있다. 6기4중전회 이전 시기의 '좌경노선'의 문제는 이미 왕밍의 『두 가지 노선』에 의해서 '규명'된 상태였으므로,

「결의」의 초점이 6기4중전회 이후의 시기에 대한 재평가에 집중되어 있는 것은 일면 당연한 결과이기도 하다. 왕밍과 친방시엔은 잘못된 노선을 집행한 '두 교조주의자'로서 명시되었고, 그들의 '오류'는 '주관주의'와 '형식주의'에서 비롯된 것으로 평가되었다. 이러한 재평가를 통해서 「결의」는 결국 마오쩌둥 노선의 '정확성'을 역사적으로 '입증'했던 것이다. 왕밍은 6기7중전회 앞으로 서신을 보내 자신의 '오류'를 시인하고 '결의'를 수용한다는 입장을 전달하였고, 친방시엔은 7전대회에서의 발언을 통해 직접 자기비판을 실시하였다. 마오쩌둥의 최종적 승리가 공식화된 장면이었다.

위의 과정들을 통해서 마오쩌둥은 자신을 중국혁명의 '정확한' 방향을 대변하는 지도자로서 자리매김하고자 했던 것이며, 중국혁명의 성공에 필요한 이론적 역량을 보유하고 있는 지도자로서의 권위를 확보하고자 하였다. 마오쩌둥은 기존의 공식적인 당사를 자신을 중심으로 하는 새로운 내러티브로 재구성하고 이를 간부들에게 교육시킴으로써, 왕밍 일파와의 권력투쟁에서 최후의 승리를 거두고 중국공산당의 명실상부한 최고 지도자로서의 입지를 다질 수 있었다. 마오쩌둥은 '교조주의'와 '중국적 마르크스주의'라는 두 가지 노선의 대립 속에서 후자의 '정확한 노선'을 시종일관 실천해온 지도자로 부각되었고, 1938년까지만 하더라도 '좌경노선의 폐해'를 극복하고 중국공산당을 '볼셰비키화'하는 데 성공했다고 평가되었던 6기4중전회와 왕밍 일파는 중국혁명의 발전을 후퇴시킨 '교조주의'의 원흉이 되었다.

마오쩌둥과 '당사'의 재구성 과정은 정치권력과 '역사'의 결합이 어떠한 배경에서, 어떻게 이루어지는지를 잘 보여주는 너무나도 분명한 사례이다. '역사'의 서술 자체가 '역사'를 서술하는 주체의 관점으로부터 자유로울 수 없다는 것은 분명하다. 그런 점에서 마오쩌둥에 의해서 재구성된 '당사' 역시 다양한 관점에 입각한 역사서술의 사례로서 인정할 수도 있을 것이다. 다만, 문제는 마오쩌둥을 중심으로 새롭게 재구성된 '당사'가 정풍운동이라는 정치운동을 통해서 간부들에게 강요되었다는 점에 있다. 앞에서 언급한 것처럼, 새롭게 구성된 내러티브가 간부들에게 순조롭게 이식된 것은 아니었으며, 오히려 '당사'와 대비되는 또 다른 구조의 내러티브가 경쟁력을 갖고 있는 상황이었다. 결국 마오쩌둥은 자신의 내러티브를 강제하기 위하여 정치권력을 활용(정풍운동)하였고, 그 과정에서 대안적 내러티브의 구축 가능성은 소멸되었다. 마오쩌둥의 '당사'가 오늘날까지도 1930년대 중국공산당사 이해의 기본적인 틀을 이루고 있다는 점을 생각해보면, 정치권력과 '역사'의 결합이라는 것을 그저 '뻔한' 이야기로 치부하기는 어려울 것 같다.

❷ 마오쩌둥의 '중간지대론'과 그 현재적 의의*

2019년 2월 말에 베트남 하노이에서 열린 제2차 북미정상회담이 가시적인 성과를 내지 못하면서 다소 제동이 걸리기는 했지만, 2018년 초부터 급변한 남북·북미 관계는 동아시아 국제정세 변동의 핵심 요인으로 작용했다. 과연 70년 동안 계속되어온 적대적 대립 관계를 해소하고 종전선언, 평화협정 체결 등을 통한 새로운 평화 체제 구축에 성공할 것인지, 그 어느 때보다도 국민의 기대감이 높아졌다. 중대한 역사적 전환점이 될지도 모르는 시국을 맞이하여, 한국 정부의 외교적 역할에 대한 기대와 요구 역시 매우 높았다. 이 글은 중국 현대사 속에서 이와 유사한 사례를 찾아보고, 그로부터 얻을 수 있는 시사점은 무엇인지 생각해보기 위한 것이다.

제2차 세계대전이 끝나고 미국과 소련의 협력을 바탕으로 하는 얄타체제에 균열이 생기기 시작하면서, 세계는 점차 '미국 주도의 자본주의 진영'과 '소련 주도의 사회주의 진영' 사이의 대립으로 치닫게 되었다. 한국전쟁과 베트남전쟁에서 드러나듯이, 그 개념이 과연 동아시아에서도 적합한 것인가에 대해서는 비판적 견해들이 많이 제기되고 있지만, 여하튼 국제정세는 '냉전Cold War'으로 표현되는 체제 경쟁의 단계로 이행하였다. '냉전'의 시발점에 대해서는 다양한 해석이 존재하지만, 대체로 1946년 2-3월을 하나의 중요한 분기점으로 삼고 있다. 케넌G. Kennan(1904-2005)이 소련에 대한 봉쇄정책을 제안한 것도 이 시점이었고, 처칠W. Churchill(1874-1965)이 그 유명한 '철

---

* 이원준, 중국학술원 중국·화교문화연구소 웹진 『관행중국』 104호(2019.04)에 실린 글을 수정보완함.

의 장막' 연설을 한 것도 이 시점이었다.

국제정세의 이러한 변화는 1946년 봄부터 중국국민당과 중국공산당 사이의 정치적·군사적 대립이 전면적으로 확대되는 배경이 되었다. 1945년 10월의 충칭회담, 1946년 1-2월의 정치협상회의 등으로 이어지던 평화협상의 분위기는 1946년 3월부터 어긋나기 시작하였고, 결국에는 1946년 6월부터 전면적인 내전으로 치닫게 되었다. 국공내전의 국제적 배경을 강조하는 연구자들은 국민당과 공산당의 일련의 협상 및 대립의 과정을 미국과 소련의 관계 변화, 냉전적 대립 구도의 형성 과정과 맞물려 전개된 것으로 해석한다.

미·소 중심의 양극체제가 형성되어가는 상황을 마오쩌둥毛澤東(1893-1976)은 '중간지대론中間地帶論'이라는 다소 독특한 관점으로 해석하였다. 1946년 8월에 미국인 기자 안나 루이스 스트롱Anna Louise Strong(1885-1970)과의 인터뷰에서 마오쩌둥은 당시의 국제정세를 다음과 같이 설명했다.

미국과 소련 사이에는 매우 광활한 지대가 가로놓여 있고, 여기에는 유럽, 아시아, 아프리카 세 대륙의 수많은 자본주의 국가와 식민지·반半식민지 국가가 있습니다. 미국 반동파는 이 국가들을 복속시키기 전에는 소련을 침략할 수 없습니다. …(중략)… 미국은 각종 구실을 내세워 수많은 국가에서 대규모 군사 조치를 진행하며 군사기지를 건립하고 있습니다. 미국 반동파는 그들이 세계 각지에 이미 건립했거나 건립을 준비하고 있는 모든 군사기지가 다 소련에 반대하기 위한 것이라고 말합니다. 맞습니다. 이러한 군사기지는 소련을 향한 것입니다. 다만, 현재 미국의 침략을 먼저 받고 있는 것은 소련이 아니라, 군사기지가 건립된 그 국가들입니다.(「和美國記者安娜·路易斯·斯特朗的談話」)

1946년 11월 21일의 중국공산당 중앙위원회 회의에서 마오쩌둥은 위의 관점을 재차 강조하며, '미국과 소련 사이의 광활한 지대'를 '중간지대中間地帶'라는 개념으로 설명했다.

현재 세계는 세 구역으로 나뉘어 있습니다. 미국과 소련, 그리고 '미국과 소련의 사이'입니다. 이 세 구역의 인민은 모두 미국 반동파에 반대하고 있으며, 오늘날의 세계는 미국 제국주의와 전 세계 인민의 모순과 대립(의 세계)입니다. …(중략)… 종합하자면, 세계는 진보하고 있고 소련은 발전하고 있으며, 미국은 위기에 직면했습니다. 오늘날의 주요 모순은 미국과 자본주의 세계 기타 국가의 모순이며, 미국과 중간지대中間地帶의 모순입니다.(「要勝利就要搞好統一戰線」)

12월에도 그는 서구 기자들과의 인터뷰에서 미국과 '중간지대'의 모순을 다시 강조하였다.

현재 미국의 반소反蘇는 연막탄을 쏘아 세계를 독점적으로 지배하기 위한 것으로서, 먼저 중국과 영국의 이익을 침해하고, 다음에는 미국과 소련 사이의 중간지대中間地帶를 침해하려는 것입니다. (「同三位西方記者的談話」)

요컨대, 마오쩌둥은 미국과 소련의 대립 관계를 전제하면서도, 국제사회의 실제 모순은 미국과 '중간지대' 사이에 있다는 것을 강조했다. 여기서 그가 말하는 '중간지대'는 사실상 미국과 소련을 제외한 모든 국가를 가리키는 것으로서, 유럽과 아시아, 아프리카 등지의 자본주의 국가와 식민지·반半식민지 국가들이 모두 여기에 포함된다.

미국이 소련을 공격하기 위해서는 미국과 소련의 사이에 놓여있는 광활한 '중간지대'를 먼저 장악해야 하므로, 미국의 '반소反蘇' 주장은 사실상 '중간지대'를 침략하기 위한 연막전술이라는 것이 그의 관점이었다. 이러한 관점에서 보면, 자본주의나 사회주의와 같은 체제의 구분은 무의미했다. 실제로, 중국공산당은 당시 국제정세의 주요 모순을 미국과 소련, 또는 자본주의 국가와 사회주의 국가 사이의 대립으로 해석하는 것은 모두 "독단적인 선전武斷宣傳"이라고 주장하였다.

이처럼 마오쩌둥과 중국공산당은 1946년 중엽의 국제정세를 독자적인 관점에 따라 해석했다. 그리고 이러한 독자성은 한편으로는 근대 이래 중국이 경험해왔던 제국주의 침략과 그에 대한 저항의 역사에서 비롯된 것이라고 할 수 있다. 과거 100여 년 동안 외세의 침략을 당해온 역사적 경험에 비추어 마오쩌둥은 당시 미국의 대외정책을 중국에 대한 제국주의 침략의 맥락에서 해석했을 것으로 생각된다. 이러한 관점에서 보았을 때 비로소 자본주의와 사회주의 체제 대립의 의미는 퇴색되며, 오로지 중국을 비롯한 '중간지대'와 '미국 제국주의'의 대립이 부각될 수 있다.

다른 한편으로는, 어디까지나 중국을 국제정세의 주요 변수로 설정하려는 관념적 경향도 마오쩌둥과 중국공산당의 독자적 세계관을 형성한 요인이 아닐까 조심스럽게 추론해본다. 2000년 넘게 중국을 '천하'의 중심으로 사고해왔던 관념적 유산, 그리고 부강한 '신중국新中國'을 건설하겠다는 민족주의 혁명의 지향은 서로 쉽게 조화될 수 있는 것이었다. '중간지대론'은 중국을 체제 대립의 한 진영에 속하는 일부분으로서 사고하지 않고 세계적 모순의 핵심 요소로 설정함으로써, 국제정세 변동의 부차적 요인이 아닌 중심적 요인으로 규정하였다. 중국을 국제정세 변동의 핵심 요인으로 사고하는 경향성이 중화주의적 관념의 유산인지, 대국으로서 갖게 되는 자연스러운 특징인지를 명확히 판별하기는 어렵지만, 적어도 그러한 경향성이 존재한다는 것은 인정할 수 있지 않을까.

2019년 4월 현재의 시점에서 '중간지대론'의 사례를 살펴본 것은 '중간지대론'의 내용이 목전의 동아시아 국제정세를 해석하는 데 유의미한 시사점을 갖기 때문은 아니다. '중간지대론'이 제기된 시점으로부터 이미 70년이 넘게 흘렀고, 무엇보다도 현재 국제사회의 구도는 그때와는 판이하다. 그럼에도 불구하고 이 글에서 '중간지대론'을 굳이 언급한 이유는, 우리는 과연 오늘날의 국제정세에 대한 우리 나름의 독자적 분석에 기초한 관점을 가지고 있는지 묻기 위함이다. '중간지대론'의 정확성 여부가 중요한 것이 아니라, 외교 정책의 근본적인 방향을 설정할 수 있는 기본적인 관점의 확립이 중요하다는 것이다. 민족적, 국가적 이익의 실현을 위한 구체적인 외교 정책의 설정 이외에, 그러한 외교 정책의 토대를 이루는 국제정세에 대한 근본적인 해석과 전망을 갖고 있는가에 대해서 자문해볼 필요가 있다. 역사적 경험에 기초한 것이든, 미래 전망에 기초한 것이든, 국제정세에 대한 체계적인 인식이 갖추어져야만, 요동치는 외교적 변화에 대한 안정적이고 효과적인 대응이 가능할 것이기 때문이다.

③ 피서산장, 중국 외교의 상상력 부족*

　더위도 막바지에 들어섰지만 코로나 여파로 피서는 꿈도 꾸지 못한 상황에서 피서산장 이야기를 하려 한다. 박지원의 〈열하일기〉에 나오는 열하熱河가 그곳이다. 현재는 청더承德라는 지명으로 부른다. 정식 명칭은 열하행궁이지만, 정궁의 오문에 걸려있는 '피서산장避暑山莊'이라는 현판 때문에 피서산장이라는 명칭이 더 익숙하다. 황제가 머무는 곳이라 넓기도 하여 면적은 베이징의 자금성보다 8배나 크다.

　각설하고, 박지원은 왜 베이징이 아닌 그곳에 가야 했을까? 당연한 이야기지만 청나라 황제가 그곳에 있었기 때문이다. 그는 건륭황제의 칠순 생일잔치를 축하하는 사신단에 끼어 그곳에 갔다. 그렇다면 건륭제는 왜 베이징에서 한참 떨어진 그곳에서 칠순 잔치를 했을까. 베이징의 더위를 피해서? 열하행궁은 만리장성을 넘어 한참 북쪽에 있다. 조금만 더 가면 초원이 시작된다. 다들 아시다시피 베이징이나 열하나 여름에 덥기는 마찬가지다. 대륙성 기후의 특징이 여름에 덥고 겨울에 춥다는 거 아닌가. 피서 때문에 그 먼 길을 갔다면 시간 낭비 돈 낭비다. 그렇다면 황제는 고령에도 왜 열하에 자주 행차했을까? 열하와 맞닿아 있는 초원이 바로 그 실마리다.

　중국 문명은 만리장성 이북의 유목민들과의 상호작용의 역사다. 유목민들이라는 자극이 없었다면 중국의 역사가 그리 화려하지는 않았을 것이다. 몽골을 쫓아내고 중국을 차지한 명나라는 항상 몽골에

＊ 구자선, 중국학술원 중국·화교문화연구소 웹진 『관행중국』 120호(2020.09)에 실린 글을 수정보완함.

대한 경계를 늦추지 않았다. 그래서 장성을 새로 수축하고 정비하면서 대비하였다. 이후 중원을 차지한 청나라는 태생이 만리장성 이북이라 장성에는 별 관심을 두지 않았다. 자신들의 고향에 가는 길에 장성이 버티고 있다는 것도 기분이 별로 안 좋지만, 더 중요하게는 장성의 효용을 잘 파악하고 있었기 때문이다. 북방 유목민들의 침입을 막는 데 그리 좋은 방법이 아니라는 사실을.

청을 건국한 누루하치는 주변의 여진족을 병합하는 과정에서 몽골과 접촉을 하게 된다. 해서여진이 몽골 일부와 연합하여 누루하치가 통일한 건주여진에 대항한 것이다. 그는 이후 몽골에 대한 정벌과 동화정책을 추진하였다. 일부 부족과는 결혼을 통해서 동맹을 맺고 반발하는 부족은 무력으로 정벌하였다. 이러한 통혼정책 외에 청은 몽골의 부족장들을 만주족과 마찬가지로 왕공귀족에 봉하고 우대하였다. 누루하치의 아들 태종은 몽골족, 한족, 만주족을 모아놓고 칭기즈칸의 대업을 물려받았다고 선언하고 초원의 대칸으로 즉위하였다. 만주족의 황제뿐만 아니라 몽골족의 대칸이 된 것이다.

청나라 초기 황제들의 피에는 몽고족의 혈통이 강하게 흘렀다. 누르하치부터 시작하여 대대로 몽골 여인들이 비빈으로 많이 입궁했기 때문이다. 여러 부족으로 나뉜 몽골 가운데는 복속한 부족도 있었지만, 칭기즈칸의 후예로 청나라에 복속하는 것을 수치로 아는 부족들은 청나라에 반발하며 전쟁을 지속하였다.

만리장성을 넘어 중국을 통일한 만주족 후손인 강희제는 장성으로는 몽골의 침입을 막을 수 없다는 것을 절실히 느꼈다. 그리하여 새로운 방식, 사람으로 장성을 쌓는 방법을 취하였다. 그것이 바로 열하 행궁, 피서산장이다. 황제가 피서산장에 행차하면 몽골의 왕공귀족들을 포함하여 주변국 사신들은 황제를 알현하기 위해 피서산장으로

와야 했다. 황제는 그들에게 선물을 내리며 위무하는 동시에 군사 열병식을 보여주며 청의 군사력을 은근히 과시하였다. 넓게 펼쳐진 사냥터 목란위장木蘭圍場에서 이런 일들이 벌어졌다. 반란을 일으키면 어찌 될지 생각해보라는 것이다. 당근과 채찍 전략이다.

하지만 준가르 부족은 여전히 반발하고 그 여파로 티베트까지 정쟁에 휘말리게 된다. 원나라 쿠빌라이칸 이후 몽골족은 티베트불교를 믿었고 이후 몽골족과 티베트는 밀접한 연관을 맺게 된다. 청나라 황실 또한 티베트불교와 밀접한 연관을 맺는데 옹정제가 황제가 되기 전에 기거하던 옹화궁이 라마교 사원이 된 것은 단적인 예이다. 준가르 부족의 티베트 공략으로 청 왕조는 티베트에 군사적 간섭을 취하게 되는데, 건륭제 때에도 준가르 부족뿐만 아니라 네팔 구르카의 침입을 받자 군사를 파견하고 열하에 대규모 라마교 사원을 짓는다. 피서산장 외곽에 라싸의 포탈라궁을 모방하여 작은 포탈라궁이라 불리는 보타종승지묘가 세워진 유래다.

결국 피서산장은 단순히 청나라 황제의 휴식처가 아니라 외교와 국방의 중요한 근거지였고, 외교의 전진기지이자 청나라의 국력을 단적으로 보여주는 상징이었다. 그러나 흥성하면 쇠퇴하기 마련이다. 청나라의 국력도 건륭제를 정점으로 쇠퇴해 가고, 이에 따라 피서산장에 행차하는 황제의 발걸음도 뜸해진다. 그러다 결국 함풍제가 영국, 프랑스군의 침입을 피해 피서산장으로 도망가 그곳에서 사망한 후 피서산장도 역사적 임무를 마치게 된다. 이후 청나라 황제 가운에 그곳에 행차한 사람은 없었다.

피서산장에서의 외교 원칙은 권위의 인정과 복종이다. 이에 대한 반대급부는 왕공귀족 대우와 다양한 물질적 보상이다. 중국이 부상한 후의 최근 외교는 이러한 원칙을 답습하고 있다는 생각이 든다.

중국은 2004년 중국 - 아랍포럼을 설립하여 장관급 회담, 에너지 협력대회 등을 지속적으로 이어오고 있다. 이 포럼은 에너지 안보가 주목적이었다. 그러나 2006년 중국 - 아프리카 포럼 정상회담에서는 그 성격이 조금 달라진다. 이 회의에서 당시 중국 국가주석 후진타오는 아프리카에 대한 원조를 늘리고 새로운 차관, 보건과 농업에 대한 개발 프로젝트, 채무탕감을 약속했다. 동등한 입장에서의 협력보다는 시혜적인 내용이 늘어난다. 이어 중국은 2012년 중국 - 중동부 유럽 포럼, 2014년에는 중국 - 라틴아메리카 포럼 창설을 제안하고 설립하였다. 아세안ASEAN 국가들과도 이런 회의를 개최하지만 주변의 한국과 일본의 영향력으로 ASEAN+1뿐만 아니라 ASEAN+3도 같이 개최된다는 차이가 있다. 이런 포럼들은 인문교류 평화협력 등의 내용을 포함하고 있지만, 기본적으로는 경제협력을 목적으로 한다. 특이한 것은 내용이 아니라 형식이다. 각 지역의 지도자들이 단체로 중국을 방문하거나 중국 지도자가 각 지역을 방문하여 대규모 정상회담을 개최하는 것이다.

이런 포럼들은 일대일로一帶一路(실크로드 경제대, 21세기 해상실크로드)를 계기로 시혜적 성격이 강화된다. 시진핑 주석의 제안으로 만들어진 이 이니셔티브는 중국에서 유럽까지 연도 국가들의 인프라 건설 투자가 수반된다. 기초 인프라가 낙후된 국가들은 그 혜택을 위해 중국과의 관계를 강화하고자 하는 유인이 생긴다. 그러나 청제국 시대와 다른 점은 중국이 유일한 종주국이 아니라는 것이다. 아직까지 최강 국가인 미국이 버티고 있다. 거기에 트럼프 시대 미국은 중국과의 패권경쟁에서 중국을 억누르기 위한 정책을 공공연하게 추진하고 있다. 이에 대한 중국의 대책은 당근을 통한 우군 만들기로 보인다. 그러나 이에 대한 각국의 태도는 우호적이지 않다. 당근이 통하지 않았을 때 무자비하게 휘두르는 중국의 보복을 경험하거나 지켜봤기 때문이다. 한국도 사드THAAD 배치 후 이런 보복을 경험했다. 중국 늑대전사戰狼 외교관 행태도 중국 외교에 부정적인 영향을 미치고 있다.

최근 언론 보도에 의하면, 2028년 중국의 경제 규모가 미국을 앞지를 것이라고 한다. 그에 따라 미국과의 패권경쟁도 더 격화될 것이다. 그러나 당근과 채찍으로만 외교를 한정시키면 중국의 승산은 높지 않을 것 같다. 커진 덩치에 맞는 현대적인 외교모델을 찾지 못한다면 중국의 입장을 수긍할 나라가 많지 않을 것이다. 유구한 전통을 갖고 있는 중국이지만, 그 전통이 현대적 상황에 적용 가능할지는 미지수다. 중국 외교는 전통에서 벗어난 새로운 상상력이 필요한 것 같다.

④ 잠시 사라진 단어, '군민융합'*

　중국의 양회가 2020년 5월 21일부터 28일까지 개최되었다. '양회兩會'는 단어 그대로 두 개의 회의, 즉 우리의 국회에 해당하는 전국인민대표대회와 자문기구 역할을 하고 있는 중국인민정치협상회의를 의미한다. 양회를 통해 중국은 공식적으로 일 년 동안의 성과를 평가하고, 한 해의 새로운 계획을 천명한다. 세간의 주목을 받을 수밖에 없는 양회이지만, 2020년에는 더 눈길을 끌었다. 보통 3월 초에 개최되던 양회가 코로나19로 인해 계속 연기된 데다가 홍콩의 시위가 격화되고 타이완에서는 독립을 지향하는 민진당의 차이잉원蔡英文 총통이 재선되었다. 무엇보다 미국 대선을 앞두고 더욱 격화된 미·중 관계가 긴장과 이완을 반복하고 있기 때문이다. 양회에서 가장 중요한 문건은 총리가 전국인민대표대회 개막식에서 발표하는 「정부업무보고政府工作報告」이다. 특히 리커창李克强 총리가 발표한 이번 「정부업무보고」는 기재된 단어보다 빠진 내용이 더 이목을 끌었다. 코로나19가 가져온 불확실한 경제상황 때문에 매년 발표하던 경제성장률 목표를 제시하지 않았으며, 타이완을 대상으로 삼아 매년 반복되던 '조국의 평화 통일'이라는 문구에서 '평화'가 빠졌다. 사소해 보일지 모르지만, 사실 하나 더 사라진 단어가 있다. '군민융합'이다.

　'군민융합軍民融合'은 한자를 통해 쉽게 알 수 있듯이 군사 영역과 민간 영역을 결합한다는 의미이다. 경제, 과학기술, 교육, 인력 등에

---

* 조형진, 중국학술원 중국·화교문화연구소 웹진 『관행중국』 118호(2020.07)에 실린 글을 수정보완함.

서 양자를 융합하여 시너지 효과를 발휘하려는 것이다. 이러한 개념이 중국에만 있는 것도 아니고, 최근에 새로 등장한 것도 아니다. 2차 대전 이후, 미국은 군사 영역의 우수한 기술을 민간에 체계적으로 이전했으며, 이것이 오늘날 미국 기업들이 첨단기술에서 세계적 우위를 발휘하는 기원으로 해석되기도 한다. 중국에서도 '군'과 '민'의 결합은 마오쩌둥 시기부터 '군민양용軍民兩用' 등의 단어를 통해 존재했었다. 개혁·개방이 시작되면서는 미국이 2차 대전 이후에 그러했듯이 상대적으로 높은 수준의 군사 기술을 형편없는 민간 부문으로 이전했다. 이러한 전통을 이어받아 2007년 중국공산당 17차 당대회에서 후진타오胡錦濤 전 주석이 군민융합을 제기했다. 뒤이어 12차 5개년 계획(2011-2015) 동안 군민융합을 통한 국방 강화와 군대 현대화가 추진되었고, 이는 13차 5개년 계획(2016-2020)에서도 지속되고 있다.

시진핑 시대에 군민융합의 중요성은 더욱 커졌다. 2017년에는 중앙 군민융합발전위원회를 만들어 시진핑 주석이 주임을 맡았다. 또한 리커창 총리가 「정부업무보고」를 시작한 2014년 이후, '군민융합'은 이제까지 한 번도 빠지지 않고 모든 양회에서 등장했다. 그런데 2020년 「정부업무보고」에서는 빠진 것이다. 양회 전체적으로 봐도 군민융합은 언급되지 않았다. 왜일까?

최근 미국의 중국에 대한 반응은 격렬함을 넘어 과격해 보일 정도다. 일례로 양회 직전에 미국 행정부가 의회에 보고한 「미국의 중국에 대한 전략적 접근United States Strategic Approach to The People's Republic of China」은 시진핑을 중국이라는 국가의 대표를 뜻하는 '주석'이 아닌, 중국공산당의 수장으로 국한하는 '총서기'로 굳이 호칭하면서 중국이 미국의 국익을 해치는 내용을 조목조목 열거했다. 특히 경제적 국익을 해치는 중국의 대표적 정책으로 일대일로一帶一路를 언급했다면, 안보에서는 군민융합을 거론했다. 군민융합 때문에 미국을 비롯한 다른 국가들이 중국 기업과의 경제적 교류 과정에서 자신도 모르는 사이에 자국의 민간 기술을 중국의 군사 기술로 이전시키며, 결국에는 인민해방군의 능력을 신장시키게 된다는 것이다. 앞서 의회 자문기구인 미중 경제안보검토위원회의 2019년 보고서도 군민융합을 미중 경쟁의 중요 내용으로 다루었다. 인민해방군과 연계되어 있다는 의심을 받는 화웨이, ZTE 같은 개별 기업 차원을 넘어 군민융합이라는 정책 자체를 겨냥하고 있는 것이다.

2020년 양회에서 중국은 홍콩, 타이완과 같은 이른바 '주권' 문제는 강경하게 나오면서도 2020년 1월 서명된 미중 간의 1단계 무역합의의 이행을 천명하고 미국에 대한 언급을 자제하면서 미중 갈등을 고조시킬 마음이 없다는 점을 드러냈다. 잠시 사라진 단어, 군민융합도 이런 차원에서 해석될 수 있을 것이다. 2018년 미중 무역전쟁이 본격화되면서 미국이 '중국제조2025'를 비판하자 2019년 양회부터 '중국제조2025'도 사라졌었다. 미국과의 시비거리를 하나라도 줄여보려는 노력처럼 보이기도 한다. 그러나 '중국제조2025'도, '군민융합'도 단어가 잠시 사라졌을 뿐, 중국의 산업전략이 사라졌다거나, 군사적 기술과 민간 기술의 결합, 적극적인 기술 획득 전략이 사라졌다고 할 수는 없을 것이다. 하지만 중국이 미국과의 갈등에서 어떤 입장을 취하고 있으며, 무엇을 양보하고 무엇을 지키려고 하는지에 대한 일정한 판단의 단초를 보여준다고 할 수 있다.

5 중국사회과학원의 최근 몇 가지 변화*

중국사회과학원은 자타가 공인하는 중국 제일의 싱크탱크 중 하나이다. 아시아는 물론, 전 세계의 싱크탱크와 비교해도 항상 수위를 차지한다. 약 40개의 연구소, 3천여 명의 연구 인력과 더불어 3천여명의 석·박사 학생까지 규모 면에서 다툴 수 있는 곳이 거의 없다. 규모뿐만 아니라, 실질적인 영향력도 권력자들을 지근거리에서 보좌하는 국무원 발전연구중심 정도가 상대가 될 뿐이다. 중국사회과학원이 다른 나라의 싱크탱크와 다른 결정적인 차이는 중국공산당의 직접적인 영도를 받는 국무원의 직속 기관이라는 점이다. 석사, 박사를 배출하고 핵심 인원인 연구원들이 주로 연구성과에 따라 평가를 받으며 대외적인 교류의 대상이 학술기관이라는 점에서 명백히 학술·연구기관이지만, 시진핑 주석이 2017년 중국사회과학원의 40주년 기념 축전에서 밝혔듯이 기본적인 임무는 당과 국가의 정책결정에 봉사하는 것이다.

이처럼 거대한 규모와 특수한 지위를 갖는 중국사회과학원에 최근 몇 가지 변화가 발생했다. 이러한 변화가 중국에서 학술 및 교육과 관련된 근본적인 변화를 의미하는지는 더 지켜봐야 하지만, 중국사회과학원의 위상을 고려하면 주목할 만한 가치가 있다.

먼저 중국사회과학원은 이전까지 석사와 박사 양성에 국한되었던 교육 기능을 확대하여 학부생을 모집하기 시작했다. 2016년 교육부의 승인을 받아 중국사회과학원 산하에 중국사회과학원대학을 설립

---

* 조형진, 중국학술원 중국·화교문화연구소 웹진 『관행중국』 103호(2019.03)에 실린 글을 수정보완함.

했다. 중국사회과학원의 기존 석·박사 과정을 대학으로 옮기고 아울러 2017년부터 학부생을 모집하기 시작했다. 2017년에는 390명의 학부생이 입학했으며, 2018년도 학부생 모집 정원은 396명이었다.

중국사회과학원의 교육기능 확장은 사실 대외적인 변수가 주요했다. 중국공산주의청년단, 즉 공청단共青團 중앙의 직속 교육기관이었던 중국청년정치학원의 학부 교육기능을 폐지하면서 이를 중국사회과학원으로 이전한 것이다. 결코 공식적인 해석은 아니지만, 이는 공청단 세력, 이른바 '퇀파이團派'를 억제하려는 시진핑 정권의 정책 방향이 일정 정도 반영되었다고 보는 게 합리적일 것이다.

갑작스레 학부 기능을 떠맡게 되었지만, 현재 중국사회과학원대학 학부의 합격점수, 요즘 우리의 교육환경에서 유행하는 말로 '입결'을 보면, 학부 모집은 대성공이다. 베이징대학과 칭화대학만큼은 아니지만, 그 다음을 차지하는 런민대학과 푸단대학을 위협하는 수준이라고 한다. 성급省級 지방별로 각 대학의 입학 인원을 할당하는 중국의 특수한 대학입시 체제와 워낙 작은 모집인원이 함께 작용한 결과이기도 하지만, 내로라하는 학자들이 수두룩하고 보증된 연구능력과 영향력을 갖춘 중국사회과학원이 아니었다면 신생 대학이 달성하기 어려운 성과다. 전신이라고 할 수 있는 중국청년정치학원은 결코 이 수준이 아니었다.

이제 두 차례 학부생을 모집한 상황에서 그 효과를 단정 짓기는 어렵지만, 중국의 대표적인 정책 싱크탱크가 미래 중국의 고급 엘리트를 더 많이 흡수하게 되었다는 점은 분명하다. 몇 십 년 뒤에 기존의 최고 대학들 출신보다 더 국가주의적이고 민족주의적이며 정책 지향적인 엘리트 집단이 추가될 것이다.

학부생 모집보다 더 주목할 만한 변화는 중국역사연구원中國歷史

研究院의 창립이다. 2019년 1월 3일 공식 창립된 본 연구원은 얼핏 중국사회과학원의 역사 관련 기존 연구소들을 단지 한데 묶은 것처럼 보인다. 타이완연구소가 빠지고 근현대 전의 중국 역사를 다루던 역사연구소가 이름을 고대사연구소로 변경했지만, 각각 고고학·근대사·세계역사·변경 등을 다루는 연구소들은 중국사회과학원 역사학부가 그대로 옮겨 갔다. 여기에 새롭게 역사이론연구소가 추가되었다. 이에 따라 고고考古·고대사·근대사·세계역사·변강邊疆·역사이론 등의 6개 연구소가 중국역사연구원을 구성하게 되었다.

그러나 한데 묶이기만 한 것은 아니다. 중국사회과학원에서 역사 연구의 위상이 크게 제고되었으며, 각급 연구소들도 영향력이 확대될 것으로 보인다. 중국역사연구원의 원장은 중국사회과학원 부원장이 겸직한다. '원院' 예하에 다시 '원'을 두는 것은 우리로서는 어색하다. 또한 중국역사연구원이 중국사회과학원과 별도의 조직이 되는 것도 아니며 소속 기관에서 탈피하는 것도 아니다. 하지만 우리의 장관급인 부급部級 중국사회과학원 바로 아래의 차관급인 부부급副部級이라는 점에서 중국역사연구원의 높은 위상이 확인된다. 아울러 관계자에 따르면, 베이징 교외에 별도의 건물을 짓고 있으며, 전체 인원과 연구소별 인원도 크게 확대될 예정이다. 이를 합치면 100명 이상의 연구 인력이 증원될 것으로 보인다.

시진핑 주석의 창립 축전은 신시대 중국 특색 사회주의를 견지하고 발전시키기 위해서는 중국의 역사와 문화를 체계적으로 연구해야 하며, 역사 연구가 사회과학의 기초이고, 역사 유물주의의 입장을 견지해야 한다는 등의 내용을 담고 있다. 작금의 중국 정치의 상황을 고려하면, 특이한 내용은 아니다. 하지만 오히려 그렇기 때문에 역사의 정치화와 수단화가 더욱 가속화될 가능성이 많다. 특히 새롭게 추가된 역사이론연구소는 아직 실체가 불분명하지만, 역사 유물주의의 강조와 중국에서 '이론理論'이 의미하는 바를 고려한다면 역사의 이데올로기화를 위해 역할을 하게 될 듯하다.

이러한 변화는 과거 이른바 '동북공정'을 겪은 우리로서는 달갑지 않을 수 있다. 동북공정은 역사 연구가 국내적인 정치화를 넘어 국제정치화되면 양국 관계에 어떠한 영향을 미치는지를 여실히 보여주었다. 걱정을 하기에는 너무 이르긴 하다. 중국 관계자에 따르면, 동북공정으로 인한 한중 관계의 악화로 인해 중국 국내적으로도 상당한 비판과 반성이 있었다고 한다. 실제 한때 동북공정의 가장 뜨거운 감자였던 고구려사는 현재 주요한 연구대상에서 사실상 제외되고 있다고 한다. 하지만 동북공정은 또한 역사의 정치화가 필연적으로 역사의 국제정치화를 불러온다는 점도 드러내었다. 이런 점에서 중국 사회과학원의 변화에 따라 예상되는 역사 연구의 위상 제고, 역사의 정치화·수단화·이념화가 중국의 변화와 한중 관계에 어떠한 변화를 미치는지 조심스럽게 살펴봐야 할 것이다.

⑥ 사투리를 억누르는 권력, 사투리를 말할 수 있는 권력*

　방송 중 발음이 틀리거나 표준어 규정에 어긋나면 단어 한 개당 1위안씩 벌금. 앵커로 일했었던 한 중국인이 들려준 동북의 조그만 지방 방송국의 내부 규칙이다. 지금 중국의 위안화 가치로 따지면 뉴스 한 꼭지를 몽땅 사투리로 방송해도 그럭저럭 견딜 만하겠지만, 꽤 오래 전 경험담인 만큼 상당히 부담스런 액수였다고 한다. 방송에서 표준어를 사용해야 한다는 것은 당연하지만, 중국에서 언어 통합은 항상 지난한 과제였다.

　중국은 거대한 영토를 하나로 묶기 위한 언어 통합에 오래 전부터 분투해왔다. 멀리는 진시황 시기 '대전大篆'이라 불리던 한자 체계를 '소전小篆'으로 불리는 간략한 체계로 통일했다. 우리 역사에서 한자를 익힌 식자들이 중국인과 필담을 나누는 장면을 심심치 않게 볼 수 있을 만큼 글말의 통일은 성공했다고 볼 수 있다. 하지만 아무리 폭압적인 권력도 거대한 대륙의 입말을 통일하지는 못했다. 호환성이 높거나 정권이 지정한 통용 언어가 없었던 것은 아니지만, 이마저 왕조의 부침, 이민족의 침탈에 따른 외래어의 유입, 경제 중심지의 이동에 따라 동서남북을 번갈아 가며 수시로 변동되었다. 현대적인 통신 수단이 없었던 근대에 이르기까지 이러한 상황은 결코 개선될 수가 없었다. 중국 깊숙이 들어가 기독교를 전파하거나 무역을 하려던 서양인들은 베이징에서 임명한 다른 지역 출신 관료들이 지방의 사투리를 베이징의 황궁에서 쓰는 '관화官話'로 바꿔줄 통역사를 두

---

* 중국학술원 중국·화교문화연구소 웹진 『관행중국』 77호(2017.01)에 실린 글을 수정보완함.

고 있다는 사실에 놀라움을 금치 못했다.

근대 국가가 수립되면서 표준어를 만들기 위한 노력이 시작되었
다. 1913년에 중화민국 정부가 독음통일회讀音統一會를 개최하여 한
자의 발음을 통일하고 표준어를 제정하려고 했지만, 남방과 북방으
로 나뉘어 서로 자신들의 언어를 표준어로 만들기 위해 다투면서 사
실상 무산되고 말았다. 1918년 표준 발음인 국음國音이 제정되었지
만, 베이징 발음을 위주로 한다는 원칙과 달리 중화민국 정부 실세들
의 주요 출생지인 남쪽 저장성浙江省 발음이 주로 반영되었다는 강력
한 반발이 다시 일었다. 1919년 5.4 운동 이후에는 복잡한 한자 대신
에 차라리 알파벳 표기를 하자는 주장이 강력히 대두되었다. 이러한
논리로 발음이 복잡한 남쪽보다 비교적 간단한 북쪽의 베이징 발음
에 대한 지지가 높아져 비로소 베이징을 중심으로 한 국음이 자리를
잡게 되었다.

동란의 역사 속에서 제대로 된 표준어는 1949년 중화인민공화국
건국 이후에야 탄생할 수 있었다. 이 과정에서도 어느 지방의 사투리
를 표준어로 삼을 것이냐는 논쟁은 지속되었다. 1955년 표준어 제정
을 논의하기 위한 '전국문자회의'에서 의견이 모아지지 않아 무려 15
가지 주요 방언을 대상으로 투표를 진행한 결과 북경 관화가 52표로
51표를 얻은 서남 관화를 가까스로 따돌렸다고 한다. 이전의 남과
북의 대결 구도와 달리 마오쩌둥의 후난, 덩샤오핑의 쓰촨 등 영도자
들이 많이 배출된 서남 지역이 베이징과 거의 맞먹었다는 점에서 권
력 구도가 그대로 반영되었다고 할 수 있다. 아무튼 같은 해에 베이
징 발음을 표준음으로 한 '보통화普通話'가 제정되고, 뒤이어 한자를
간략한 간체자로 만드는 노력이 가속화되면서 드디어 중국어는 표준
화되었다.

그러나 인민을 공산주의적 인간형으로 개조시킬 수 있을지는 몰라도 개인의 언어 습관을 하루아침에 바꿀 수는 없었다. 당장 마오부터 결코 자신의 후난 사투리를 바꾸지 않았다. 다음은 중국의 다큐멘터리에 방영된 내용이다. 마오쩌둥이 볼세비키 혁명 40주년을 맞아 1957년 11월 모스크바를 방문했다. 모스크바 대학 대강당에 마오쩌둥의 연설을 듣기 위해 중국 유학생들이 집결했다. 이역만리에서 고생하는 유학생들에게 마오는 "세계가 당신들의 것입니다世界是你們的"라며 치사를 아끼지 않았다. 학생들이 잠시 멍한 표정을 지었는데, 공산주의 체제에서 자신들의 소유가 무엇인지 고민했기 때문이 아니라 그냥 못 알아들은 거였다. 강력한 후난 사투리를 알아듣지 못한 학생들의 표정을 눈치 챈 마오는 손으로 공 모양을 만들고 영어로 'world'라고 외쳤다. 그제야 학생들이 알아듣고 환호했다. 마오쩌둥은 물론, 쓰촨 출신인 덩샤오핑의 사투리도 만만치 않아서 통역사들의 고통이 상당했다고 한다. 마오쩌둥과 덩샤오핑은 사투리가 아니라 한국어로 말을 했어도 문제가 없었겠지만, 왕조 시기 관화를 익혀야 했던 관리들처럼 공산당의 간부들은 의무적으로 보통화를 배우고 간체자를 써야 했다. 1982년부터는 전국적인 보통화 사용의 보급이 헌법에 명시되었으며, 2001년 「국가통용언어문자법」을 통해 국기기관의 공무, 언론, 출판 등에서 보통화와 간체자 사용이 법적 의무가 되었다.

하지만 언어는 놀랍도록 권력보다 힘이 세다. 여전히 농촌으로 가면, 중국인조차 농민들의 말을 반도 못 알아듣거나 때로는 보통화를 할 줄 아는 현지인이 말 그대로 통역을 해야 된다. 멀리 남쪽의 광둥 같은 곳뿐만 아니라 베이징 옆의 허베이조차 이런 지역이 있다. 또한 권력은 여전히 언어에 대한 선택권을 갖는다. 2009년 당시 국가주석인 후진타오가 유행하던 사투리인 '다핀打拼'을 쓴 적이 있다. '최선을 다하다'는 뜻이다. 시진핑도 2015년 2월 문화대혁명 시기 하방되어 토굴에서 생활했었던 샨시성의 량자허촌梁家河村을 방문했을 때, 부인 펑리위안을 소개하면서 현지 사투리를 사용했다. 아내라는 뜻의 '포이婆姨'였다. 아마 평범한 인민이었다면 벌금으로 1위안쯤 내야 됐을지도 모르지만, 언론들은 주석들의 사투리 사용을 공히 친서민 행보로 찬양했다. 이런 단어들은 지도자들이 사용한 공인화된 사투리로서 널리 활용되었다.

개혁·개방 이후 중국 고위 지도자들의 한 가지 특성은 마오쩌둥이나 덩샤오핑 세대보다 사투리를 덜 사용한다는 점이다. 보통화 교육을 받고 보통화로 송출되는 텔레비전을 보면서 자란 세대이기 때문이다. 또한 이들 세대가 고위직에 올라가기 위해서는 보통화가 일종의 필수 교양이었다. 하지만 권력이 마오쩌둥이나 덩샤오핑에 미치지 못한다는 점도 무시하지 못할 요인일 것이다. 촌스런 사투리를 쓰면서 권위를 유지할 만한 혁명가의 전설이나 위압적인 카리스마가 이들에게는 없다. 그래서 역설적으로 가끔씩은 억지로라도 사투리를 끼워 넣어 인민에게 다가가는 제스처를 취해야 한다. 시진핑 집권 이후 중국의 정치권력이 다시 집중화되어 일인 독재로 나아갈 수도 있다는 예측들이 최근 쏟아지고 있다. 시진핑이 얼마나 사투리를 쓰는지는 알 수 없지만, 시진핑이 공식석상에서 사투리를 마음 놓고 쓰게 된다면 이런 예측이 맞았다고 할 수 있지 않을까? 앞으로 사투리를 쓰는 중국 지도자가 출현할지 지켜볼 일이다.

⑦ 올림픽의 정치적 도구화에 대한 단상*

　스포츠는 이념과 국경을 초월하여 세계로 전파되어 왔지만, 그것은 민족국가의 틀 안에서 조직되었고 국제경기는 민족국가의 이름으로 치러진다. 현대 스포츠의 탄생 자체가 산업화 및 민족국가의 등장과 함께 했다는 사실을 상기하면 스포츠가 정치적 도구로 이용되는 것은 어찌보면 당연한 일이다. 특히나 올림픽은 스포츠의 정치적 도구성을 강화시킨다. 개막식에서 출신국 특유의 유니폼을 입은 선수들이 국가별로 입장하고, 경기장에는 각 나라의 국기가 높이 게양되며, 자국의 선수들을 위해 한마음으로 응원한다. 그리고 메달 수상자의 고된 훈련과 고난한 인생의 역경 극복 스토리는 모든 국민의 경험으로 치환되고, 메달 시상식에서 이루어지는 상위 입상자의 소속 국가의 국기게양과 국가제창에서 민족적 감성은 극에 달한다. 관중들의 환영과 응원의 강도는 그 국가와의 정치적 친소親疏 정도를 반영하며, 경기에서의 순위와 점수에 국가와 매스컴의 관심이 집중되고, 이는 민족적 자긍심과 연결된다. 경기 주최국은 이전의 경기 주최국보다 경기 준비와 운영에서 더 나은 평가를 받으려고 애쓰며 이것을 국가의 위상과 연결시킨다. 이처럼 올림픽을 통해 고조된 민족주의는 각 국가의 정치적 문제를 해결하거나 글로벌 경쟁에서 특수한 정치적 이익을 위해 활용된다.

　민족주의에 철저히 이용된 대표적 올림픽으로는 1936년의 베를린 올림픽을 들 수 있다. 히틀러는 이 대회를 '아리안 인종'의 우월성을

---

* 정주영, 중국학술원 중국·화교문화연구소 웹진 『관행중국』 131호(2021.08)에
실린 글을 수정보완함.

과시하고 파시스트 정권의 정당성을 강조하는 대규모 선전장으로 이용했다. 그러나 올림픽을 정치적으로 이용하는 것은 먼 과거의 일이거나 권위주의 국가에서만 벌어지는 것도 아니다. 미국에서 개최된 2002년 솔트레이크시티 동계올림픽에서 미국의 민족주의는 극명하게 드러났다. 미국은 올림픽 개막식 때 '찢어진 성조기'를 들고나와 '9·11 테러' 희생자를 위한 위령제를 지냈고, 미국인의 애국심을 고취시키는 행사로 일관했다. 과거 키신저는 미국 독립혁명 200주년을 맞아 1976년 올림픽을 미국에서 유치할 수 있도록 '총력전'에 나서기도 했었다. 물론 이 시도는 미국의 캄보디아 확전으로 나빠진 국제여론 때문에 성공하지 못했지만 말이다. 베이징 올림픽에서는 중국의 인권문제를 비판하는 서구 국가들과 이에 대한 중국 민족주의의 대응이 치열하게 벌어지기도 했다. 2008년 올림픽 성화 봉송 과정과 올림픽 개최 기간 중 드러난 중국인들의 공격적인 민족주의적 성향은 그때부터 세계 각 국의 우려의 대상이 되었고 중국 위협론을 더욱 심화시켰다.

2021년 8월 일본에서 치러진 도쿄올림픽의 현장에도 스포츠뿐만이 아니라 정치와 민족주의적 분쟁과 논란이 가득했다. 우선 개최국인 일본의 정치적 의도가 노골적으로 표출되었다. 이에 대해 일본 전문가들은 아베 전 총리를 계승한 스가 정권이 올림픽 개최 성공을 통해 국민들 가슴 속 내셔널리즘을 최고치로 끌어올리고, 이것을 바탕으로 장기집권과 개헌을 노리고 있다고 분석했다. 1964년 일본은 도쿄올림픽 개최를 통해 전쟁 패배의 치욕감을 씻어내고 전후 부흥과 경제력 향상을 과시하여 국내 민족주의를 고취하고 발전의 동력을 마련한 경험을 가지고 있다. 이번 도쿄올림픽에서도 1964년의 올림픽에서 얻었던 성과를 기대하는 일본 정부는 헌법 개정에 대한 구상까지 그 안에 가지고 있다는 것이다.

이번 올림픽에서 중국의 민족주의와 정치적 문제는 더욱 복잡하게 전개되었다. 우선 '하나의 중국' 원칙과 관련한 정치적 논란들이 끊이지 않았다. 홍콩 민주화를 상징하는 검은색 티셔츠를 입고 출전한 홍콩 배드민턴 선수로 인한 논란은 올림픽에서조차 정치가 얼마나 예민하게 작동하는지를 보여준다. 올림픽에 출전한 홍콩 선수들은 홍콩특별행정구HKSAR의 엠블럼이 새겨진 유니폼을 입어야 하는데, 응카롱은 이름의 이니셜 'Ng'와 'Hong Kong, China'라고만 적힌 검은색 옷을 입었고, 이에 친중성향의 누리꾼들이 응카롱의 페이스북에 비난의 글들을 올린 것이다. 스폰을 받지 않아 개인 티를 입었을 뿐이라는 해명으로 논란이 잠식되기는 했으나 이는 홍콩과 중국의 첨예한 정치문제를 그대로 반영하는 사건이라 할 수 있다. 또한 홍콩 펜싱 선수 청카룽張家朗이 홍콩 반환 이후 첫 금메달을 따고 시상식에 중국 국가가 울려퍼지자 응원의 함성이 정치적 구호로 바뀌기도 하였다. 청카룽의 경기는 홍콩 시민들의 특별한 관심을 받았는데, 대형 쇼핑몰 내 전광판 앞과 바닥에 주저앉아 응원을 하던 시민들은 중국 국가 연주에 "우리는 홍콩이다"We are Hong Kong를 연호하며 불만을 표현했다.

현재 미·중 사이에서 전략적 중요성을 갖는 타이완 문제 또한 올림픽에서 비켜가지 않고 이용되었다. 타이완은 1981년부터 타이완을 뜻하는 타이완 대신 '차이니스 타이베이Chinese Taipei'라는 이름으로 국제대회에 참가하고 있으며 올림픽에서 타이완 국기는 물론 국가도 사용할 수 없다. 이러한 타이완 또한 '하나의 중국' 원칙이라는 민족주의 정치에서 자유롭지 못하다. 타이완은 지난 2018년 도쿄올림픽에 '차이니스 타이베이'가 아닌 '타이완'으로 참가하기 위해 국민투표를 진행했지만 결국 부결되었다. 당시 국민투표를 준비하는 타이완 정부를 향해 중국 정부는 정치적 압력을 행사했으며, IOC(국제올림픽위원회)도 중국의 입장을 지지했다. 그러나 올림픽 개막식 중계에서 일본 공영방송인 NHK 앵커가 타이완을 '타이완臺灣'으로 호칭하였다. 또한 미국 올림픽 중계권을 가지고 있는 NBC 유니버설은 중국 선수들이 입장할 때 타이완과 남중국해를 표기하지 않은 지도를 보여주었으며, NBC 앵커는 중국 대표팀이 등장하자 시청자들에게 홍콩과 신장을 잊지 말아 달라는 멘트를 덧붙였다. 중국 정부와 언론매체들은 이러한 일본과 미국의 '하나의 중국' 원칙 훼손에 대해 강력하게 비판하고 항의 했다.

중국 또한 자국의 민족주의와 애국주의를 고취시키기 위한 기회로 이번 도쿄올림픽을 놓치지 않았다. '링링허우'零零後(2000년대 생) 선수들의 메달 수상이 계속되면서 중국은 이들 세대의 진취성과 국가에 대한 사명감을 추켜세우고 이를 '애국주의'에 연결하여 중국 국민들을 결집시키려 한 것이다.

이번 도쿄올림픽 뿐만 아니라 2022년 베이징 동계올림픽 또한 정치문제에 연결되고 있다. 홍콩 사우스차이나모닝포스트SCMP 등의 보도에 따르면 유럽의회가 홍콩 반중매체 빈과일보 폐간과 홍콩 사회의 자유 침해에 대응해 관련자 제재와 베이징동계올림픽 외교 보이콧을 촉구하는 결의안을 준비 중이다. 또한 미국 의회·행정부 중국위원회CECC는 중국 정부가 신장 위구르 자치구에서 행하고 있는 것으로 알려진 인권 탄압 문제를 이유로 베이징 동계올림픽을 나치독일 하에서 치러진 1936년 베를린 올림픽에 빗대며 자국 내 기업들의 베이징동계올림픽 후원을 비판하고 압력을 넣고 있다는 내용이 언론을 통해 보도되기도 하였다. CECC 소속 의원들은 지난주 토마스 바흐 국제올림픽위원회IOC 위원장에 서한을 보내 베이징동계올림픽을 1년 연기하고, 중국이 인권 침해 행위를 계속할 경우 올림픽 개최지를 변경하라고 촉구하였다.

근대 올림픽의 창시자였던 '피에르 드 프레디 쿠베르탱Pierre de Frédy, Baron de Coubertin' 남작은 당대 팽배했던 민족주의 사상을 벗어나 스포츠를 통한 세계 청년들의 화합을 위해 '올림픽'을 개최했다. 그리고 그는 "All sports for All people"이라는 말을 남겼다. 즉 모든 스포츠는 세상에 존재하는 모든 사람들을 위해 존재하는 것이다. 그러나 민족주의를 극복하기 위하여 시작된 올림픽은 현재 분쟁과 갈등의 정치와 민족주의적 경쟁이 그대로 투영되는 현실 정치의 복사판에 지나지 않는다. 스포츠를 정치와 분리하고 오롯이 스포츠를 통해서만 행해지는 교류와 소통의 장을 마련하는 것은 경쟁과 갈등으로 점철된 현실 국제정치에서 새로운 관계와 대안 창출을 위해 필수적인 것이다.

8 올림픽과 정치: 어떤 강국을 추구하는가*

고대 그리스의 올림피아 제전은 제우스 신에게 바치는 경기였다. 경기 종목도 달리기뿐만 아니라 투창, 레슬링, 권투 등 주로 전투와 관련된 것이 주류를 이루었다. 그러나 그토록 격렬하게 전쟁을 벌였던 그리스의 도시국가들도 이 때만큼은 휴전을 하고 평화적인 방법으로 제전을 즐겼다. 그리하여 시 낭송회 등 각종 문예 행사 등도 같이 이루어지고 신에 대한 감사의식도 빠지지 않았다. 유구한 역사를 자랑하던 올림피아 제전은 로마제국 말기 기독교가 국교로 정해지면서 폐지되었다. 이교 신을 위한 제전은 기독교 사회에서 용납할 수 없었기 때문이다.

유럽에 르네상스가 시작되어 고대 그리스·로마의 학문과 지식을 부흥시키고자 하는 움직임 속에서도 이 올림피아 제전은 쉽게 부활하지 않았다. 1896년이 되어서야 쿠베르탱의 노력으로 근대 올림픽으로 재개될 수 있었다. 쿠베르탱은 올림픽 정신으로 세계 평화의 이상을 실현하고자 하였다. 그러나 1916년 독일 제국의 베를린에서 열릴 예정이던 제6회 올림픽은 1차대전으로 인해 취소되었다. 그 후 20년이 지난 1936년 독일은 결국 올림픽을 개최하였다. 이때 독일은 유럽의 도로 곳곳을 누비는 성화 봉송 장면 등 기록영화를 만들었다. 그런데 이 기록영화는 후에 독일이 유럽을 침공하는 데 유용한 자료가 되었다고 한다. 뒤이어 1940년 올림픽은 원래 도쿄에서 개최될 예정이었으나 일본이 중일전쟁을 일으킴에 따라 논란이 일어났고,

---

* 구자선, 중국학술원 중국·화교문화연구소 웹진 『관행중국』 138호(2022.03)에 실린 글을 수정보완함.

일본의 개최권 반납으로 핀란드 헬싱키에서 열리게 되어 있었다. 그러나 1939년 2차대전이 발발하고 핀란드 역시 소련의 침공으로 전쟁을 겪게 되어 결국 개최되지 못했다. 1944년 런던 올림픽도 역시 2차대전으로 취소되었다. 도쿄, 핀란드, 런던은 1964년, 1952년, 1948년에 올림픽을 개최하였다.

올림픽 취소뿐만 아니라 보이콧도 종종 등장했다. 1956년 멜버른 올림픽에서는 수에즈 운하 사태, 소련의 헝가리 침공 등을 이유로 몇몇 나라가 불참했고, 중국은 타이완의 참가 허용을 이유로 불참했다. 1976년 캐나다 몬트리올 올림픽에서는 인종차별로 악명이 높았던 남아공에 럭비 국가대표팀을 보낸 뉴질랜드의 참가 불허 요구가 거부되자 아프리카 국가들이 불참하였다. 또 타이완은 자국 국기를 사용하지 못하게 한 데 대하여, 중국은 타이완 참가 허용에 항의하며 불참하였다. 1980년 모스크바 올림픽도 파란을 겪었다. 1979년 소련이 아프가니스탄을 침공하자 미국은 올림픽 보이콧을 선언했고, 서방 세계 상당수가 이에 동조하여 불참하는 바람에 반쪽짜리 올림픽이라는 오명을 얻었다. 이에 대한 보복으로 1984년 LA 올림픽 때는 공산권 국가들이 올림픽을 보이콧하고 그 기간 자신들만의 체전을 개최하였다.

이처럼 올림픽은 전쟁과 정치 때문에 빚어진 오명으로 점철되었다. 이번 베이징 동계 올림픽도 마찬가지이다. 개최 전부터 미국을 비롯한 국가들의 '외교적 보이콧' 선언으로 진통을 겪었다. 신장을 비롯한 중국의 인권문제가 원인이었다. 거기에 코로나 사태로 인해 입장권 수입이 대폭 하락하는 등 어려움이 가중되었다. 그럼에도 중국은 하계와 동계 올림픽을 모두 개최한 최초의 도시라고 의미를 부여하면서 대대적인 축제를 거행했다. 외부의 비난은 전혀 신경 쓰지 않는 모양새였다. 성화 봉송 주자로 인도와의 국경분쟁에서 부상을 당한 군인을 선정하여 인도의 심기를 불편하게 만들었고, 인권문제가 불거진 신장 출신을 최종 주자로 선정하여 외교적 보이콧에 맞불을 놓았다. 한국도 역시 한복 문제, 편파 판정 등으로 국민들의 감정이 상했다. 올림픽 기간 있었던 각종 문제들에 대해 중국 언론은 거의 보도하지 않고 올림픽을 칭찬하는 기사들로 도배하였다. 최종적으로 중국은 금메달 순위에서 미국을 한 개 차로 제치고 3위를 차지하면서 동계스포츠 '강국'으로 부상했다고 대대적으로 선전하였다. 미국을 제치는 데 일조한 선수는 금메달 2개를 딴, 미국과 중국 2중국적자인 에일린 구였지만, 국적문제는 슬그머니 자취를 감췄다. 다른 무엇보다 강국으로서의 중국만 중요하게 여기는 것 같다.

세계 평화에 이바지한다는 의미는 이미 오래전에 퇴색했지만, 중국이 이번 올림픽 개최로 무엇을 얻고자 했는지 의문이다. 중국의 부상과는 반비례로 중국의 국제적 평판은 하락하고 있다. 이미 코로나 사태로 세계에서 중국에 대한 호감도가 바닥을 치고 있고, 인권문제, 남중국해 문제, 홍콩 사태, 타이완 문제 등으로 중국의 이미지는 긍정적이지 않다. 그런 가운데 이번 올림픽은 이를 만회하기는커녕 오히려 더 악화시키는 측면이 있다. 그럼에도 중국은 국제사회에서의 평판보다는 자국민에 대한 선전을 더 중요하게 여기는 것 같다. 물론 이해 못 할 바는 아니다. 중국은 2022년 20차 공산당 대회를 앞두고 있으며, 시진핑이 제시한 중국몽을 위해 국내 안정을 최우선으로 생각한다. 공산당 영도를 금과옥조 삼는 중국은 공산당의 위대함을 계속 강조해야만 집권의 안정을 이룰 수가 있다.

시진핑 시기 중국 언론에서 눈에 띄는 단어는 바로 '강국', '대국'이다. 이는 경제뿐만 아니라 우주기술 등 과학분야를 비롯하여 여러 분야에서 쓰이며, 부상한 중국을 상징한다. 심지어 '교통 강국'이라는 단어도 등장하였다. 교통이 편하다는 말은 들어봤지만 '교통 강국'이라는 단어는 아주 어색하다. 이처럼 모든 분야에서 '강국', '대국'을 추구하는 중국의 최종 목표가 무엇일지 세계는 궁금해한다. 세계의 대부분이 비난하는 러시아의 우크라이나 침공에 대해서도 중국은 러시아 편에 서서 강대국으로서의 신뢰를 잃고 있다. 올림픽에서 보여주듯이 국제적인 기준보다는 자기들만의 만족을 추구한다면 중국의 부상을 누가 환영할 것인가.

⑨ 칠부강七不講, 중국 지식인의 칠거지악*

2017년 19차 당대회를 앞두고 중국이 보수화되고 있다. 새해 벽두부터 우리의 대법원장에 해당하는 저우창周強 최고인민법원 원장이 전국 고급법원 원장 회의에서 서방의 '헌정민주', '삼권분립', '사법독립'과 같은 잘못된 사상을 억제해야 한다는 발언을 했다. 중국의 사법당국을 대표하는 수장이 민주주의의 가장 기본요건인 사법권의 독립을 부정하는 발언을 했다는 점에서 대내외적으로 상당한 비판에 시달렸다. 그러나 중국 사법당국은 물론, 관방 언론들도 일제히 '사법독립'을 민주주의의 가장 기본요건으로 보는 것 자체가 서방식 민주주의 개념일 뿐이라며 적극 옹호에 나서고 있다. 아울러 중국이 이미 독립심판권과 독립검찰권을 보장하는 '의법독립依法獨立', '독립사법獨立司法'의 체제를 갖추었다고 주장하고 있다. '의법독립'과 '독립사법'이 대체 '사법독립'과 어떻게 다른 건지 '서방' 민주주의에 젖은 우리로서는 구분하기 쉽지 않지만, 대충 개별 판결이 독립적으로 이뤄진다는 의미 정도로 해석된다. 권력과 자본으로부터 자유롭지 않다면 개별 판결이 얼마나 독립적이기 어려운지 우리의 법원과 검찰을 보아도 충분히 알 수 있지만, 중국은 차제에 서방식 민주주의는 절대로 없다는 점을 더욱 확고하게 선언하고 있다.

이뿐만이 아니라, 전임이었던 후진타오에게 부여되지 않았던 '핵심核心'이라는 호칭이 최근 시진핑 주석에게 다시 부여되었다는 점도 개혁·개방 이후 자리 잡던 집단영도의 원칙이 무너지고 있다는 신호

---

* 조형진, 중국학술원 중국·화교문화연구소 웹진 『관행중국』 78호(2017.02)에 실린 글을 수정보완함.

로 해석될 소지가 있다. 아직은 너무 이르지만, 덩샤오핑을 넘어 마오쩌둥 시대처럼 일인 통치로 귀결될 것이라는 억측도 나돈다. 거기에 인터넷 통제도 심화될 예정이다. 구글, 페이스북, 트위터 같은 주요 검색엔진과 SNS는 물론, 중국에 비판적 기사가 자주 실리는 해외 언론도 중국에서 접속이 불가능하다. 이뿐만 아니라 개별적인 보도나 검색어도 자주 막히며 중요한 행사를 전후해서는 별로 위험하지 않은 해외 사이트도 갑자기 봉쇄되곤 한다. 그러나 이제까지는 해당 사이트들을 우회하여 접속하는 가상사설망VPN을 통해 좀 불편하더라도 이용이 불가능한 것은 아니었다. 빠르고 안정된 서비스를 위해서는 유료 서비스를 사용하는 게 좋지만, 괜찮은 무료 VPN도 많아 중국인들 중에서도 이용하는 사람이 많았다. 그러나 2017년에 들어서면서 그것도 단속하겠다는 공업정보화부의 통지가 최근 공표되었다. 기간도 무려 그 다음해인 2018년 3월 31일까지라니 아예 뿌리를 뽑겠다는 심산인 듯했다.

이런 보수화 경향 때문인지 몇몇 중국학자들과의 대화에서 철지난 유행어를 다시 듣게 되었다. '칠부강七不講'이다. 시진핑 집권 초기인 2013년 5월 중국공산당 중앙판공청이 「현재의 이데올로기 영역의 상황에 관한 통보關於當前意識形態領域情況的通報」라는 비공개 문건을 하달했다. 「통보」의 내용을 상하이에 소재한 화둥정법대학華東政法大學의 장쉐중張雪忠 교수가 웨이보에 폭로하면서 '칠부강'이 알려지게 되었다. '칠부강'은 말 그대로 일곱 개의 주제에 대해서는 대학에서 학생들에게 강의하지 말라는 것이다. 일곱 개의 주제는 보편적 가치, 언론의 자유, 시민사회, 시민권, 중국공산당의 역사적 과오, 권력·자산계급, 사법독립 등이다. 이에 앞서 2011년 양회(전국인민대표대회와 중국인민정치협상회의) 기간에 당시 전국인민대표대회 상무위원장인 우방귀吳邦國가 다당제, 다원주의, 삼권분립 및 양원제, 연방제, 사유화 등 다섯 가지를 하지 않겠다는 선언을 속칭 '오부고五不搞'로 부르기도 했다. 즉 중국은 '서방식 민주주의'를 하지 않을 것이며, 대학에서도 관련 내용을 가르치지 말라는 것이다.

본래 인권변호사로 활동하던 장쉐중 교수는 마르크스주의 포기, 인민해방군과 공산당의 관계 절연 등 중국공산당의 통치를 지탱하는 핵심 가치와 제도를 부정하는 다양한 '불법' 활동을 해온데다 '칠부강' 폭로까지 겹쳐 강의를 할 권리를 박탈당하고 결국 해고되었다. 심지어 장 교수는 소속 학과 여학생에게 보냈다는 러브레터가 인터넷에 공개되어 성실한 학자가 아니라 교수라는 지위를 이용해 여학생을 쫓아다니던 호색한이라는 비난에 시달리기도 했다. 본인이 그런 적이 없다고 부정하면서 누군가 꾸며서 러브레터를 올린 게 아닌지 의문이 제기되고, 이미 해고되었는데 좋아하는 사람에게 러브레터를 보내는 게 무슨 상관이냐는 반론이 일기도 했지만, 개인적으로 지위와 명예 모든 면에서 톡톡히 대가를 치른 셈이다.

정말 「통보」가 중국의 대학들에 하달되었는지, '칠부강'이 강단의 학자들에게 얼마나 실질적인 억압으로 작용했는지에 대해서는 갑론을박이 많아 끝내 완벽하게 실증을 할 수 없었다. 하지만 '칠부강'이 실제 존재하는지의 여부를 떠나 중국 지식인들에게 자신들의 상황을 잘 표현해 주는 압축적인 단어로 인식되었던 듯하다. 실체적 진실은 아닐지라도 시진핑 집권 이후 중국 지식인들이 느꼈던 압박감을 상징하는 정서적 진실로 받아들여졌다고 할 수 있다. 2017년 새해부터 다시 '칠부강'이 종종 운위되는 것은 중국공산당이 19차 당대회를 앞두고 지식인들을 더욱 옥죄고 있다는 방증일 수 있다. 그러나 중국 지식인들이 '칠부강'으로 상징되는 억압에 대해 저항을 할 것 같지는 않다. 날선 비판이나 결연한 투쟁의 표현이기보다는 체념과 냉소의 어투가 섞인 방관자적인 태도에 가깝다. 몇몇 학자가 '지적 전통주의 intellectual traditionalism'라는 말로 압축하여 서술한 바 있듯이 중국 지식인들 대다수는 시민과 개인의 권리와 자유보다는 국가의 부강을 더 중요시하며 이를 위해 강력한 '중앙'이 있어야 한다는 데 기본적으로 동의한다. 자유롭게 연구와 강의를 하고 싶고 금기시되는 주제를 다뤄보고 싶은 은밀한 욕망이 없는 것은 아니지만, 굳이 선을 넘어설 마음은 없으며, 그냥 요즘 상황이 그러니 참고하라는 태도에 가깝다.

이처럼 '칠부강'은 중국 지식인의 '칠거지악'이라고 할 수 있다. 과거 유교적 질서 속에서 부인을 쫓아낼 수 있는 일곱 가지 조건을 서술한 '칠거지악'에는 제한 조건이 있었다. 부인이 쫓아내도 돌아갈 곳이 없거나 시부모의 삼년상을 함께 치렀거나 가난했던 집안이 부유하게 일어섰다면 쫓아내서는 안 된다. 이른바 '삼불거三不去'로서 '칠거지악'과 합쳐 '칠출삼불거七出三不去'라고 일컬어졌다. 중국 지식인들은 '칠부강'을 어긴다면 돌아갈 곳도 없으며, 건국 이후 대약진과 문화대혁명 등 숱한 고난을 겪어야만 했고, 개혁·개방 이후 중국의 부상에 공헌한 바가 적지 않다. 하지만 '삼불거'는 잊혀지고, 쫓아낼 수 있는 항목을 열거한 '칠거지악'만이 남았듯이 중국 지식인들의 무조건적인 지적, 사상적 시집살이는 계속될 듯하다. 중국 지식인들의 발화에서 '칠부강'이 다시 등장하는 걸 보면, 이 시집살이는 최소한 향후 몇 년간 더 혹독해질 게 분명하다.

🔟 드라마 〈겨우, 서른〉 속 왕만니는 구자와 세금 문제로 논쟁을 벌일까?*

중국 드라마 〈겨우, 서른三十而已〉은 2020년 중국에서 가장 인기가 많았던 드라마로 한국에도 2021년 넷플릭스를 통해 수입되어 일부 중국 드라마 매니아에게 인기를 끌었다. 이 드라마는 명품매장의 영업직원으로 일하는 왕만니王漫妮, 자수성가한 사업가이자 자녀 교육에 열성적인 주부 구자顧佳, 남편과의 이혼과 재결합하는 과정을 통해 작가로 성장하는 중샤오친鍾曉芹, 이들 세 친구들의 상하이에서의 삶을 그리고 있다.

비록 이들이 중산층인지는 엄밀한 정의를 세워 분류해야 하지만, 드라마에서는 이들의 모습을 노점상과 대비시키면서 상하이의 중산층으로 설정하였다. 그러나 이들이 보유한 집이 다르고, 이들의 경제적 상황이 차이가 있다. 구자는 아들의 유치원 학군을 위해 초호화 아파트에 입주하였다. 반면 왕만니는 중소 도시를 의미하는 3선도시인 취저우衢州에서 주요 대도시인 1선도시 상하이로 이주하여 임대로 살고 있는데, 월세는 그녀 월급의 절반 정도나 차지하고 있다. 상하이의 임대료가 높은 이유는 주택가격, 주택에 대한 수요, 그리고 부동산보유세를 부과하는 시범지역으로 임대료에 조세 전가가 이루어져 있기 때문이다. 드라마에서도 왕만니가 중샤오친에게 본인의 거주 조건에 대한 어려움을 잠시 언급하였지만, 현실에서는 더욱 심각하게 대도시에 거주하고 싶은 청년들의 주택가격과 임대료에 대한

---

* 이유정, 중국학술원 중국·화교문화연구소 웹진 『관행중국』 139호(2022.04)에 실린 글을 수정보완함.

불만이 가중되고 있다.

　그럼에도 불구하고 중국은 올해를 포함해 지난 3년 연속으로 전국 인민대표대회(이하 전인대)의 입법 계획에서 부동산세 개혁을 누락시켰다.[1] 2021년 8월 제10차 중앙재경위원회 회의에서 시진핑 주석은 경제적 불평등 감소, 양극화 방지와 중산층의 확대를 위해서 "공동부유共同富裕" 국정 기조를 강조하고 이에 대한 수단의 하나로 부동산세의 도입을 제안했다. 시주석이 "부동산세 입법과 개혁을 적극적으로 추진해 시범사업을 잘해야 한다"고 제안하자,[2] 2021년 10월 전인대 상무위원회가 「국무원에 일부 지역 부동산세 개혁 시범사업을 실시할 권한을 부여하는 결정關於授權國務院在部分地區開展房地產稅改革試點工作的決定」을 의결함으로써 부동산세 도입을 위한 제도적 기반을 마련하였다.[3] 그러나 올해 양회兩會에서 리커창 총리의 「정부업무보고」 발표에는 재산세 도입을 언급하지 않았으며,[4] 양회 폐막직후 신화통신 기자가 부동산세 개혁과 관련하여 재정부 관계자를 취재한 내용에 따르면 "종합적으로 각 방면의 상황을 고려한 결과, 올해 안에 부동산세 개혁 시범도시를 확대할 수 있는 여건이 마련되지 않았

1　"Conditions not right for China to expand property tax trial this year – Xinhua". Reuters. March 16, 2022. https://www.reuters.com/world/china/conditions-not-right-china-expand-property-tax-trial-this-year-xinhua-2022-03-16/(검색일: 2022.03.23.).

2　習近平, 2021.10.15. "紮實推動共同富裕", 『求是』, 2021/20. http://www.qstheory.cn/dukan/qs/2021-10/15/c_1127959365.htm(검색일: 2022.03.17.).

3　"官方首次詳解房地產稅改革試點, 釋放重磅信號", 新浪網, 2021.12.15. https://finance.sina.com.cn/chanjing/cyxw/2021-12-15/doc-ikyakumx4223561.shtml (검색일: 2022.03.17.).

4　이재호, "中, '공동부유' 핵심퍼즐 부동산세 연기 왜?", 아주경제, 2022.3.20. https://www.ajunews.com/view/20220319191535388(검색일: 2022.03.23.).

다"고 한다.[5]

시범지역에 새로 도입할 계획이었던 부동산세는 주거용 부동산에 부과할 방산세房產稅(재산세)를 말한다. 부동산을 대상으로 부과하는 과세는 거래세와 보유세가 있다. 중국에서는 이미 건물, 주택, 토지사용권의 취득과 양도 시 거래세를 부과하고 있다. 보유세도 도시의 경영성 건물에 대하여 재산의 가치에 따라 방산세房產稅, 토지사용에 대하여 성진토지사용세城鎮土地使用稅, 그리고 재산의 임대소득에 대하여 소득세所得稅를 부과하고 있다. 그러나 주택에 대한 방산세는 과세하지 않았다. 따라서 정부의 재정수입 중 부동산 거래세의 비중은 꾸준히 증가하였으나, 보유세의 수준은 매우 낮았다.[6]

전술한바와 같이 드라마의 주무대인 상하이와 충칭 두 도시는 이미 2011년부터 개인 주택을 대상으로 보유세를 부과하는 시범지역으로 선정되었다. 그러나 상하이와 충칭에서의 과세 대상이 고가 또는 초과면적을 보유한 주택 소유자와 외지인들이 보유한 주택으로 과세의 범위가 한정되어 부동산 가격의 억제와 부의 불평등을 줄이는데 영향을 미치지 못했고, 지방 정부의 세수 확보에도 도움을 주지 못하여, 실제 도입 효과에 한계가 있었다.[7] 지난 10월 전인대 상무위원회

---

5 "財政部：今年內不具備擴大房地產稅改革試點城市的條件", 新華社, 2022. 03.16. https://news.sina.com.cn/c/2022-03-16/doc-imcwipih8826875.shtml(검색일: 2022.03.23.).

6 신금미, 2015, "중국 토지 공유제하에서 부동산 보유세 징수 가능 여부에 관한 연구", 『조세학술논집』, 31(2): 215-251.

7 Jane Cai and He Huifeng, "China's Property Tax Causing Sleepless Nights for Homeowners as Beijing Walks the 'Tightrope'", SCMP, 2021.11.29. https://www. scmp.com/economy/series/3157038/chinas-property-tax-dilemma?module=inline &pgtype=article(검색일: 2022.03.17.).

가 의결한 '결정'은 상하이와 충칭에서 주거용 부동산의 보유세 과세 대상을 확대하고 과세율을 높이며 시범사업을 전국적으로 확대할 것으로 예측되었고, 지방 정부의 재정에 어떠한 영향을 미칠지 시험할 계기가 될 수 있었으나, 올해 실행 계획이 연기된 것이다.

부동산세 도입과 연기에는 전술한 재정부 관계자의 말처럼 다양한 요인들이 영향을 미친다. 여러 외신 보도나 관련 전문가들의 분석처럼 이번 연기 사유에 거시경제 지표와 부동산시장 리스크가 가장 크게 영향을 미쳤다. 그러나 장기적으로는 중산층의 과세에 대한 인식도 부동산세 도입에 영향을 미쳐왔다. 버지니아대 왕잉야오(Wang Yingyao, 2017)교수는 부동산세 도입이전 중국의 조세제도는 중산층의 관심을 끌지 못하는 구조라고 주장한다.[8] 중국의 총세수에서 부가가치세가 차지하는 비율이 높은 반면, 개인소득세의 비율이 낮다. 또한 중국 세수의 주요 기여자는 기업으로, 그동안 중산층에게 세금의 부담은 심각하게 여겨지지 않았다. 중국은 2012년 부가가치세 확대를 앞두고 전인대와 언론 등에서 부가세와 관련된 경제적 쟁점에 관하여 보도하였으나, 주요 납세자인 소비자에 대한 부담은 공론화하지 않았다. 무엇보다도 그동안 재산세 부과 도입을 지연시킴으로써, 과세부담이 정치적 논쟁으로 확대되는 것을 피했다고 주장한다.

지난 10월 부동산 보유세 도입에 관한 '결정'이 의결된 직후 몇몇 신문들이 중산층들을 대상으로 진행한 인터뷰에서 중산층들은 동요하고 있었다. 2019년 중국인민은행의 발표에 따르면, "도시 가구의 약 58%가 1주택을 소유하고 있으며, 31%가 2주택을, 10.5%는 3주택

---

8 Yingyao Wang, 2017, "Why Tax Policy is not Politics in China: Public Finance and China's Changing State-Society Relations", *Politics & Policy*, 45(2): 194-223.

이상을 소유하고 있으며, 주택담보대출이 전체 가계부채의 76%를 차지하고 있다."[9] 취업으로 베이징의 호구戶口를 취득할 수 있던 한 프로그래머는 "부모님이 베이징으로 동반 이주했으나, 호구 문제로 베이징의 부동산 소유를 할 자격이 없었기에, 보유한 두 개의 아파트 모두를 본인의 명의로 등록을 하였다"며 "이미 높은 개인소득세를 납부하고 있기에 추가 과세는 견디기 어려울 것"이라고 토로하였다.[10] 한 웨이보 사용자는 "70년 동안 부동산을 임대해도 여전히 세금을 내야 한다"며 부동산세의 법리적 모순을 지적한다.[11]

이들 중산층들은 이번에 논의가 된 부동산세 도입으로 예상되는 전반적 거시경제와 부동산 시장에 대한 영향뿐만 아니라 세율의 설정과 범위, 법리적 기반,[12] 그리고 대도시 호구유무에 대해 부담감을 느끼고 공정성에 의문을 던지고 있는 것이다. 상하이의 부동산 보유세가 증가하여, 다주택자들이 보유세 부담을 다시 한번 임차인에게 전가하여 왕만니의 월세부담이 더욱 커지거나, 구자의 부동산 보유

---

9 Jane Cai and He Huifeng, "China's Property Tax Causing Sleepless Nights for Homeowners as Beijing Walks the 'Tightrope'", SCMP, 2021.11.29. https://www.scmp.com/economy/series/3157038/chinas-property-tax-dilemma?module=inline&pgtype=article(검색일: 2022.03.17.).

10 Jane Cai and He Huifeng, "China's Property Tax Causing Sleepless Nights for Homeowners as Beijing Walks the 'Tightrope'", SCMP. 2021.11.29. https://www.scmp.com/economy/series/3157038/chinas-property-tax-dilemma?module=inline&pgtype=article(검색일: 2022.03.17.).

11 "中國房地產稅: 擴大試點的關鍵細節和不確定性", BBC 中文, 2021.10.26. https://www.bbc.com/zhongwen/simp/chinese-news-59036203(검색일: 2022.03.17.).

12 "China's Xi faces resistance to property-tax plan-WSJ", Reuters, 2021.10.20. https://www.reuters.com/world/china/chinas-xi-faces-resistance-property-tax-plan-wsj-2021-10-19(검색일: 2022.03.17.).

세 부담이 커진다면, 드라마 주인공들도 부동산 보유세에 대해 불만을 표출할 것이다. 세금 구조의 변화는 취저우 출신의 왕만니와 상하이 출신으로 추정되는 구자, 중샤오친으로 하여금 부동산세의 법리적 기반 뿐만 아니라 호구 제도의 불평등과 불공정, 그리고 조세 체계와 정치적 의미에 관하여 논쟁하게 할지 모른다. 경제적 이유로 부동산세 도입 논의가 지연되었지만, 향후 중국 정부의 부동산세 도입은 대도시 중산층의 사회문제에 관한 관심을 불러일으키고 조세저항을 가져올 것이다.

11 코로나 2년과 중국의 권위주의*

2019년 12월 10일, 중국 우한武漢에서 최초의 코로나 감염사례가 보고된 이후 2년 여의 시간이 지났다. 지난 2년 동안의 시간은 중국뿐 아니라 전 세계 사람들의 삶의 방식과 국가 통치 시스템에 근본적인 변화를 가져왔다. 인류 초유의 위기 상황에서 '국가'란 무엇이고, '국가의 역할'은 어떠해야 하는가에 대한 질문이 제기되었으며 변화가 요구되었다. 그리고 각 나라마다 변화에 대한 선택은 상이했다. 중국은 코로나 발병국이기도 했으나 당시 중국이 처한 국내외적 상황의 특수성으로 인해 그 행보에 전 세계의 이목이 집중되었다.

중국의 '체르노빌'로 비견되는 상황에서 중국 공산당이 선택한 것은 더욱 강한 권위주의적 통치와 관리였다. 코로나의 위험성을 폭로했던 젊은 의사들과 정부의 정보 은폐 및 일방적 봉쇄조치에 항의하던 시민들의 목소리는 폭력적으로 봉압되었고, 중앙집권적이고 총체적인 방역 체계하에서 강력한 사회통제와 방역이 동시에 전개되었다. 사실 방역과정에서 중국 정부가 구사했던 전략은 단순했으나 정치는 복잡했다. 시민사회의 저항과 정부 시책에 대한 비판, 미중 패권 경쟁의 와중에서 코로나를 빌미로 한 더욱 혹독해진 국제사회의 중국 비난과 책임론의 제기, 초기 대응 실패를 통해 드러난 국가 제도와 관료 시스템의 문제, 코로나로 인한 국가 경제의 위기 등 코로나 국면의 전환 과정에서 정치는 더욱 복잡하고 어려워졌다.

그러나 복잡한 코로나 방역과정의 정치적 결과는 결국 중국 권위

---

* 정주영, 중국학술원 중국·화교문화연구소 웹진 『관행중국』 136호(2022.01)에 실린 글을 수정보완함.

주의의 강화로 귀결되었다. 초기 국가 시책에 대한 비판과 저항은 위기 극복을 위한 국민적 단합 우선론으로 대체되었고, 중국에 대한 "책임"과 "배상"을 요구하는 국제적 비난이 가열화되자 이에 맞선 민족주의가 국가의 파수꾼으로 전면에 나섰다. 바이러스의 전염을 막기 위한 개인의 이동과 생활에 대한 국가의 개입과 통제가 자연스럽게 정당성을 확보하면서, 중국 정부는 국민 개개인의 사적 생활에 대한 제도적, 기술적 통제와 관리를 더욱 촘촘하고 강력하게 구축해 나갔다. 그리고 방역을 위해 중앙정부에서 지방 정부 기구까지 위계적으로 재정비된 정부 시스템과 더욱 공고화된 격자망식 사회 관리 시스템은 공산당이 국가 전체를 효율적으로 관리 통치할 수 있는 기동력과 힘을 갖도록 했다. 무엇보다 국가의 권위주의적 통제에 대한 정당성 확보에 가장 큰 기여를 한 것은 발병국인 중국이 가장 빠르게 방역에 성공하고, 경제를 회복하고, 세계에서 유일하게 플러스(+) 성장을 했다는 성과이다.

결과적으로 코로나를 통해 구축된 보다 견고하고 강화된 국가 관리 시스템, 국가 위기라는 특수한 상황하에서 획득된 국가 개입에 대한 국민적 수용과 복종 그리고 미국을 위시한 국제 사회의 중국 비난과 공격으로 더욱 활성화된 중국 민족주의는 시진핑 총서기를 중심으로 한 중국 공산당의 권위주의적 통치를 더욱 강력하게 만들었다. 그리고 코로나 방역과정에서 다져진 국가 통치력의 기반 위에서 중국 공산당은 올해 19기 6중전회를 기점으로 "사회주의"의 이념적 깃발을 치켜세우고, 중국 민족주의자들과 국가 시스템에 순응적인 대중들이 그 깃발 아래 모여들었다. 이로써 중국의 권위주의는 새로운 양상으로 변화되어가고 있다. 그것은 중국적 맥락에서의 사회주의적 가치와 이념의 기준으로 중국 사회를 다시 재구성하고 있으며, 그간 제한적이나마 시도되었던 '민주'의 실험은 설 자리를 완전히 잃고 말았다.

개혁개방 이후 중국의 권위주의는 그 탄력성과 효율성으로 높이 평가되었으며, 개혁개방 성공의 일등공신으로 추대되었다. 중국의 권위주의 정치시스템은 다른 국가들이 수용할 수 있는 모델로서 검토되었으며, 비교정치영역에서 중요한 연구대상이었다. 서구식의 민주주의 가치와 제도를 수용하지는 않지만, 권력 승계의 제도화와 당내·기층 민주에 대한 실험들은 전통 권위주의와는 차별화된 중국식 권위주의의 가능성에 대한 기대감을 낳기도 했다. 그러나 내년의 20차 당대회를 앞두고 시진핑 총서기의 재집권을 준비하며 사회주의적 이념과 강력한 국가 통제 체제하에서 권위주의적 통치를 강화해가고 있는 중국은 그간 구축해왔던 민주가 개입할 수 있는 새로운 권위주의 형성의 기대를 완전히 거세해가고 있다. 그리고 지난 2년을 돌아보며 이러한 변화가 권위주의에 불필요한 요소들을 걸러내는 '코로나 방역'이라는 여과지를 거치며 더 용이해지고 빨라질 수 있었다는 것을 확인할 수 있다.

무역전쟁으로 시작한 미국과 중국의 패권경쟁이 가치 경쟁으로 확장되면서 중국의 권위주의는 더욱 중요한 국제사회의 이슈가 되고 있다. 미국은 중국의 비민주성을 성토하는 결정적인 자리로 준비한 '민주주의 정상회의'를 12월 9일부터 10일 양일간 개최하면서 그 자리에 중국의 아킬레스건인 타이완을 초청했다. '민주'를 의제로 하는 국제사회의 중국 비판이 노골화됨에 따라 중국도 이에 대해 강력하게 대응하고 있다. 중국은 '민주주의 정상회의'를 반중反中 파벌조성, 세계 분열책동으로 비판하는 한편, 12월 4일 온·오프라인으로 '민주: 전 인류의 공통 가치'라는 주제의 국제포럼을 개최하고 〈중국적 민주)를 제목으로 하는 백서를 발표했다. 회의와 백서의 주된 내용은 민주라는 가치를 특정 국가가 전유할 수 없으며, 민주의 모델이 다양하고, 중국의 인민민주 모델이 우월하다는 것이다. 유사한 내용으로 중국 런민대人民大 충양重陽금융연구원은 "미국 민주주의를 위한 10가지 질문Summit for Democracy driven by The US is full of Hypocrisy"이라는 연구 보고서를 통해 미국 민주주의의 가치, 제도, 효과에 대해 비판과 함께 중국 민주주의의 우월성을 강변하였다. 또한 역대 최저 투표율을 기록한 홍콩 입법회(의회) 선거 다음 날인 12월 20일, 중국은 홍콩 민주주의 발전을 내용으로 하는 백서 '일국양제一國兩制 아래 홍콩의 민주주의 발전'을 발간했다. 백서는 영국 통치 시기의 홍콩의 민주주의를 비판하고, 주권 회복 이후 홍콩의 민주주의 제도의 발전을 강조하였다. 그러나 중국이 주장하는 중국 민주의 우월성은 시진핑의 장기집권 전망과 공산당의 일당 독재 강화 및 국가의 사회에 대한 강도 높은 통제 인권침해로 인정받지 못하고 있다.

2021년을 마무리하며, 2022년 중국의 정치·경제·외교에 대한 다양한 전망과 예측들이 나오고 있지만, 중국 공산당의 보다 강화된 권위주의적 통치에 대한 예견에 대해서는 다른 이견이 발견되지 않는다. 오히려 2022년은 미국의 중간선거와 중국의 20차 당대회가 개최되는 해로 미·중 간 경쟁과 갈등이 더 격화될 가능성이 높아 중국의 권위주의적이고 강압적인 국가 통제와 사회주의 이념 공세는 더욱 강화될 것으로 보인다. 위기를 통해 강화된 중국 권위주의가 또 다른 위기상황에서 어떻게 변화될지에 대한 면밀한 관찰과 분석이 더욱 중요해지고 있다.

⑫ 중국의 불매운동과 백년의 간극*

2017년 중국의 불매운동

박근혜 정부에서 사드THAAD의 한국 배치가 결정된 이후로, 이 문제는 한중관계나 한국의 외교정책과 관련하여 중요한 논제가 되고 있다. 사드의 군사적 효용성, 한국 배치 결정 과정의 적절성 등에 대한 문제 제기도 활발히 이루어지고 있지만, 특히 사드 배치 결정 이후에 본격화한 중국의 경제 보복에 대한 사회적 관심도 매우 높은 상황이다.

주지하다시피, 롯데가 사드 부지 제공을 결정한 이후, 중국 전역의 롯데 매장 99개 중 약 90%에 해당하는 87개의 매장이 영업을 중단했다. 67곳은 소방시설 점검 등을 이유로 영업 정지 처분을 받았고, 20곳은 중국인의 불매운동으로 인하여 자체 휴업했다고 한다. 많은 중국인이 한국의 사드 배치 수용에 항의하며 롯데를 포함한 한국 상품에 대한 불매운동을 벌였으며, 중국의 관영 매체들은 이를 부추겼다. 한 언론보도에 따르면, 허베이성의 한 초등학교에서 교사와 학생 400여 명이 모여 사드 반대 집회를 열었고, 심지어 당시 12세 이하 초등학생들도 "한국 상품 불매는 나로부터 시작한다!抵制韓貨, 從我做起"라는 표어가 적힌 플래카드를 들며 구호를 외쳤다고 한다(〈시사IN〉 2017년 4월 3일자 기사).

중국의 안보를 위협한다는 이유로 한국의 사드 배치에 분노하는 중국인들을 중심으로 3월 초부터 한국 상품 불매운동이 확산되었고,

---

* 이원준, 중국학술원 중국·화교문화연구소 웹진 『관행중국』 81호(2017.05)에 실린 글을 수정보완함.

이로 인하여 중국에 진출한 한국 기업들은 큰 손실을 입게 되었다. 현대자동차의 3월 중국 판매량은 전년 대비 무려 40% 감소하였고, 롯데의 경우에는 2017년 3-6월 4개월만 따져도 누적 매출 손실 규모가 1조원을 웃돌 것으로 추산된다고 한다(〈글로벌이코노믹〉 2017년 4월 16일자 기사). 이러한 상황이 계속 지속된다면, 향후 1-2년간 중국으로의 수출이 7% 감소하고, 중국인 관광객의 한국 방문이 60% 감소하여, 우리나라 경제 피해액이 최대 16조원에 이를 것이란 분석도 나왔다(〈영남일보〉 2017년 4월 22일자 기사).

이처럼 국가 간의 비非경제적 문제에 대해서 불매운동이라는 경제적 수단으로 대응하는 것은 사실 중국에서 그리 드문 일은 아니다. 독일의 아우디에서 사용한 중국 지도에 타이완과 티베트 일부가 빠진 것에 항의하기 위하여 3월 말에 아우디 차량 불매운동이 전개되었으며, 미국 유나이티드항공의 승객 강제 하차 사건에서도 처음에 중국에서 승객이 중국인이라고 잘못 알려지면서 유나이티드항공 불매운동이 벌어지기도 하였다. 물론 이러한 사례들은 특정 기업의 행위에 대해서 해당 기업에 대한 불매운동을 전개한 것으로서, 한국의 사드 배치 결정에 항의하기 위한 한국 상품 불매운동과는 성격이 다른 부분이 있다. 하지만 그럼에도 불구하고, 자국의 이익과 존엄을 침해한 타국 또는 그 기업의 행위에 대해서 경제적 수단인 불매운동의 방식으로 대응하는 데 있어서 중국인들이 우리보다 훨씬 적극적인 것은 사실인 듯하다.

1905년의 불매운동

중국에서 특정 국가의 상품을 판매하거나 구매하는 것에 반대하는 불매운동이 전국적인 범위에서 처음 전개된 것은 1905년으로 거슬러 올라간다. 1880년대에도 일부 지역에서 불매운동이 벌어진 적은 있었지만, 주요 대도시에서 광범위하게 전개된 것은 1905년의 미국 상품 불매운동이 최초라 할 수 있다.

1905년의 미국 상품 불매운동은 미국의 '중국인 이민제한법Chinese Exclusion Law'과 민족 차별에 항의하기 위하여 시작되었다. 아편전쟁 이후에 홍콩이나 마카오를 통해 해외로 이주하는 중국인 노동자가 증가했고, 태평양을 건너 미국으로 간 중국인 노동자들은 금광 채굴, 대륙횡단철도 건설 등에 대거 투입되었다. 특히 1868년에 벌링게임Burlingame 조약이 체결되면서 중국과 미국 국민의 자유로운 왕래가 허용되었고, 이를 계기로 1870년대에 중국인의 미국 이민이 꾸준히 증가했다. 중국인 이민이 늘어나면서 비숙련 노동시장에서 그들과 경쟁하게 된 아일랜드계 이민자들을 중심으로 중국인 노동자 배척운동이 전개되었고, 그 과정에서 중국인들에 대한 인종 차별도 심해졌다. 결국 1882년에 미국 연방의회에서 향후 10년간 중국인 노동자의 이민을 금지하는 법안이 가결되었고, 1894년과 1904년에 재차 10년씩 연장되었다. 중국인 노동자들뿐만 아니라 학생과 상인들도 미국 입국이 어려워졌고, 입국하는 과정에서 각종 굴욕을 당하는 일이 많아졌다. 미국에서 동포들이 차별을 당하고 있다는 정보가 중국에 전해지고 그 내용이 각종 매체를 통해 확산되면서, 미국 상품 불매를 주장하는 대규모 반미운동이 발생했다.

1905년 5월에 상하이에서는 여러 동향·동업 단체들의 대표가 모여 2개월의 유예기간을 설정한 미국 상품 불매운동 방침을 결정했고, 아울러 각지에 타전하여 운동에 동참할 것을 호소하였다. 미국의 중국인 이민 제한으로 인하여 실질적인 타격을 입은 광저우에서는 광제의원廣濟醫院 등 선당善堂이 중심이 되어 신상紳商들이 미국의 인종 차별에 항의하며 불매운동을 전개했다. 미국에서 차별을 당하고 있는 이민자들의 참상을 선전하며 '광둥인廣東人'으로서의 동향 정체성에 호소하면서도, '중국'의 단결이라는 구호 아래 민족적 응집이 이루어졌다.

톈진에서는 상인들보다 학계와 언론계가 중심이 되었다. 특히 청말의 대표적인 일간지인 〈대공보大公報〉는 기사 앞에 "본지는 미국 상인의 광고를 싣지 않습니다"라는 표어를 추가하고, 각지의 불매운동 상황을 보도하는 등, 매우 적극적으로 캠페인을 전개하였다. 또한 학생 사회에서도 넓은 공감대가 형성되어, 학생들을 중심으로 미국의 중국인 차별에 항의하며 미국 상품의 사용을 반대하는 보이코트가 격렬하게 이루어졌다.

전국의 13개 성省·시市로 확산된 이 불매운동에는 다양한 사회단체와 계층이 참여하였다. 초기에는 주로 지역별 상회商會를 중심으로 상인들이 운동을 이끌었지만, 점차 학생과 노동자 등 광범위한 계층의 민중이 참여하면서, 운동의 주도권도 이들에게로 넘어갔다. 상인들은 경제적 손실을 피하기 위하여 점차 운동에 소극적으로 변해간 반면, 학생과 노동자, 농민, 수공업자, 여성 등 다양한 사회 계층들이 각지에서 불매운동을 이어갔다. 여성들은 '중국부녀회中國婦女會'를 조직하여 불매운동을 전개했고, 아동들도 '중국동자저제미약회中國童子抵制美約會'를 조직하여 동참했다. 뿐만 아니라 집집마다 대문에 "미국 물건은 사지 않습니다不買美貨"라는 종이를 붙여 불매운동에 참여했다. 전보의 발달로 각지의 소식이 신속하게 전파될 수 있었고, 이렇게 전파된 소식은 신문과 정기 간행물 등의 언론 매체를 통해서 공유되었다. 정보 전달 매체의 발전은 여론의 신속한 결집과 확산을 가능하게 하였으며, 광범위한 지역에서 동시다발적으로 불매운동을 위해서 공동의 보조를 취할 수 있는 환경을 제공하였다. 이러한 사회 분위기 속에서 반년 동안 각지에서 200여 차례의 군중집회가 개최되었다. 1905년 8월 하순부터 열강의 압박을 받은 청조의 불매운동 탄압이 강화되었고, 비슷한 시점에 미국에서도 이민제한법 연장을 취소하면서, 불매운동은 10월 이후로 소강상태에 접어들었다.

100년의 시간과 불매운동의 변질

1905년의 미국 상품 불매운동은 중국에서 전국 단위 불매운동의 효시가 되었고, 이후에도 중국에서는 열강의 침탈 행위에 저항하기 위한 불매운동이 여러 차례 반복되었다. 당시 불매운동의 배경과 진행 상황에서 볼 수 있듯이, 불매운동의 근저에는 제국주의에 대한 민족주의적 저항의 동력이 작동하고 있었다. 타국에서 차별과 억압을 당하고 있는 해외의 '동포'들을 보호한다는 명분을 내세우는 과정에서 '중국인'으로서의 공감대가 널리 확산되었고, 불매운동을 통해서 중국의 민족적 정체성은 한층 더 강화될 수 있었다. 1905년의 미국 상품 불매운동이 근대 중국 내셔널리즘의 형성 과정에서 매우 중요한 분기점이 되는 이유이다.

약 100년이 지난 2017년의 불매운동에서도 일정 부분 유사한 면모를 발견할 수 있다. 중국의 입장에서 보면 사드와 X밴드 레이더의 한국 배치가 중국의 안보에 일정한 위협 요인이 되는 것은 어느 정도 사실이다. 뿐만 아니라, 오바마 정부의 '동아시아로의 회귀Pivot to Asia' 전략, 한·미 및 미·일 동맹체계 강화 등, 동아시아에서의 주도권을 둘러싼 미국과 중국의 경쟁이 한창 진행 중인 상황에서 사드를 한국에 배치하는 것은 중국의 입장에서는 분명한 '위협'으로 간주될 수 있다. 이런 점에서, 외세의 위협에 대응하기 위하여 사회적 차원에서 불매운동을 전개하는 모습은 일견 100년 전의 불매운동과 유사한 측면이 있다.

하지만 조금만 더 자세히 살펴보면, 1905년의 불매운동과 2017년의 불매운동에는 근본적인 차이점이 있다. 20세기 초의 불매운동이 '약자로서의 저항'을 위하여 '아래로부터의 조직화'를 통해 전개된 것이었던 반면, 2017년의 불매운동은 '강자로서의 압박'을 위하여 '위로부터의 조직화'를 통해 실행된 것이다. 1905년에는 제국주의의 침략 아래 국토가 갈래갈래 찢겨나갈('과분瓜分') 위기에 처한 상황에서, 통치력을 상실한 청조를 대신하여 중국인들이 스스로 조직화하여 불매운동이라는 형태로 저항하였다. 하지만 2017년 현재의 불매운동은 일단 그 대상부터가 정작 '위협'을 가하고 있는 당사자가 아니다. 사드의 한국 배치를 미국의 중국 압박으로 인식하고 있으면서도, '저항'의 칼끝은 미국이 아닌 한국에 겨누고 있는 것이다. 경제대국으로 성장한 중국이 상대적으로 약자라고 할 수 있는 한국을 상대로 불매운동이라는 경제적 압박을 가하고 있는 것이다. 아울러, 2017년의 불매운동이 물론 SNS와 인터넷 등을 통하여 중국 국민의 자발적 행동으로 표출되고 있는 측면도 있기는 하지만, 관영 매체의 자극으로 촉발된 측면 또한 강하다. 100년 전과 달리 지금은 중국공산당이라는 강력한 통치 세력이 사회를 장악하고 있으면서, 전략적 목적을 달성하기 위하여 내셔널리즘을 활용하고 있다. 불매운동이라는 외면적 유사성에도 불구하고, 1905년의 불매운동과 2017년의 불매운동 사이에는 100년이라는 시간의 역사적 변화에서 파생된 차이가 엄연히 존재하고 있다. 중국은 더 이상 제국주의의 침략과 국가권력의 붕괴라는 이중고 속에서 신음하고 있는 국가가 아니기 때문이다.

제**2**부

국경의 안과 밖

접경지대, 화교,
그리고 사회문화적 변화와 연속성

제1장
접경지대의 경관과 정치

1 접경의 안정과 일대일로의 미래*

인천대학교 중국학술원은 2018년 11월 초 중국사회과학원의 초청으로 베이징에서 '일대일로' 관련 학술회의를 진행하고 일대일로의 핵심 지역인 신장위구르자치구를 답사했다. 이번 여행을 통해 일대일로의 내용과 범위를 조정하려는 움직임을 확인할 수 있었다.

위기의 일대일로

2013년 처음 제기되어 이제 우리에게도 익숙한 단어가 된 일대일로에서 '일대一帶'는 육상 실크로드를, '일로一路'는 해상 실크로드를

---

* 조형진, 중국학술원 중국·화교문화연구소 웹진 『관행중국』 100호(2018.12)에 실린 글을 수정보완함.

의미한다. 더 세분하면 6개의 경제회랑을 통해 유라시아 전체를 연결하려는 시도이다. 중국은 협력과 공영을 원칙으로 내세우고 유라시아의 공동번영을 약속했지만, 최근 들려오는 소식들은 그리 낙관적이지 않다.

2018년 11월 23일 일대일로의 해외 거점 중 가장 중요한 과다르 항구가 속해 있는 파키스탄의 발루치스탄 지역에서 분리주의자들이 중국 영사관에 폭탄 테러를 감행했다. 파키스탄의 국내 문제와 인도와의 적대관계가 더 깊은 근원으로 얽혀 있지만, 중국에게는 억울하게도 테러단체는 중국의 침탈과 일대일로를 통한 자원 약탈을 공격의 명분으로 내세웠다. 최근 정상회담을 통해 일단은 수습되었지만, 앞서 5월에는 말레이시아가 일대일로 관련 프로젝트들을 전면 재검토하겠다고 공언했었다. 이와 관련하여 서구와 인도의 언론을 중심으로 일대일로 참여국들이 채무국으로 전락하거나 주권이 침해당하고 있다는 보도들이 연달아 나왔다. 일대일로가 차관형식으로 돈을 빌려주거나 건설 이후에 장기간 운영을 통해 수익을 보장받는 BOTBuild Operation Transfer 방식을 위주로 진행되기 때문이다. 우리도 해외의 거대 사모펀드를 통한 인프라 건설로 시끄러웠던 적이 많았기 때문에 일일이 찾아보지 않아도 재정과 금융 상황이 좋지 못한 유라시아의 빈국들은 중국의 거대한 자본에 대해 성장과 종속 사이에서 갈등할 수밖에 없을 것이다.

더구나 미국은 트럼프 대통령을 비롯한 주요 인사들이 일대일로를 '약탈적 투자'라며 직설적으로 비난하기 시작했고, 실제 일대일로에 대응하기 위해 새로운 해외 투자개발 기구를 설립하고 자금을 마련할 계획이다. 일부 상원의원들은 국제통화기금IMF이 앞으로 파키스탄 등에 구제금융을 줄 때, 이 돈이 일대일로 상환금으로 중국에 흘러가지 않도록 일대일로 관련 프로젝트의 중단을 요구해야 한다고 압박하고 있다. 심지어 유럽연합도 적대적이지는 않더라도 향후 경쟁관계가 될 수밖에 없는 '유러피언 웨이European Way'라는 독자적인 유라시아 연결 프로젝트를 추진하기로 했다.

일대일로에 대한 조정: 서쪽에서 동쪽으로?

한국은 그동안 일대일로에 대해 공식적으로 지지 입장을 지속적으로 표명하면서 일대일로를 재정적으로 뒷받침하는 아시아인프라투자은행AIIB에 창립회원으로 참여했다. 그러나 이러한 행보는 일대일로 자체보다는 중국과의 관계를 고려한 측면이 컸다고 할 수 있다. 이제까지의 진행상황을 보면, 일대일로에 한국을 비롯한 동북아가 포함되어 있다고 보기도 어려웠다. 중국 내에서도 한반도와 밀접한 관련이 있는 동쪽의 동북 3성이나 산동성은 일대일로에서 상대적으로 소외되었다. 따라서 일대일로는 개혁·개방 이후 동아시아가 접해 있는 동쪽을 중심으로 경제성장을 해왔던 중국이 낙후된 내륙을 개발하고 서쪽으로 영향력을 확대하려는 '서진西進'이라고 이해되었다.

그러나 이번 답사를 통해 미묘한 변화를 확인할 수 있었다. 정부와 관방 언론의 공식 입장은 여전히 성과에 대한 찬양 일색이지만, 조심스럽게 다음과 같은 발언들을 들을 수 있었다. "성과가 예상을 뛰어넘었지만, 문제도 출현하기 시작했다." 또한 일대일로가 서쪽에 치중했던 경향이 있었으나 최근 한반도를 비롯한 동쪽에 관심을 기울이고 있다는 언급도 있었다. 이제까지는 주로 일대일로는 서진이 아니며 구성원의 유무가 없이 누구나 참여할 수 있다는 원론적인 입장만을 반복해서 들을 수 있었다는 점에서 이전과는 달라진 태도였다.

이는 최근의 변화 조짐들과도 일치한다. 공식적으로 확인되지는 않았지만, 북중 정상회담에서 시진핑 주석이 북한에 일대일로 참여를 제안했다는 보도가 있었고, 북한의 〈로동신문〉이 일대일로에 우호적인 르포 기사를 싣기도 했다. 8월에는 랴오닝성이 일대일로 종합시험구 건설 계획遼寧'一帶一路'綜合試驗區建設總體方案을 통해 동북아와의 협력방안을 제시하고 기존의 6대 경제회랑에는 없었던 '동북아 경제회랑'이라는 용어를 적극적으로 사용하고 있다. 최근에는 정상회담을 통해 형식적이나마 일본의 참여 선언을 이끌어냈다.

이러한 변화와 조정의 움직임은 일대일로 자체의 문제는 물론, 미중 무역갈등과 최근의 한반도 정세가 주요하게 작용한 듯하다. 미국과의 대결이 격화되면서 일본과 한국을 비롯한 동북아 국가들의 지지가 절실해졌고 한반도에 대한 영향력을 잃지 않기 위해서는 일대일로를 통해 북한과의 연결을 적극 추진할 수밖에 없다. 일대일로가 공식 주제였던 이번 답사에서도 중국의 한반도 정세에 대한 비상한 관심을 확인할 수 있었다.

신장위구르자치구: '22개월'의 안정과 일대일로의 미래

공식적으로 해상 실크로드의 핵심지역은 푸젠성이고 신장위구르자치구는 육상 실크로드의 핵심지역이다. 일대일로를 중국의 서부와 중부의 발전으로 연결시키는 데 있어서 신장의 중요성은 두말할 필요가 없다. 신장 또한 최근 미국과 인권단체들이 신장의 인권 상황을 본격적으로 문제 삼기 시작하면서 중국에 부담이 되고 있다. 중국 정부가 100만 명, 심지어 200만 명의 위구르족을 강제수용하고 있다는 보도들도 있었다. 신장의 총인구가 2,500만 명 정도이고 중국 내

위구르족의 인구가 1,000만 명 정도인 점을 고려하면 이러한 수치는 사실 기술적으로도 불가능하다. 유엔의 관련 보고서나 공신력 있는 인권단체들이 확인한 수치도 아니다. 중국으로서는 한때 신장의 안정을 테러방지 차원에서 지지했던 미국과 서구에서 무차별적이고 근거가 부족한 비난을 쏟아내는 것이 억울할 만도 하다. 그러나 이 지역에서 소수민족에 대한 반인권적 조치가 전혀 없다고 믿기는 어렵다. 중국측이 안배한 짧은 일정과 몇 차례의 대화로 정확한 실체를 파악하기는 불가능했지만, 최소한 중국이 신장의 정세에 대해서 자신감을 회복했다는 점은 확인할 수 있었다.

비록 제한된 일정에 따른 것이지만, 신장의 우루무치[烏魯木齊]시와 이닝[伊寧]시는 비교적 평온했다. 철조망으로 사구社區를 나눈 곳이 많았고 건물의 입구마다 보안장비와 인력이 배치되어 있었다. 이 때문에 처음 거리에 나서면 자못 긴장되기도 하지만 어느새 다른 중국 도시들과 별로 다를 바가 없다는 점을 확인할 수 있다. 보안 검사는 거의 요식행위였으며, 배치된 보안 인력은 대부분 동네 주민들이 조끼를 껴입고 있는 수준이라서 실업 구제에 가까워 보일 정도였다. 특히 신장에서 '22개월'이라는 단어를 몇 차례 들을 수 있었다. 22개월 동안 "폭력테러사건이 발생하지 않았다未發生暴力恐怖案件"는 것이다. 확인해보니 신장자치구 주석이 10월에 언급하고 뒤이어 지속적으로 공식 인용되는 내용이었다. 10월에는 '21개월'이었으니 11월에는 '22개월'이 된 것이다.

주요한 답사장소였던 중국과 카자흐스탄의 접경 지역인 호르고스 Khorgos의 국제변경합작중심은 일대일로의 성과가 가장 잘 드러나는 곳이다. 열댓 개의 거대한 면세 상점이 운영 중이며 추가로 계속 건물을 올리고 있다. 카자흐스탄 택시가 직접 들어와 물건을 실어 나르고 상대적으로 솜씨가 좋은 신장 지역의 병원을 이용하기 위해 중앙아시아의 부유층들이 드나들고 있다. 주변 중국마을의 주민들이 면세품을 박스채로 나르고 있었다. 하루 8000위안까지 면세혜택을 주는 이곳에서 물건을 잔뜩 사서 밖에 나가 파는 것이다. 너무 많은 양을 운반하는 주민들은 경찰들이 다가와 확인을 하기도 했지만, 크게 상관하지 않는 모양새였다. 연간 출입경 규모가 중국은 550만, 카자흐스탄은 130만에 이른다고 한다. 중국이 북한에 대해 상상하는 일대일로는 이런 모습이 포함되어 있을 것이다. 최근 북한의 개방에 대한 기대로 들끓는 한국에서 온 학자들에게 이곳을 보여준 의도도 분명하다.

이러한 변화가 일대일로의 근본적인 조정인지, 아니면 현재의 급박한 상황에 따른 일시적인 미봉책인지는 아직 확실하지 않다. 일대일로에 대한 적극적인 참여가 우리에게 북한의 개방과 한반도의 평화 같은 국익의 증진을 가져올지, 아니면 중국에 대한 종속을 높이고 미중 간의 다툼에 쓸데없이 연루되는 위험성만 높일지도 쉽게 판단하기 어렵다. 하지만 최근의 변화를 보면, 북한을 통해 간접적이든, 아니면 좀 더 직접적이든 일대일로가 조만간 우리에게도 본격적인 현실이 될 것이 확실하다.

② '코로나19 시대' 중 - 베 국경경관 borderscapes *

중·베 수교 70주년, 육지국경협약 체결 20주년, 육지 국경에 관한 3개의 법리 문서 전개 10주년

2020년 8월 23일 중국 광시좡족자치구廣西壯族自治區의 둥싱東興과 베트남 꽝닝성tinh Quảng Ninh의 몽까이Móng Cái를 잇는 박루언2교Cầu Bắc luân II(중국명 베이룬강 2교北侖河二橋)에서는 중국의 왕이王毅 국무위원 겸 외교부장과 베트남의 부총리 겸 외교부 장관 팜빙밍Phạm Bình Minh이 이끄는 양국의 정부 대표단이 참석한 "베트남과 중국의 육지 국경 협약 체결 20주년과 육지 국경에 관한 3개의 법리 pháp lý(法理) 문서 전개triển khai(展開) 10주년 기념식"이 열렸다. '코로나 19'의 전 세계적 대유행 사태로 인해 '거리 두기'가 일상이 되고 각국의 국경이 봉쇄되어 여전히 빗장이 풀리지 않고 있으며, '미 - 중 무역분쟁'이 아시아 각국에까지 영향을 주고 있는 상황에서, 중 - 베 양의 주요 지도자와 정부 대표단이 국경에 한데 모였다는 사실만으로도 '기념식'이 남다른 정치적 중요성과 의미를 지니고 있음을 미루어 짐작하게 했다.

2020년 중국과 베트남은 수교 70년을 맞이했다. 중화인민공화국은 베트남 민주공화국(북베트남)이 프랑스에 맞서 전투를 치르고 있던 1950년 1월 18일, 사회주의 국가 중 가장 먼저 북베트남을 합법적인 정부로 인정하였다. "호찌민 - 마오쩌둥"으로 상징되는 사회주의적 우애와 동맹의 역사는 오늘날까지도 사회주의 혁명과 국가건설 과정

---

* 심주형, 중국학술원 중국·화교문화연구소 웹진 『관행중국』 120호(2020.09)에 실린 글을 수정보완함.

에서 양국의 당 - 국가가 공유했던 특별한 관계에 대한 정치적 기표로 작동하고 있다. 그러나 70년의 수교사에도 불구하고 '남중국해(베트남명은 동해) 영유권' 문제를 둘러싼 양국간의 정치적 긴장과 '미·중 갈등' 그리고 '코로나19'의 확산세 속에서 양국 사이에 외교적 관례에 따른 일반적 기념행사 이외 특별한 정치적 의미를 담은 행사는 없었다.

'남중국해 문제(동해 문제)' 등 중·베 사이의 '국경문제'는 매우 복잡하고 민감한 역사가 뒤엉켜 있다. 1958년 북베트남이 중국 측에 19세기 말 프랑스와 청淸 사이에 처음으로 양국 간의 국경에 관해 체결되었던 협정을 존중하자고 제안하였고, 중국이 이에 동의하였던 것이 최초의 국경 관련 협의였다. 당시 냉전질서에서 양국 간 국경문제는 "사회주의적 국제주의"에 따른 이념적 동일성과 정치적 동맹 관계에 기반하여 큰 문제가 되지 않았고 분단 상황에 놓인 북베트남 입장에서도 중국의 지원이 절실했기 때문에 특별한 문제를 제기할 여력이 없었다.

그러나 베트남전쟁이 확전되던 60년대 중·소 관계가 급격히 악화하던 중 베트남의 친소 경향이 강화되어가던 상황에서, 1972년 미국 대통령 닉슨의 중국방문은 그 자체로 양국관계에 큰 균열을 만들었다. 그리고 1973년 '파리평화협정' 체결 후 베트남전쟁의 종전이 예견되면서 양국관계는 더욱 뒤틀리기 시작하여 전혀 예상치 못했던 상황으로 전화하기 시작했다. 악화일로에 접어들던 양국관계는 급기야 베트남의 캄보디아 침공과 양국 간 국경문제를 빌미로 1979년 초 중국인민해방군이 베트남을 공격하면서 전쟁이 발발하는 상황까지 치닫고 말았다. 1991년 국교 정상화에 이를 때까지, 양국을 가르는 1,450여 km에 이르는 육지 국경지역은 포연이 자욱한 첨예한 군사적 대치의 공간이 되고 말았다.

양국이 국교를 정상화하면서 국경 통행 재개와 무역 등의 업무에 관한 임시적인 합의를 하였으나 정작 국경을 획정하는 문제에 관한 협의는 그 후로도 지지부진하였다. 특히 '남중국해(동해) 문제'에 대한 해상 국경문제는 상호 한 치도 양보하지 않는 걸림돌이 되었다. 양국 간 국경 담판이 공전을 거듭하며 지지부진하던 중, 새로운 세기가 시작되기 바로 직전인 1999년 12월 30일, 중국과 베트남은 전격적으로 해상을 제외한 육지 국경 획정협약에 서명하고 양국관계의 새 시대가 시작되었음을 선언하였다. 그리고 이 협약은 2000년 중국과 베트남의 국회에서 통과되었다.

육지 국경 획정협약에 따른 국경선 획정과 경계석 설치 작업은, 무엇보다 베트남 내에서 커다란 논란을 불러일으켰다. "중국에 영토를 빼앗겼다"라는 주장이 터져 나왔고, 베트남 공산당에 대한 민족주의적 비판이 급속히 증폭되었다. 2008년 12월 31일 중국과 베트남이 국경 경계석 설치 완료를 선언했을 때도, 베트남이 국경선 획정에 논란이 있었던 대부분의 지역을 중국에 넘겨줬다는 비판은 잦아들지 않았다. 이러한 여론의 비판에 대한 정치적 부담에서 벗어나기 위해, 다시 양국이 담판을 벌여 국경선 획정 기준들과 관리업무, 국경관문 운영에 관한 제반 사항을 상호 동등한 관계에서 추진할 것을 명시하고 관련 근거를 명시한 것이 2010년에 채택된 이른바 "육지 국경에 관한 3개의 법리pháp lý(法理) 문서"이다.

이 법리 문서들은 육지 국경선에 대한 명확한 규정과 경계석 설치를 명시한 문서, 국경 관리 및 행정업무 규정에 대한 문서, 국경관문들과 관리에 관한 규정을 명시한 문서로 구성되어 있다. 이 문서들은 중국과 베트남 양국 간 협의를 통해 만들어졌으나, 오늘날 베트남은 여기에 국제법과 국제적 통례에 부합하는 합의 문서라는 가치를 부여하고 국경문제를 두고 중국과 협상이 필요할 시에 합의 이행을 촉구하는 주요한 정치적 근거로 활용하고 있다. 중국의 일방적인 국경 봉쇄 통보와 관세 및 국경관문 운영규정 변경 통보 등이 빈번하게 발생하는 상황에서 베트남 정부가 기회가 있을 때마다 '3개의 법리 문서'의 존재와 합의의 역사 그리고 "국제법과 국제적 통례"를 강조하는 것은 국경을 사이에 두고 펼쳐진 "비대칭적 정치구조"에서 중국의 "정치적 관행"에 맞서는 전략적 시도이다. 실제로 몽까이 - 둥싱 국경지역에서 개최되었던 '기념식' 행사장에서, 중국은 행사 공식 명칭으로 "국경 측량조사, 경계비 설치 10주년"만을 사용했지만, 베트남은 "3개의 법리 문서 전개 10주년"을 함께 명시했던 것은 오늘날 국경과 관련된 제반 정치에서 양국의 견해와 이해관계의 차이뿐만 아니라 국경지역에서 작동하는 정치적 힘의 비대칭성과 여전한 경합 양상을 보여주는 것이었다.

'코로나 19'를 넘어선 '국경'의 정치

'코로나 19 팬데믹 상황'의 엄중함 속에서도 개최되었던 "육지국경협약 20주년 기념식"은 무엇보다 중국 정부가 본격적으로 미국에 대응하는 외교전의 서막을 열었다는 의미를 지닌다. 또한 중국이 '코로나 19' 대유행에 대한 전 세계적 책임론과 '홍콩 보안법' 등에 대한 비판여론으로 국제사회에서 고립되어가던 수세적 상황에서 벗어나 국제질서에서 주요한 영향력을 행사하는 국가임을 부각하는 장이었다. 베트남과의 '기념식' 행사 참석 직전 왕이 외교부장은 '일대일로' 사업계획의 주요 파트너인 인도네시아와 파키스탄의 외교부 장관을 초청해 중국이 영유권을 주장하고 있는 남중국해의 전초기지인 하이난다오海南島에서 회담했다. 이 회담을 통해 중국은 아시아지역에서 정치·경제적 위상을 재확인하며 '코로나 19'시대에 더욱 커진 '일대일로 사업'에 대한 회의론을 불식시키고 지속적인 사업 추진 의지를 재천명했다.

중국 정부가 2020년 7월 말 이후, '코로나 19'의 전국적 재확산으로 인해 강력한 사회적 격리와 방역정책을 실시하고 있던 베트남과 함께 '기념식'을 강행한 것은 그 자체로 매우 예외적인 정치적 사건이었다. 동남아시아 국가들을 대상으로 한 미국과 중국의 지정학적 경합과 '신냉전체제'에 준하는 편 가르기가 공공연하게 펼쳐지는 상황에서 중·베 관계는 '남중국해 문제'로 인해 빈번한 충돌로 인해 긴장 상태를 유지해 왔고, 이에 따라 '베트남의 선택'에 대한 유동성과 불확실성이 커지고 있다는 해석들이 지속적으로 제기되어 왔다. 베트남 내 여론도 양국관계와 '일대일로' 사업 참여 등에 대한 회의적이며 부정적인 시각이 확산하던 상황이었다. 이러한 베트남이 2020년 '동남아국가연합ASEAN'의 의장국으로서 역할을 맡게 되었고, 중국의 대 동남아시아 관계가 베트남과의 양자 관계에 영향을 받을 수도 있다는 관점들이 제기되었다. 이러한 측면들을 고려할 때, 왕이 외교부장이 베트남과의 '기념식' 행사를 강행하고 인도네시아 등과 외교전에 나선 것은 중국이 직접 베트남과 동남아시아 국가들에 '미·중 갈등' 상황에서 어느 편에 설 것인지를 묻는 정치적 메시지를 담고 있는 것으로 볼 수 있다.

'기념식' 행사에서 왕이 외교부장과 중국 대표단은 육로 국경을 넘어 '호아저씨 기념관Nhà Lưu niệm Bác Hồ(호찌민 기념관)'을 탐방하는 것으로 베트남과의 전통적 사회주의 동맹 관계를 재확인하였다. 또한 지난 2001년 중·베 국경협정에 따라 처음으로 세워졌던 국경 경계석 양쪽 면에 각각 새겨진 자국의 국호를 직접 붓으로 덧칠하며 양국이 상호존중 관계이자 하나로 연결되어 있음을 강조하고, 중국이 '전면적 전략 협력 파트너'로서 베트남과 지속적으로 협력해 나갈 것을 역설했다. '기념식' 행사 참석을 통해 공식적인 국제 외교 행보에 나선 왕이 외교부장은 다음 날인 24일에는 중국의 "동유럽 진출 교두보"인 헝가리 외교부 장관과 베이하이北海에서 회담했고, 이후 곧바로 유럽 5개국 순방에 나서며 미국의 중국 고립정책에 맞서 정치·경제적 입지와 영향력을 확대하려는 광폭 외교 행보를 이어나갔다.

한편 베트남 정부는 '기념식' 행사에 경제관련 부처 대표단이 대거 참가하며 이날 행사가 단순히 외교적인 의미를 지닌 '의례'가 아니라 나름의 정치·경제적 이해관계가 결부된 것이었음을 분명하게 드러냈다. '코로나 19' 확산세가 멈추지 않아 전 세계 경제위기와 역성장 가능성이 현실화 되고 있는 상황임에도 강력한 격리/방역 정책의 성과를 통해 아시아 국가들 중 최대인 국민총생산GDP 성장률(2.7%) 달성이 예측되고 있는(IMF, April 2020) 베트남은 최대 무역 상대국이자 제2의 수출국(2019년 통계 기준)인 중국과의 무역 총액 중 "25-30%를 차지하는 국경무역"(Bộ Công Thương, 2020)을 안정적으로 유지하는 것이 매우 중요한 현안이었다. 베트남은 중국 내 '코로나 19'가 심각하게 확산하고 있던 시기에도, 바이러스 확산을 우려하여 중국과의 국경을 완전히 봉쇄한 러시아와 북한 등 주변 국가들과는 달리 국내의 방역 우려에도 불구하고 육로 국경무역을 지속하려는 정치적 노력을 기울여왔다. 그런데도 베트남 언론 보도에 따르면(VTV, 2020년 8월 28일), 지난 8개월 동안 대표적인 중·베 국경관문이자 국경경제지구가 위치한 랑선성(tỉnh Lạng Sơn)의 수출입 금액은 2019년에 비해

39% 감소하였고, 이 중 수출액은 50% 수입액은 24% 감소하였다. 사실상 베트남 측면에서 보면, 중국과의 국경무역은 대중 무역적자를 상쇄시키는 데 큰 역할을 해왔다. 또한 국경무역을 통한 주요 수출품목이 농산품이기에 특히 베트남 전체 인구의 약 2/3에 이르는 (2018년 기준) 농민 경제에 큰 영향을 미칠 수밖에 없다는 부담감이 있다. 따라서 국경무역에 대한 중국 측의 적극적인 협력 의지를 확인하는 것은 증대하는 불확실성 속에서 베트남 경제의 지속적 발전을 이룰 수 있느냐는 질문의 향배를 결정하는 중요한 의미를 지니고 있었다.

'코로나19' 시대의 중·베 국경 경관의 변화: '물류' 중심의 가속화?

정치적 부담에도 불구하고 20여 년 전 베트남 당-국가가 중·베 육지 국경 획정에 관한 협약을 추진한 주요한 정치적 명분 중의 하나는, 1979년 전쟁 이후 서로 자유롭게 왕래할 수 없었던 국경민들의 고통을 경감하고 "국경경제지구" 등 개발 계획을 통해 낙후된 국경 지방을 발전시키겠다는 것이었다. 중국 또한 베트남을 통한 동남아 지역으로의 진출과 더불어 국경을 면한 윈난성雲南省과 광시좡족자치구의 발전을 도모하며 변경민들의 삶을 향상시키겠다는 구상을 세우고 있었다. 실제로 양국 정부는 국경지역 거주민들이 국경무역과 협력사업에 직접 참여하는 기회를 제공하는 방편으로, 통행증을 발급하고 국제급 국경관문이 아닌 양국 간의 국경관문(정/부급)을 통한 손쉬운 월경越境과 왕래를 보장해 왔다.

그러나 '코로나 19'의 상황은 무엇보다 먼저 사람들의 이동을 제한하는 상황을 만들었고, 그로 인해 상대적으로 안정적인 국제급 혹은 몇몇 정급 국경을 제외하고 대부분의 부급 국경관문들이 폐쇄되거나 그 기능을 상실하게 되었다. '코로나 19' 이전 시기에 양국 국경민들은 면세 범위에 대한 특권적 지위를 지니고 있었기에(중국은 8,000위안 - 한화 약 138만원, 베트남은 2,000,000동 - 한화 약 10만 2천원) 월경越境 활동은 그 자체로 그들의 생계유지에 결정적인 수단이었다. 그러한 국경민의 삶이 더 이상 지속 불가능한 조건에 빠지자, 국경지역의 이른바 "사잇길đường mòn" 혹은 "뚫린길lối mở"을 통한 밀입국과 밀무역이 양국의 국경지역에서 기승을 부리게 되었다.

베트남에서 '코로나 19'가 재확산되었던 2020년 7월 말 이후, 중·베 국경지역은 밀입국/무단월경자들에 의한 "바이러스 확산"이 우려되는 '위험지구'로 다시 호명되기 시작했다. 국경지역에 대한 관리와 방역 정책과 위생화 담론이 강하게 작동하는 한편에서, 중·베 국경 관문에 통관을 대기하며 늘어선 컨테이너 화물차들의 행렬들만이 국경 경관을 채우게 되었다. 이렇게 사람들 - 국경민들의 일상적 '월경'이 비가시적인 경관이 되고 '물류의 흐름'만이 국경을 넘나드는 경관이 되어가면서, 국경에 가로막히고 국가적으로 주변화된 채 고립된 생활을 하는 국경민들의 삶의 흔적들은 다시 희미해져가고 있다.

2020년 중국 남부지역에서 지속되었던 기록적인 홍수로 인해 발생한 피해복구 사업과 더불어 심각한 식량부족 문제에 관한 우려가 터져 나오고 있다. 국경에서 진행되었던 '기념식'에 참석한 중국 측 대표단의 대부분이 윈난성과 광시좡족자치구 정부 지도자들이었다는 사실은 중국측도 베트남과의 국경 협력에 대한 기대와 협력 가능성을 모색하고 있음을 시사한다. 베트남 입장에서 중국은 농수산물 수출 대상국이며 육지 국경관문들과 국경경제지구는 주요한 무역 통로

이다. 따라서 국경무역을 통한 농수산물 교역에 관해 양국의 이해관계가 상호 일치하여, '코로나 19' 상황에서 침체된 중·베 국경무역이 다시 활기를 되찾을 수도 있을 것이다. 그러나 '코로나 19' 상황으로 인해 가로막힌 사람들–특히 국경민들의 '월경'과 왕래는 앞으로도 한동안 어려울 가능성이 크고 예전과는 다른 절차들과 방식으로 진행될 가능성이 있다. '코로나 19'라는 예외적 상황이 지속되는 상황에서 실행된 양국의 국경 관리방식들이 10여 년 전 합의했던 국경 관련 "법리"들의 기능과 역할을 근본적으로 대체해 나갈지도 모른다. 이러한 새로운 국경경관 형성과정에서 가장 우려스러운 점은, 국경지역과 국경민에 대한 양국 당–국가의 관심과 배려가 단순히 '국가경제 논리'에 침식되어 그 흔적을 찾기 어렵게 될 수도 있다는 문제일 것이다.

3 청명절과 '소묘掃墓의 정치'*

"잠든 뿌리를 봄비로 깨운다"[1]

'코로나 재유행'에 대한 공포가 또 다른 봄날의 일상마저 잠식하던 2021년 4월 4일은 부활절이자 24절기[2]의 하나인 청명절이었다. 주지하는 바와 같이, 부활절은 서구 기독교적 신앙의 세계관에 따른 '율법(신약)의 절기'이고, 청명절은 중국 주周나라 때 태양의 운행에 따른 기후변화를 기준으로 태양년太陽年을 24등분 했던 것이 동아시아 지역으로 확산해 정착된 '역법曆法의 절기' 중 하나이다. 서로 기원과 의미의 차이가 커 보이지만, '봄의 절기'라는 공통성 속에서 어쩌면 '고난'과 '혹독'한 시기를 이겨내고 '새 생명'과 '좋은 날'을 축원하는 사람들의 마음은 맞닿아 있지 않았을까 하는 상상을 해보게 한다.

농경사회를 위한 '역법의 절기'로서 청명절이 현대화된 사회에서 급격한 의미변화를 겪어 온 것은 분명하다. 그러나 청명절이 중국, 한반도, 일본과 베트남 등에 걸쳐 '동아시아의 봄'을 상징하는 중요한 절기로서 역사·문화적 의미를 지닌 것은 여전한 사실이다. '24절기' 체계 안의 다른 절기들이 동아시아 국가들의 지역적 시차로 인해 생활방식의 차이와 상이한 감각의 틈을 메꾸기 어렵게 하는 현실적인 문제가 두드러지는 반면, 청명절은 '봄'의 공감각을 일깨우고 의례와

---

* 심주형, 중국학술원 중국·화교문화연구소 웹진 『관행중국』 128호(2021.05)에 실린 글을 수정보완함.

1 T.S. 엘리엇, 1922, "황무지The Wasteland" 중에서.

2 중국 고대 주나라 때 화베이華北지방의 기후변화에 기초하여 만들어지고, 주로 농력農曆으로 활용되었다고 알려진다. 지역 간 기후의 차이와 오늘날 사회변화의 영향으로 베트남에서는 주로 북부지역에서 의례적 전통의 주기로 활용된다.

노동의 동아시아적 시간들이 교차하는 절기로서 독특한 의미를 지닐수 있었다. "오동나무의 꽃이 피기 시작"하고, "들쥐가 사라지고 종달새가 나타나"며 "무지개가 처음으로 보인다"는[3] 청명은 동아시아 농경사회의 문화적 전통을 구성해 왔던, 자연의 환대와 풍요의 기대가 조우하는 절기로서 의미가 있었던 것이다.

이러한 청명절은 2008년부터 중국 정부가 3일간 법정 공휴일로 지정하면서, 단순한 고대 '역법체계'의 흔적이 아닌 현대성의 시간으로 자리매김 되었다.[4] 더 나아가 중국은 2016년 유네스코 인류무형문화유산으로 "태양의 연주운동을 관측해 발전된 시간과 실천에 관한 중국의 지식체계로서 24절기"를 등재하여 청명절을 고유한 절기이자 휴일로 위치 지웠다. 비록 역사적 기원과 사료들을 내세울 수 있다 할지라도, 수 세기 동안 동아시아의 여러 국가에서 사용되고 변용되며 발전해 온 '지식체계'를 중국이 독점적 문화유산으로 등재한 것은 중국의 '문화굴기文化崛起'에 대한 우려를 불러일으키기에 충분했다. "시간과 실천에 관한" 지식체계는 삶과 생에 관한 직접적인 지식체계이기에 단순한 문화유산 등재 이상의 의미로 해석될 여지가 있기 때문이다. 바로 앞선 2015년 유네스코 총회에서 한국과 베트남, 캄보디아, 필리핀이 아시아에 널리 퍼진 농경문화 전통이자 공동체적 실천이었던 '줄다리기'를 다국적 무형문화유산으로 공동 등재하며 역사·문화에 대한 상호존중과 공통성에 관한 이해의 증진을 도모했던 사례가 있었다. '줄다리기'와는 내용적 차이가 있다고 할 수도 있겠지만, 특별히 '무형문화유산'의 경우에는 긴급한 보존과 보호를 위한

---

3 한국민속대백과사전, https://folkency.nfm.go.kr/kr/topic/detail/5014
4 북한도 2012년부터 청명절을 공휴일로 지정한 것으로 알려진다.

조치가 시급한 경우가 아니라면 인류의 역사·문화가 그 자체로 지닌 다양성과 공통성을 포괄하고자 시도하는 '열린 문화유산 정치'의 가능성에 관한 새로운 관점과 고민이 필요해 보인다.

청명절과 '소묘掃墓(Tảo Mộ)'의 정치

베트남은 '24 절기'에 따른 시간과 실천의 지식체계 전통을 공유하는 다른 동아시아 국가들과 달리 북회귀선 아래에 지리적으로 위치하고 남·북으로 약 1,700km에 이르는 길게 뻗은 지형이라는 특징이 있다. 그에 따라 '24절기'는 대체로 상징적인 '의례의 역법'의 주기로 활용되어 왔을 뿐 직접적으로 농경생활과 노동에 적용하기는 쉽지 않은 것이었다. 오늘날 베트남에서 청명절은 중국처럼 법정 공휴일은 아니지만 절기의 원리에 따라 다음 절기인 '곡우穀雨' 이전까지 약 보름간 지속되는 시간성을 지니고 있다. 특히, 베트남 랑선성 등 중국과 인접한 국경지역과 홍강 델타주변의 북부지역민들, 그 중 따이Tày족과 눙Nùng족 - 중국의 쫭족壯族에 속하는 소수민족 - 에게 청명절은 매우 중요한 명절이다.

중국과 베트남 그리고 다른 국가에서 청명절의 문화, 의례적 전통은 오랜 역사와 기후적 특성, 그리고 각각의 지역과 민족에 따라 매우 다양한 형태로 존재한다. 그러나 만약 청명절을 동아시아 국가들에서 실천되는 특징적이며 공통된 의례를 통해 정의해 본다면, 조상과 가족의 무덤을 직접 찾아가 돌보며 제사 지내는 '소묘掃墓(Tảo Mộ)' 의례를 들 수 있다. 한 해 동안 무덤이나 묘지를 찾거나 돌보지 못한 경우에도 이 청명절만큼은 모든 가족 구성원이 함께 모여 '소묘'하고 조상의 은덕을 기리며 새로운 한 해의 건강과 풍요를 기원하며 준비한 음식을 나누는 의례를 통해 상호 가족 정체성을 재확인한다. 일반적으로 이러한 의례를 '유교적'인 것으로 설명하는 관점도 있지만, 그것을 동아시아적 보편성으로 설명하는 데는 무리가 있다. 베트남과 중국의 소수민족이 행하는 청명절 의례는 유교적이라기 보다는 도교적이며 자연이 제공한 생기와 환대에 고마움을 표하고 "흙으로 되돌아간" 혹은 "대지에 뿌리내린" 조상들의 영혼을 통해 대자연과 소통하는 봄맞이 축제에 가깝기 때문이다.

청명절 소묘의례는 자연과 인간, 가족과 지역공동체 간의 친밀한 관계를 구성하는 효과를 냈던 것이 분명하지만, 예상치 못하게 베트남과 중국 간의 미묘한 정치적 문제로 전화되었던 역사 또한 지니고 있다. 베트남이 독립하고 북베트남 지역에 사회주의 정부가 들어선 이후, 북베트남과 중국은 1950년대 말 육지국경문제에 관한 상호 논의와 협상을 시작하였다.[5] 이 국경문제 협상에서 국경지역에서 행해지는 묘지 매장과 월경문제는 양국의 공동관심사가 되었다. 국경지역의 주요 거주민들이 소수민족이며, 화전을 일구거나 유랑하는 삶의 형식을 지니고 있다는 점도 토지와 임야 그리고 인구 통제와 관리에 대한 현실적 어려움과 정치적 민감성을 증대시켰다.

전쟁은 죽음에 대한 새로운 관리방식을 제도화하고, 죽은 자와 살아있는 자의 관계, 살아있는 자들 사이의 관계를 뒤틀어 놓는다. 1940년대 후반 베트남과 중국의 국경지역에서 프랑스군에 맞서거나 국민당 군에 맞서 전투를 치르면서, 국경지역에 크고 작은 전사자

---

5 심주형, 2020, "'순망치한(脣亡齒寒; Môi Hở Răng Lạnh)'과 비대칭성의 구조 – 베트남·중국 관계와 국경의 역사경관(historyscapes)", 『중앙사론』 52: 447-499 참조.

묘지가 조성되기 시작했다. 1965년 이후 베트남전이 확전되자 중국은 30여만 명의 군대를 베트남에 파병하게 되었고, 그중 약 1000여명이 전사하고 4000여 명이 부상하는 인명피해를 입었다. 공식 참전이 아니었고, 상당수 인명피해는 전투가 치열하게 펼쳐지고 북베트남에 대한 미군의 폭격작전이 끊임없이 펼쳐지던 1968년까지 발생했는데, 중국군 전사자들의 유해는 본국으로 이송되지 않고 대부분 북베트남 지역에 묻히게 되었다.

1975년 마침내 전쟁은 끝났지만, 그사이 베트남과 중국의 관계는 급속하게 악화하였고 설상가상으로 1979년 2월 중국인민해방군이 베트남 북부국경으로 밀려들어 오면서 양국 간 전쟁이 발발하고 말았다. 1979년 전쟁은 한 달여 기간 동안 베트남 북부국경 지역 전역에서 벌어졌고, 중국인민해방군은 베트남 북부의 국경 거점도시인 랑선을 점령한 후 철수하였다. 베트남은 또 다른 전승을 자축하였지만, 예상하기 힘들었던 두 사회주의 국가 간의 전쟁은 베트남의 북부 국경지역을 폐허로 만들고 수많은 인명피해를 낳고 말았다.

'1979년 전쟁'은 베트남의 독립투쟁과 '항미전쟁'의 동지들이자 열사들이었던 중국군 희생자들을 공식 역사와 기억에서 지우고 묘지를 파괴하거나 방치하게 하는 후폭풍을 불러일으켰다. 그 결과 1991년 양국 간 국교가 다시 정상화되기 전까지 한때 중국군 '열사묘지'였던 곳들은 사실상 '적군묘지'로 전락하고 말았다. 양국관계가 정상화되고 베트남도 전국적으로 '열사묘지'를 정비하는 작업에 나서면서, 중국군 전사자 묘지들도 재정비되기 시작했다. 그러나 대부분의 묘지가 '1979년 전쟁'의 기억이 여전히 선연한 랑선성 등 베트남 북부지역에 집중되어 있기에 묘지는 대부분 문을 걸어 잠그고 외부인의 출입을 제한적으로 허용하거나 외부에서 중국군 묘지임을 알 수 있는 표지들을 제거하는 형태로 유지 관리되어 왔다.

이러한 중국군 희생자 묘지가 다시 베트남에서 주목을 받기 시작한 것은 양국 간 육지국경선이 확정되고 양 국민의 월경이 더욱 손쉬워진 후, 중국에서 청명절이 공휴일로 지정되면서 '소묘'와 참배를 위한 단체 방문객들이 베트남 북부지역을 찾기 시작하면서부터였다. 베트남 북부 지역민들도 청명절을 지키는 전통을 지니고 있기에 어렵지 않게 받아들일 수 있었던 문화적 전통은 2000년대 후반 이후 빈번해진 남중국해(동해) 해양 영유권 문제로 인한 충돌과 갈등 상황에서 다시금 험악한 여론에 직면해야 했다. 일부 베트남인들은 중국 대사관이 청명절 '소묘'를 구실로 '1979년 전쟁'에 참전했던 이들까지 베트남으로 다시 불러와 참배하게 하고, 자신들의 '배반'과 '만행'의 역사를 지우려고 시도하고 있다고 주장했다. 베트남 당-국가가 과거 '남베트남' 정부의 군인으로 참전해 전사했지만 '같은 민족'인 이들의 묘지는 폐허로 방치하면서도, '1979년 전쟁'을 치른 중국군 희생자 묘역에 대해서는 저자세로 '특별관리'와 '예외'를 인정하고 있다며 '반민족주의적'인 혐의를 제기하는 이들도 등장했다. 베트남과 중국이 '1979년 전쟁'의 과거사를 청산하고 화해하려는 노력을 회피해 왔기에, 매년 청명절이면 '소묘' 방문객과 추모 행사 등을 두고 국경지역에는 새로운 긴장감이 흐른다.

중국의 마오쩌둥은 '국제주의적 임무'에 따라 참전을 독려했고, 랑선에서 직선거리로만 1,200여 km 떨어진 장시성 난창시의 청년들은 랑선에서 '미제국주의자들과 그 주구들'에 맞서 전투를 치르다 사망해 '동지의 나라'에 묻히게 되었다. 역설적이지만, 그들이 묻힌 곳을 '이국의 땅'으로 만들어 버린 것은 '국제주의적 임무'와는 거리가 있었던 '1979년 전쟁'의 결과이자 유산이었다. 그리고 베트남과 중국이

다시 함께 청명절 '소묘'와 '제사'를 지내게 될 때, 이 안타까운 뒤틀림의 역사도 비로소 다시 풀려가지 않을까 하는 생각을 해본다.

청명절이 끝나갈 즈음엔 "무지개가 처음으로 보인다"고 하지 않았던가.

④ 신장위구르자치구의 줄 맞춘 칫솔과 인식의 차이*

　바이든 후보가 트럼프 대통령을 누르고 미국의 차기 대통령으로 당선되었음에도 불구하고 미국과 중국 간의 반목은 지속될 것이라는 전망이 우세하다. 중국의 국력이 미국을 바짝 따라붙고 있기 때문에 패권국과 도전국의 충돌은 필연적이라는 것이다. 이와 더불어 트럼프 행정부가 누차 강조했듯이 가치의 측면에서도 양국은 결코 화해할 수 없는 현격한 차이를 갖고 있는지 모른다. 물론 그동안은 왜 가치와 인식의 차이가 도드라지지 않았느냐는 반론이 가능하다. 트럼프 행정부의 표현대로 중국이 변할 것이라는 희망을 가지고 있던 미국이 이제는 지쳐서 실망했을 수도 있다. 그보다는 중국의 가치와 인식을 미국이 견제해야 할 만큼 중국의 힘이 커졌다고 보는 것이 더 정확할 것이다.

　중국의 가치와 인식은 정말 미국과 다를까? 뜬금없지만, 2019년 10월에 신장위구르자치구에서 찍은 몇 장의 칫솔 사진은 이 문제를 상기시킨다. 칫솔 사진이 찍힌 장소는 신장 지역에서도 제일 궁벽한 곳에 위치한 허톈和田의 신장 위구르인들을 대상으로 설립된 직업기능교육훈련센터職業技能教育培訓中心였다.

　관계자의 설명에 따르면, 이 센터는 테러활동 참여자, 범죄까지는 아니지만 문제를 일으켜 교육을 받는 자, 수감 이후에 극단적 사상을 가지게 된 자 등에 대하여 사상교육, 기능교육, 언어교육을 시키는 곳이다. 사상, 법치, 중국어부터 춤, 악기, 미용, 네일아트까지 다양한

---

* 조형진, 중국학술원 중국·화교문화연구소 웹진 『관행중국』 123호(2020.12)에 실린 글을 수정보완함.

커리큘럼을 가지고 있다. 관계자들은 서구 언론이 이 같은 교육시설까지 소위 '수용소'라고 부른다고 항변했다. 기숙사를 제공하고 정기적으로 집에 돌아갈 수도 있고 매우 자유롭게 취업 준비를 도와주는데 이런 곳을 어떻게 수용소라고 할 수 있느냐는 것이다.

그러나 심하게 '민주화' 또는 '서구화'된 한국인으로서는 들어서자마자 무언가 묘한 느낌을 받을 수밖에 없었다. 아마도 한국 사람들 대부분은 사진들을 보면서 명확하게 설명할 수는 없을지라도 약간의 위화감을 느낄 것이다. 기숙사 방 안을 살펴보고 나서 확증을 할 수 있었는데, 정확하게 '오와 열'을 맞춘 칫솔 때문이었다. 너무 완벽한 청결 상태, 통일적으로 정리된 침구류, 복장은 물론 화장까지 제대로 한 교사들이야 외국에서 손님이 오거나 높은 사람이 방문하면 그럴 수 있다고 치자. 그러나 각도까지 맞추어 정렬된 칫솔은 너무 강렬했다. 그러나 센터의 간부들은 진심을 몰라주는 외부인들에 대한 약간의 원망이 섞여 있었지만, 자신감과 확신을 가지고서 열심히 시설의 우수성과 의도의 순수성을 설명했다. 허텐 당국이 최근 외부에서 손님이 올 때마다 이 직업학교를 참관시킨다는 언급에서 이들에게 결코 거짓이 없다는 점을 확인할 수 있었다.

줄 맞추어 반듯한 외양이 '서구식 민주주의'에 속한 사람들에게 오히려 위화감을 조성하고 부자유와 억압을 추측케 할 수 있다는 점을 이들은 전혀 모르는 듯했다. 군 경험이 있거나 나이가 좀 있는 한국인이라면, 각을 통일하고 열을 맞춰야 하는 군대 훈련소를 곱씹거나 교육감이 학교를 방문할 때마다 일렬로 쭈그려 앉아 나무로 된 마룻바닥에 양초로 광을 내던 학창 시절의 추억을 떠올리며, 그럭저럭 이해할 수도 있다. 그러나 '서방' 기자들은 아무런 주저도 하지 않고 이곳을 수용소나 노동캠프라고 쓸 것이다. 중국의 위구르인 탄압에 대한 사실 판단을 유보한다고 하더라도 오와 열을 맞춘 신장의 칫솔들은 중국의 가치와 인식이 미국, 어쩌면 우리까지 포함된 다른 체제의 국가들과 상당한 거리가 있다는 걸 보여주는 듯하다.

⑤ 주변에서 변경으로, 변경에서 전장으로?*

세계체제론의 대표적 학자인 이탈리아 출신 조반니 아리기는 중국을 연구하지 않을 수 없었다. 21세기 들어서 세계의 체제적 변동에 가장 주요한 변수가 된 중국을 연구하지 않고서는 세계를 설명할 수 없었기 때문이다. 이런 이유로 중국에 대해 '문외한'인 이 대학자는 '베이징의 애덤 스미스'라는 화려한 제목의 책을 썼다.

이 책에 흥미로운 개념이 등장한다. 변경frontier과 주변periphery이다. 이는 청나라가 왜 서구 열강처럼 무차별한 제국주의적 팽창을 하지 않았느냐는 의문을 풀어가면서 제시된다. 청나라는 방어해야만 하는 변경邊境을 평화를 회복한 주변周邊으로 만들려고 했으며, 수탈보다는 투자를 통해 변경을 주변화하고 주변을 안보의 완충지대이자 번영의 공간으로 만들려고 했다는 것이다. 변경이 전쟁과 단절의 공간이라면, 주변은 경제와 교류의 공간이다. 변경과 주변의 구분이 타당한지, 현재에도 적용될 수 있는지는 명확하지 않다. 오늘날 중국인들이 변경과 주변을 이렇게 구분해서 쓰는 것도 아니다. 하지만 이 개념들이 작금의 한반도 상황을 간명하게 이해하는 데에는 도움이 될 듯하다.

한반도는 자본주의와 공산주의 진영이 맞붙는 변경이었다. 한국전쟁으로 한반도는 전장戰場이 되었으며, 휴전 이후에는 가장 위험한 변경이 되었다. 비록 우리는 중심을 꿈꾸었지만, 냉전 시기 한국과 북한은 공히 두 세력의 변경으로서 때로는 전쟁의 공포로 인한 고통을, 때로는 각 진영으로부터 변경이 마땅히 받아야 할 혜택을 모두

---

* 조형진, 〈아주경제 차이나〉(2017.3.21.)에 실린 글을 수정보완함.

받았다. 한국과 북한의 집권세력들 또한 자신의 권력을 유지하기 위해 기꺼이 각 진영의 중심에 기대어 '변경'이 되기를 주저하지 않았다. 이 시기 중국에게 대한민국은 변경이었다. 한때 자신들이 피를 흘린 전장이었으며, 미 제국주의의 군대가 주둔하고 있고, 혈맹인 북한과 휴전 상태인 한국이 변경이 아니면 어디가 변경이었겠는가.

개혁·개방은 단절된 변경이 아니라 물건을 사고 팔 수 있고 돈이 돌 수 있는 주변을 필요로 했다. 사실 냉전 시기 중국 또한 미·소 간 냉전 격돌의 변경이었으며, 때로는 스스로 외부와 철저히 단절하여 모두로부터 변경이 되고자 했다. 개혁·개방은 중국이 자신을 탈변경화하고 근접한 국가들을 변경에서 주변으로 전환하는 과정이었다. 중국에게 한국은 번영을 위한 가장 훌륭한 주변 국가가 되어주었다. 우리도 이 과정에서 상당한 이익을 취했다는 점을 부정할 수 없다. 이 시기 오직 북한만이 변경에서 벗어나 주변이 되기보다는 전쟁의 공포를 조장하며 전면적인 변경화를 통해 생존을 추구했다. 핵과 미사일의 고도화는 변경을 더 위협적인 전장의 공간으로 치장하려는 시도라고 볼 수 있다.

문제는 중국이 변경에서 주변을 넘어 이제 중심이 되어가고 있으며, 기존의 중심이었던 미국과 충돌하고 있다는 점에서 발생한다. 중국은 동쪽의 변경화에 대비하면서 주변을 확장하고 있다. 이런 점에서 오래도록 주변보다는 변경에 가까웠던 서쪽을 향한 중국의 일대일로 전략은 동쪽의 변경화에 대비한 서쪽 변경의 주변화를 시도하는 것이라고 볼 수 있다. 미국 또한 새로운 중심으로 떠오르는 중국과의 접점 지역을 변경화하고 있다. 불행히도 우리는 다시 중심의 교차점에 서게 되었다. 중심이 되려던 열망의 실현은커녕 탈냉전기 불완전하나마 평화를 유지시켜주고 번영을 보장했던 주변의 지위에서 다시 변경이 될지도 모를 상황에 직면한 셈이다.

　사드 배치를 둘러싼 갈등은 우리가 거대한 강대국들의 주변에서 다시 변경화될 길목에 서 있다는 이정표인 셈이다. 문제는 두 중심 사이에서 우리가 과연 평화와 번영의 주변으로라도 남아 있을 수 있을 것인가라는 점이다. 두 중심 사이에서 주변은 변경이 되고 어쩌면 더 불행하게도 전장이 될 수 있다. 사드는 우리가 상상하는 것 이상의 변곡점일지도 모른다.

⑥ 홍콩 땅을 지키려는 목소리들*

2018년 새해를 여는 첫날 홍콩에서는 '일지양검一地兩檢' 실시에 항의하는 시위행진이 있었다. 일지양검은 중국 광저우와 홍콩을 잇는 고속철도의 종착역인 홍콩 웨스트카우룽역에서 '효율을 높이기 위해' 중국대륙과 홍콩 출입경을 함께 진행하려는 계획이다. 역내의 일부 구역에 대해 중국정부가 임대료를 내고 중국 보안요원이 상주하며, 이 구역과 열차 내부에서는 중국 법이 적용된다. 홍콩인들의 가장 큰 우려는 홍콩 땅 내에서 중국대륙 법이 집행되는 선례가 생겨난다는 점이다.

홍콩 정부는 입출경 절차를 동시에 진행해야 효율이 극대화되고 대륙과의 연결 강화가 홍콩 발전에 도움이 된다고 설명하지만 법적 해석에 대해 여전히 논란이 많다. 그런데 사실 논란은 웨스트카우룽역의 일부 구역 임대에 국한되는 것이 아니다. 논란의 뿌리는 약 10년 전 홍콩 땅 침범에 대한 두려움을 촉발시킨 큰 사건으로 이어져 있다. 당시 고속철도 건설을 위해 홍콩 북부 신제新界지역 일부를 철거한다는 계획이 처음 발표됐을 때만 해도 사람들은 별로 관심을 갖지 않았다. 그런데 사람들이 이름도 잘 모르던 한 마을에서 홍콩 역사의 분수령이라고까지 할 만한 사건이 생겨났다.

140여 가구가 살던 차이위안菜園촌 철거 계획이 2009년 발표되자, 촌민들은 반발하기 시작했다. 그들의 요구는 더 많은 보상이 아니라 그대로 농사지으며 살고 싶다는 것이었다. 특히 신제 지역 재개발이

---

* 장정아, 중국학술원 중국·화교문화연구소 웹진 『관행중국』 90호(2018.02)에 실린 글을 수정보완함.

대륙인을 위해서라는 강경 반대파의 주장이 널리 퍼지며 전 사회적 관심의 대상이 됐다. 신제 개발과 고속철도 건립이 모두 홍콩 땅을 '팔아넘기는' 것이라는 주장은 폭발력을 가졌고 젊은이들은 점점 모여들었다. 반대파 내에서도 이런 주장은 너무 단순하고 선정적이라는 비판이 있었지만, 이미 거센 흐름이 돼 버린 정서적 분노 속에서 비판은 묻혀버렸다.

사람들은 함께 모여 영화 '아바타'를 보면서 "이것은 우리 땅이다"라는 영화 속 대사에 감정을 이입하며 눈물을 흘렸다. '오늘은 차이위안촌을 빼앗기지만 내일은 우리 모두의 집터를 빼앗길 것'이라는 슬로건 속에서, 지켜야 할 것은 차이위안촌을 넘어 홍콩 땅 전체가 됐다. '우리 땅'이라는 구호가 갖는 흡인력은 강력했다. 젊은이들은 순찰대를 만들어 마을을 지키고 불도저를 막아서다가 잡혀갔다. 고속철도 예산 심의는 계속 저지됐고, 2010년 마지막 심의 때는 1만여 명이 입법회를 포위하며 언론의 주목을 받았다. 하지만 결국 예산 심의는 통과됐고, 차이위안촌은 지켜내지 못했다. 그러나 끝이 아니었다. 촌민들은 집단이주해 농사짓고 살겠다는 제안을 즉각 제기했다. 시간이 길어지며 포기한 주민이 많았지만, 47가구는 끝까지 남아 긴 싸움을 했다.

최초로 촌민들이 집단이주해 공동체를 새로 만드는 과정은 쉽지 않았고 정부와의 충돌, 기소와 시위가 계속됐다. 그러나 홍콩 역사상 전례 없던 이 싸움은 매일 새로운 기록을 써나갔다. 철거가 진행되는 논밭 위에서 '폐허예술제'를 열었고, 다시 농사지으며 살아갈 땅을 함께 물색했다. 또한 새로 만들 마을의 합작생산 운영방식을 토론하고 모든 것을 주민의 손으로 만들어나갔다. 10여년이 걸려 마침내 새로운 마을이 만들어졌다. 차이위안촌 사건의 가장 큰 의미는 홍콩에 농촌이 있다는 것을 사실상 처음으로 시민들이 깨닫게 했다는 데 있었다. 삶이 완전히 바뀌는 젊은이들도 등장했다. 도시에서 태어나 자란 젊은이 중 신제에 들어가 정착해 살면서 농사를 짓는 사람이 생겨나기 시작한 것이다. 그들은 신제에서 농사를 지으며 홍콩에 농촌이 왜 필요한지, 농사를 짓고 사는 삶이 홍콩에서 어떤 의미인지 생각하게 됐다.

홍콩인이 먹을 쌀과 채소를 홍콩에서 생산하자는 운동은 큰 의미를 가진다. 과거 홍콩은 식량자급률이 높았지만, 여러 이유로 점점 낮아져 현재는 쌀도 거의 전부 수입하고 채소자급률은 2%도 안 된다. 자급률을 다시 높이자는 것은 단순히 자기 땅의 농산물이 몸에 좋기 때문이 아니다. 중국대륙에 대한 의존도를 낮추는 물질적 기반을 만들자는 것이다. 이는 끊임없는 개발을 통해 중국대륙에 점점 통합되는 것 외에 홍콩이 살 길은 없다는 정부의 주장에 대해 대안을 찾으려는 움직임이다.

2010년 예산 통과 저지행동 중 사흘에 걸친 '26보 1배' 고행이 있었다. 고속철도의 홍콩 구간이 26km임을 상징하는 26보마다 한 번씩 무릎을 꿇고 절하는 것이다. 20-30대 젊은이가 주축이 된 이 고행을 기록한 다큐멘터리 자막은 이렇게 말한다.

아이들이여, 너희의 아이들은 다시는 무릎을 꿇게 하지 말기를 빈다. 본래 자신의 것이었던 그 무언가를 구걸하며 무릎을 꿇어야 하는 일이 다시는 없기를.

이 비장함은 긍정적 측면만 가진 것은 아니다. '홍콩 땅을 중국에 빼앗길 수 없다'는 외침은 선정적이기도 했다. 마을을 지키자며 모여든 이들의 감정이입과 분노 속에는 대륙인에 대한 강한 배척도 깔려 있었다는 점에서 이것은 위험한 비장함이다.

철거에 계속 저항하며 청년들과 함께 마을지키기 운동을 벌였던 홍콩의 한 마을에 놓여있는 팻말들. "나의 집은 판매용이 아니다", "땅을 농업에 돌려 달라, 도시와 농촌이 공생하자" 등의 내용이 씌어있다. 이 마을은 결국 철거되었다.
출처: 사진은 필자가 2018년 현지조사 중 촬영한 것임.

그럼에도 불구하고 차이위안촌 사건이 홍콩 역사에서 분수령이 된 것은, 홍콩을 오랫동안 지배해온 가치, 빠른 발전과 효율성의 추구를 지상목표로 삼던 가치를 대체하는 가치를 만들어낸 데 있다. 그것은 세상을 뒤바꾸겠다는 강렬한 구호가 아니지만, 가치관을 바꾸고 물질적 기반을 만들어낸 점에서 커다란 폭발력을 담고 있다. 고행하는 젊은이들이 무릎을 꿇고 절하며 손에 받들고 있었던 것은 그 어떤 깃발도 구호도 아닌 '쌀'과 '씨앗'이었다.

제2장

화교화인: 고투와 공존

① 무덤은 역사이다, 마이너리티의 힘겨운 고투*

인천의 중국인 묘지에 매장된 화교들은 자신의 존재가 한국인(혹은 조선인)에게 어떤 의미와 가치를 갖는지 거의 의식하지 못한 채 그저 자신의 생업에 힘쓰고 각자의 삶을 영위하는데 급급한 사람들이었다. 그렇지만 그들 역시 결과적으로는 우리의 스승이나 친구로 때로는 경쟁자로서, 조선의 근대화와 한국사회의 발전에 촉매의 역할을 한 사람들이기는 매한가지다. 그러나 무엇보다 그들이 우리에게 어떤 가치를 갖는 존재였는가를 따지기 전에, 그들 자체의 타향살이가 과연 어떠했는지 그 신산한 삶의 궤적을 곰곰이 되짚어 보는 것이 종족적 다양성과 문화적 혼종을 모토로 다문화사회를 지향하고자 하는 우리의 몫이자 소임이란 생각이다.

---

* 송승석, 중국학술원 중국·화교문화연구소 웹진 『관행중국』 119호(2020.08)에 실린 글을 수정보완함.

인천에 거주하는 어느 화교 어르신의 말이 떠오른다. "우리가 이 땅으로 건너오면서 가지고 들어온 것들, 또 우리가 이 땅에 살면서 경험했던 갖가지 사건들, 이게 다 우리 화교 공동묘지 안에 들어있다고 보시면 됩니다. 뭐 다른 건 잘 몰라도 우리 공동묘지는 화교 역사의 기록이라는 점에서 보더라도 보존할 만한 가치가 있는 것입니다." 여기서 말하는 '화교 공동묘지'란 말 그대로 한국에 거주했던 화교들이 영면하고 있는 공동묘지로 통상 중화의지中華義地라 불리는 바로 그것이다. 일반적으로 우리에게 보다 익숙한 용어라면 '중국인 공동묘지'가 될 것이다. 이 화교의 말처럼 130년의 장구한 역사를 지닌 한국 화교사회의 역사와 문화 그리고 한국 화교들의 다양한 삶의 면면에 대한 무언의 기록이 바로 인천에 소재한 중국인묘지가 아닐까 하는 생각이다. 그럼에도 불구하고 인천 중국인 묘지에 대한 세간의 관심과 학계의 열의는 그리 높지 않은 편이다. 그도 그럴 것이 중국인 묘지는 그동안 이질적인 사회와 공존하는 것에 그다지 익숙하지 않았던 우리에게는 꽤나 생경한 존재이고 관심 밖의 대상이었던 게 사실이다.

현재 인천에 거주하는 화교 노인들의 희미한 기억과 인천화교협회를 중심으로 한 교령들의 말을 종합해보면, 초창기 한반도에 거주한 중국인들이 처음부터 정식 묘지를 필요로 했던 것은 아닌 듯하다. 주지하다시피, '화교華僑'의 '교僑'란 임시거주의 의미를 갖고 있다. 실제로도 초기 한반도 거주 화교들의 경우, 대부분 삶의 터전은 고향인 중국에 그대로 둔 채, 홀로 조선에 건너와 돈벌이를 하는 이른바 단신출가單身出稼의 형태를 띠고 있었다. 따라서 불의의 사고 등으로 인해 조선 땅에서 객서客逝했을 시에도, 배를 통해 시신을 고향 땅으로 가져가는 경우가 일반적이었다. 이러한 현상이 존재했다는 사실은 화교들의 언급에서도 뒷받침되고 있다. 그들의 말에 따르면, 과거 산둥동향회관山東同鄕會館(지금의 인천파라다이스호텔 근처) 한쪽에 배에 실어 고향으로 운구해갈 유체遺體를 보관하는 임시안치소 같은 것이 있었다고 한다. 그런데 이 시체안치소의 위생환경이 너무도 열악해 인천 내리內裏 일대에 임시매장지를 꾸렸다는 것이다. 언제든 기회가 닿으면 고향으로 옮겨갈 시신이었기에 특별히 묘비를 세우지는 않고 간단한 표식 정도만을 해둔 일종의 가묘였다는 게 그들의 기억이다.

중국인 그중에서도 한족漢族의 풍습에 따르면, 사람이 죽으면 땅에 묻는 이른바 토장土葬이 일반적인 매장방식이었다. 전통적으로 상례喪禮를 중요시했던 이들에게는 '사람은 땅에서 낳았으므로 땅으로 돌아가야 평안함을 얻는다'는 입토위안入土爲安의 관념이 오랫동안 그들의 의식 안에 자리하고 있었던 것이다. 따라서 초기 한반도 화교들이 묘를 쓰지 않고 시체안치소에 시신을 쌓아두는 것은 위생의 문제만이 아니라 그들의 상례관喪禮觀에도 맞지 않았을 것이다. 그들이 시신을 고향으로 운구해가기 전까지 만이라도 가매장할 수 있는 임시묘지를 그토록 원했던 것도 바로 이 때문이다. 인천 화교들이 기존의 내리 묘역을 반납하는 대신, 지금의 도화동 지역으로 중화의지를 옮겼을 당시에도 매장의 목적은 이와 크게 다르지 않았다.

그런데 공교롭게도 인천 중국인 공동묘지는 화교사회의 의사와는 무관하게 총 세 번의 이전과 이장을 경험해야 했다. 그때마다 정부당국이 내세운 이유는 하나같이 '개발'이었다. 내리에서 도화동으로 이전할 때에는 일본의 식민지건설에 따른 시가지 정비가 그 구실이었고, 도화동에서 만수동으로 이전할 때에는 인천 도시계획에 따른 개발, 만수동에서 부평가족공원으로 이전할 때에는 만수동 택지지구

조성 및 구월지구 토지구획정리사업의 일환이라는 게 그 이유였다. 사실, 조상의 무덤을 이장하는 문제는 말처럼 쉬운 일이 아님은 주지하는 바일 것이다. 더욱이 상례를 중시하는 중국인이나 한국인에게는 더더욱 신중히 처리해야 할 문제였다. 따라서 이와 관련해 화교사회와 한국의 행정당국 사이에 크고 작은 분규가 없을 리 없었다.

특히, 도화동에서 만수동으로 묘지를 이전할 때에는 이장 후에 공지空地로 남게 되는 도화동 공동묘지 터를 둘러싸고 법정소송이 발생하기도 했다. 당시, 인천시는 50년간 무상임대조건으로 만수동의 토지 2만여 평을 중국인 공동묘지 용도로 제공하겠다고 약속했다. 이에 인천화교사회는 만수동으로 묘지를 이전하기로 하고, 차제에 기존의 도화동 터를 매각해 화교학교를 신축할 생각이었다. 과거에도 화교사회는 묘지와 관련된 지세나 매각비용 혹은 각종 보상비를 공적 기금으로 환원해 화교학교의 운영 및 건축에 사용해왔다. 어쩌면 이는 세상을 떠나는 선대가 후대에게 남겨주는 일종의 마지막 유산이었을지도 모르겠다.

그런데 공교롭게도 만수동으로의 묘지 이전을 확정한 시점에 남은 도화동 공지에 대한 소유권을 두고 인천의 성광학원(선인학원의 전신)과 문제가 발생하게 되었고 급기야는 소송으로까지 이어지는 일이 벌어지게 된 것이다. 세간에서는 이를 두고 일명 '부르도자 사건'이라 부른다. 성광학원이 도화동 화교묘지의 토사를 무단으로 채굴해 간 것에 그치지 않고 나중에는 아예 불도저로 무덤을 밀어버리고 그곳에 교사를 신축했다는 데에서 비롯된 별칭이다. 인천화교사회는 재산권을 침해했다는 이유로 당국에 진정서를 냈고 인천시는 이를 받아들여 성광학원의 신축교사를 불법 건축물로 규정하고 자진철거토록 명령했다. 하지만 성광학원은 인천시의 시정조치에 불응하고 해결을 차일피일 미루더니 결국에는 화교사회의 소유권을 인정할 수 없다는 취지의 소송을 냈다. 이곳의 땅이 화교사회의 공공재산임은 인천시 당국도 인정하고 추인한 바이지만, 사실 이는 그동안의 관행에 따른 것이지 법적으로 전혀 하자가 없었던 것은 아니었다. 결국 이번 소송은 성광학원 측의 승소로 끝이 났고 결과적으로 화교사회는 자신들의 공공재산을 눈앞에서 빼앗겨 버린 셈이 되고 말았다. 물론 법리적 근거에 이의를 제기할 일은 아니겠지만 당시 화교들이 느꼈던 감정은 마이너리티로서의 서글픔이 아니었을까?

이후에도 중국인 공동묘지를 둘러싸고 화교들의 수난은 계속되었다. 심지어 그동안 독자적인 묘역을 조성해왔던 중국인 공동묘지가 지금의 부평 인천가족공원으로 옮겨가면서부터는 한국인묘역, 일본인묘역과 함께 공원 한쪽에 '중국인묘역'이란 조그만 간판만 내건 채 곁방살이를 시작해야 했다. 그리고 지금은 이마저도 다시금 개장改葬이 되었다. 인천시는 인천가족공원의 재정비를 통해 장사시설을 확충하고 환경생태를 복원해 궁극적으로 시민공원화 하는 작업을 서두르고 있다. 이에 화교들에게도 중국인묘역에 자리한 봉분을 모두 없애고 화장을 통한 납골을 요구했던 것이다. 관내에 더 이상 분묘설치 부지를 확보하는 일이 쉽지 않은 마당에 화장을 독려하고자 하는 인천시의 입장과 고충을 화교들도 이해하지 못하는 것은 아니나 어찌되었든 조상들의 무덤을 다시 건드려야 하는 난감한 지경에 당혹스러운 것 또한 사실이었다. 따라서 지난 몇 년 동안 인천 화교사회는 이 문제를 둘러싸고 인천시와 힘겨운 줄다리기를 벌여왔다. 지금은 일정 정도 타결을 보고 중국식 봉안당과 사당廟을 설치하는 것으로 마무리되었지만 화교사회로서는 여전히 마뜩치 않아 보인다. 아마도 이는 자신들의 뜻과는 무관하게 몇 번의 강제이장을 겪어야 했고 또 그 와중에 법정소송을 통해 자신들의 소유라고 여겼던 땅까지 억울하게 빼앗긴 결코 유쾌하지 못한 경험이 부정적으로 작용했을 게 틀림없다. 다시 말해 인천시 나아가 한국사회 전체에 대한 화교들의 불신과 피해의식이 그 배경에 자리하고 있는 것이다.[1]

신뢰는 상대방의 입장을 이해하고 인정하는 바탕 위에서 가능한 것이다. 한국사회가 화교 및 화교사회를 일방적인 수혜자로 보거나 시혜를 베풀어야 하는 대상으로만 인식한다면 상호간의 신뢰는 요원한 일이 될 것이다.

---

1 2016년 중국인묘지가 부평 인천가족공원 외국인특화묘역에 자리 잡았다.

② 인천 화교의 항일운동, 그리고 일동회*

화교가 일제강점기 때 조선에서 항일운동을 했다고 하면 의아해하는 독자가 많을 것이다. 그것을 이해하려면 시계추를 중일전쟁 시기로 되돌려 보는 게 좋다. 중일전쟁은 1937년 7월 7일 루궈차오 사변으로 시작되어 일본이 중국을 비롯한 연합국에 항복을 선언하는 1945년 8월까지 총 8년간에 걸친 전쟁이었다. 당시 전력상 훨씬 우위에 있던 일본이 중국에 패한 원인은 어디에 있었을까? 일본이 1941년 12월 진주만을 무모하게 공격하면서 당시 세계 최강의 미국과 태평양전쟁을 벌임으로써 중일전쟁에 전력을 집중할 수 없었다는 점, 중국국민당 군대와 중국공산당 군대의 철저 항전 등에 원인을 찾는 학자가 많다. 하지만, 소수이기는 하지만 해외 거주 화교의 인적 물적 지원이 중국 승전에 큰 역할을 했다고 보는 학자도 있다. 일본의 중국 근현대사 연구자로 유명한 기쿠치 가즈타카 교수는 그중의 한 명으로 중일전쟁을 화교의 시점에서 재조명했다. 예를 들면, 미군에 자원입대한 미국의 화교는 13,000명에 달했으며, 1938년 장제스 충칭 국민정부 외화 수입의 절반은 화교의 해외 송금이었다. 동남아 화교는 동남아를 점령한 일본군에 맞서 각지에서 무장투쟁을 전개했다.

중일전쟁 시기 조선 화교의 처지는 동남아 화교와 비교해 볼 때보다 복잡했다. 일본군은 루궈차오사변 직후 파죽지세로 중국의 북부와 남부 지역을 점령하여 점령지에 친일 중국인을 앞세워 괴뢰정권을 세웠다. 한반도 화교의 고향인 산둥성과 허베이성에는 베이핑(현재의 베이징) 임시정부가 세워져 화베이 지역을 통치했지만, 일본군이

---

* 이정희, 『박물관풍경』 53호(인천시립박물관, 2022.04)에 실린 글을 수정보완함.

그 배후에서 정권을 좌지우지했다. 당시 조선은 일본의 식민 통치하에 있었기 때문에 조선 화교는 자연스럽게 베이핑 임시정부의 관할하에 들어갔다. 그리고 1940년 3월 왕징웨이 친일 난징 국민정부가 베이핑 임시정부와 난징 유신정부를 통합하여 수립되면서 조선 화교를 관할했다. 베이핑 임시정부와 난징 국민정부는 기본적으로 친일 정권인 관계로 조선 화교에게 일본 및 조선총독부의 정책에 협력할 것을 지시했다. 조선 화교의 처지에서 항일운동은 본국 정부의 정책을 거스르는 것이었을 뿐 아니라 거주지 정부인 조선총독부에 정면으로 도전하는 것이었기에 쉽지 않은 선택이었다.

조선 화교의 항일활동은 정리해서 말하면 1937년 7월부터 1941년 12월까지의 전쟁 전반기는 저조했지만, 그 후의 후반기는 매우 활발한 양상을 보였다. 조선총독부 치안 당국에 항일 혐의로 검거된 화교는 1937년 15명, 1939년 9명, 1940년 0명, 1941년 6명, 1942년 26명, 1943년 43명, 1944년 1월-9월 61명으로 점차 증가의 추세를 보였다. 조선 화교의 항일운동 가운데 대표적인 것이 바로 인천 화교가 중심이 된 '일동회日東會사건'이다. 항일 단체 일동회는 1940년 2월 중국 공산당 팔로군의 공작으로 인천 거주 산둥성 출신 화교 21명으로 조직되었다. '팔로군'은 중일전쟁 시기 중국공산당의 주력 부대의 하나로 주로 산둥성, 허베이성을 중심으로 한 화베이 지역에서 일본군과 유격전을 벌였다. 일동회는 1940년 2월 22일부터 1943년 4월 24일까지 약 3년 동안 방화 12건, 일본군의 첩보 제보 2건을 감행했다. 1943년 12월까지 체포된 15명 가운데 9명은 외환죄外患罪, 방화, 군기보호법 위반, 국방보안법 위반의 죄로 체포되어 재판을 받았다.

일동회의 핵심 인물은 사항락史恒樂이었다. 그는 산둥성 펑라이 현 출신으로 당시의 나이는 34세였다. 산둥성에서 중학을 졸업한 후에

1920년대 중반 부친 사축삼史祝三이 거주하던 인천으로 이주했다. 사축삼이 1936년 사망하자 부친의 가업인 여관 겸 잡화상점의 복성잔復成棧을 물려받아 경영했다. 그는 1939년 12월 복성잔 점원 손덕진孫德進의 권유로 산둥성 무핑현 귀향 중에 현지의 팔로군 유격대원의 권유로 해당 부대의 우충서于忠瑞 부대에 가입했다. 그는 팔로군으로부터 인천에서 동지를 획득해 일본의 군사비밀 및 경제 정보 탐지, 방화파괴 공작의 실행, 이를 통해 일본 후방지역을 교란하여 일본의 전력을 약화하라는 지령을 받았다.

이러한 지령을 받은 사항락은 복성잔의 점원인 손덕진, 왕배국王培國과 모의하여 인천의 경제 상황, 식량부족 정보를 산둥성과 인천을 오가던 기선 헤이안마루平安丸의 선원 장홍유張鴻兪를 통해 우충서 부대에 전달했다. 그리고 사항락은 그들과 함께 1940년 2월 22일 오후 1시 50분 직접 제조한 다이너마이트 4개를 항동 소재의 인천세관 구내 제1 창고에 경비원, 인부 등이 부주의한 틈을 타 다이너마이트를 화물 속에 넣어 폭파, 창고와 화물 전부가 전소하여 120만 원의 큰 피해가 발생했다. 당시 노동자의 하루 일당이 대략 1원이었다.

또한 사항락은 화취창和聚昌의 점원인 손건치孫建治(25세)와 공모하여 중앙동 소재 오카다시계상점 부근의 상점에 방화했다. 그는 1943년 4월 20일 밤 12시경, 방세능方世能(44세)이 제조한 다이너마이트 1개를 손건치에게 전달하고, 손건치는 공익사共益社와 일본인 우메다 쓰네히로의 주택 남쪽 골목 쪽으로 다이너마이트를 던져 방화했다. 방화로 인해 33,000원의 재산손해가 발생했다. 이어 사항락은 손건치와 공모하여 1943년 4월 23일 심야 12시가 지나 신포동의 '인천키네마' 부근 일본인 와카야마의 주택과 주변 일본인 주택 창고에 다이너마이트를 던져 3만 원의 재산피해가 발생했다.

방세현方世賢(37세)은 인천에서 채소 농사를 짓고 있었다. 1940년 8월 방세능, 왕지신王志信(50세)의 권유로 일동회에 가입했다. 1941년 2월 23일 밤 방세현은 왕지신, 왕병경王秉經(43세)과 공모하여 학익동의 오다후쿠와타주식회사御多福綿株式會社의 위생재료공장에 침입하여 다이너마이트로 방화, 4만 원의 손실이 발생했다. 왕지신과 방세능은 1941년 11월 28일 밤 10시경 신흥동의 일본인 가와무라 무네토 경영의 정미소에 자체 제조한 다이너마이트를 던져 공장과 창고, 숙소를 불태웠으며, 이웃한 스기노정미소의 일부도 불태워 35만 원의 손해가 발생했다.

방세영은 1941년 6월 방세현의 집에서 방세능으로부터 중국인의 행복과 일본 타도를 위해 일동회 참가를 권유받고 가입했다. 그는 주안 거주의 방송학方崇學(34세)과 산둥성의 팔로군을 돕기 위해 군사비밀과 경제 관련 정보수집을 공모했다. 왕병경은 1942년 6월 1일 산둥성 귀국 시 옌타이에서 손건치를 만나 일동회에 가입하고 군사비밀 수집을 의도했다. 왕지신은 인천에서 채소 농사를 짓다가 1940년 6-7월 방세현의 집에서 방세능의 권유로 일동회에 가입했다. 1942년 7월 그의 집에서 오진매吳振梅(44세)와 모의해 인천 부근의 군사상의 정보 및 경제 관련 정보수집을 모의했다.

이들 화교는 재판에서 사항락, 방세능, 손건치, 왕지신, 방세영, 왕병경, 방숭학, 오진매는 외환 및 군기보호법 위반, 국방치안법 위반의 판결을 받았다. 이 가운데 방세능, 손건치, 방세현은 경성지방법원의 공판으로 넘겨졌으며, 사항락, 왕지신, 방숭학, 오진매는 공소 기각이 됐다. 방세영, 왕병경은 혐의 불충분으로 기소 면제 처분을 받았다.

그런데 사항락, 왕지신, 방숭학, 오진매가 공소 기각된 것은 이들이 수감되어 있던 서대문형무소에서 사망했기 때문이다. 사항락은 1944

년 2월 20일, 왕지신은 같은 해 1월 8일, 방숭학은 같은 해 1월 12일, 오진매는 비슷한 시기에 각각 서대문형무소에서 사망했다. 이들 4명이 같은 형무소에서 비슷한 시기에 사망한 것은 가혹한 고문에 의한 사망으로 추정할 수밖에 없다. 서대문형무소는 조선의 많은 독립운동가가 고문을 이기지 못해 옥사한 것으로 유명하지만, 그곳에서 이렇게 외국인인 4명의 화교가 항일운동을 하다 고문으로 인해 옥사한 것은 새로운 사실이다. 필자는 2016년 7월 항일운동을 하다 투옥된 이들 화교의 고향인 산동성의 펑라이, 옌타이, 롱청 등지를 방문했다. 웨이하이시박물관을 방문했을 때 마침 팔로군의 항일 영웅을 소개하는 전시회가 개최되고 있었지만, 위의 항일 화교에 대한 소개가 없었다. 박물관장에게 일동회사건을 이야기하자 큰 관심을 보였다. 사항락의 고향인 펑라이시를 방문했을 때도 마찬가지였다.

올해는 한중 수교 30주년을 맞이하는 해이다. 미중 패권 경쟁이 격렬하게 진행하는 가운데 러시아의 우크라이나 침공으로 그 대립 양상이 더욱 가속화하고 있어 한중 관계에 먹구름을 드리우고 있다. 이러한 때 인천 화교 항일활동의 사실과 의의를 한중이 공유할 수 있다면 더욱 뜻깊은 한중 수교 30주년이 될 것이다.

③ 신·구 화교 융합의 길*

한국인의 식생활이 서구화되고 또 다변화하고 있지만, 외식메뉴 가운데 여전히 부동의 1위를 차지하고 있는 것은 자장면이다. 이처럼 중국인의 상식常食이었던 자장면이 한국인의 주요 외식메뉴로 자리 잡은 지 이미 수십 년이 됐을 만큼 화교들의 삶은 알게 모르게 우리 안에 깊이 들어와 있다. 하지만 동시에 자장면하면 연상되는 '짱께'나 '짱꼴라' 같은 조롱 섞인 유행어들이 적지 않게 횡행하고 있는 데에서 알 수 있듯이, 한국인들의 눈에 비친 화교의 이미지는 여전히 부정적 추형들이 대부분이다.

가령 중노동에 시달리며 빈곤한 삶을 영위했던 불결한 '쿨리苦力'들, '비단장사 왕 서방'에서 희화화되듯 언제부터인가 조롱거리로 전락하고 만 중국인 장사치들…. 또한 김동인의 소설 '감자'에서 두려움과 추악함의 존재였던 왕 서방 같은 패악스런 지주들 그리고 경계와 의심의 눈을 좀처럼 거두지 않는 것처럼 보이는 지금의 인색한 '중국집' 사장님들까지, 역사적으로도 그렇고 현실적으로도 한국인들에게 화교는 여전히 불결하고 인색한 낯선 이방인에 지나지 않는다. 이렇듯 한국 사회에서 화교에 대한 부정적 이미지가 팽배하게 된 것은 상당부분 우리의 섣부른 오해와 천박한 단견에서 비롯됐을 터이지만, 한편으로는 폐쇄적인 화교 사회 스스로 자초한 측면도 없지 않다. 과거 우리에게 화교가 경계와 질시의 대상이었고 때로는 억압과 배제의 희생양이기도 했으며 심지어는 시종 무관심한 마이너리티

---

* 송승석, 중국학술원 중국·화교문화연구소 웹진 『관행중국』 114호(2020.03)에 실린 글을 수정보완함.

의 존재였다. 하지만 이제 우리는 '또 다른 우리'로서 화교를 받아들일 준비를 해야 하고 그들에 대한 잘못된 시선도 속히 교정해야 할 때다.

더불어 화교들도 더 이상 한국 사회의 피해자로 주저앉아 한숨과 푸념만 늘어놓을 게 아니라 보다 적극적이고 능동적으로 한국 사회에 참여해야 할 것이다. 다행스럽게도 화교 사회가 변하고 있다. 아니 그것은 어쩌면 자의적 행동에 의해서라기보다는 화교 사회를 구성하는 인자들의 변화와 교체에 따른 자연스런 흐름일 것이다.

화교 사회의 변화를 이끄는 두 가지 요인은 바로 세대교체와 새로운 화교 구성원의 참여다. 현재 화교는 초창기 1대와 2대 조부祖父의 시대를 지나 3대와 4대 심지어는 5대로 이어지는 자손子孫의 시대를 맞고 있다. 이들 젊은 세대는 할아버지와 아버지 세대가 그토록 고집하고자 했던 국적 문제에 대해서도 비교적 유연하게 대응하고 있다. 개중에는 아예 한국으로 귀화를 선택해 '화교'에서 '화인'으로 자신의 신분을 이동하는 이들도 적지 않다. 국경이라는 장벽을 상시적으로 넘나드는 이른바 월경越境적 흐름이 전 세계적 대세가 된 작금의 현실에 비추어 볼 때 이들의 국적에 대한 인식의 변화와 국적이동에 대한 거부감의 감소는 아마도 당연한 추세일 것이다. 이제 그들은 더 이상 차이나타운이라는 좁다란 울타리에 결박되지 않은 채 한국의 주류사회와 꾸준히 소통함으로써 자신들의 잠재력과 역량을 널리 발휘할 수 있는 기회를 점차 부여받고 있고 또한 그것을 충분히 활용할 자세를 취하고 있다.

화교 사회 변화의 두 번째 요인은 이른바 '신新화교'가 화교 사회의 또 다른 구성원으로 참여하게 된 것이다. 누대에 걸쳐 한국 사회에 뿌리를 내리고 살아온 화교와 그 후대를 '구舊화교'라 한다면,

1990년대 이후 중국 대륙에서 한국으로 건너온 이들은 상대적으로 '신화교'라고 불린다. 이들 중에는 이른바 개혁·개방 이후 활발해진 중국의 대규모 유학 붐에 힘입어 한국에 왔다가 그대로 정주한 경우도 있고, 기존의 '출가형出稼型(돈벌이를 위해 주로 단신으로 건너오는 형태)'을 답습하는 경우도 있다. 전자는 주로 IT, 금융, 학술연구 등 최첨단 분야의 직업에 종사하거나 한국의 대기업에 취직해 한·중 경제교류의 최전선에서 활약하는 이들이다. 후자는 방문취업이나 친척(주로 구화교)의 초청을 통해 한국에 와 주로 육체노동으로 삶을 연명하는 자들이다.

이밖에도 한국인과의 결혼을 통해 한국에 정착하는 결혼이민의 형태 역시 갈수록 늘고 있는 것이 지금의 현실이다. 구화교들 중에는 세대교체를 거듭하는 가운데 점차 자신들의 전통적인 중국 색채와 정체성을 상실해가고 있는 것에 대해 심각하게 고민하고 있는 이들이 적지 않다. 신화교와 협력 관계를 구축하는 것이 구화교에게 있어서 매우 긴박하고 절실한 과제가 되고 있는 것이다. 구화교 1세대의 상당수는 이미 작고했거나 생존해 있다 하더라도 80세 전후의 고령들이다. 2세대도 적극적으로 사회활동을 벌이기에는 사실 버거운 나이라 하지 않을 수 없다.

반면, 그들의 후손인 3대와 4대는 1990년대 이후 중국 대륙에서 건너온 신화교와 상당부분 연령적으로 겹치는 세대다. 그런데 오히려 구화교와 신화교의 교류와 협력을 주장하고 실천하는 이들은 대부분 1세대와 2세대다. 그도 그럴 것이 이들이 여전히 교령僑領들로서 화교 사회를 이끌어가고 있고 그 후속세대를 통한 화교 사회 리더십은 아직 형성되지 않고 있기 때문이다. 따라서 우선적으로 구화교 커뮤니티 내부에서 3, 4대 젊은 세대들의 리더십 재생산구조를 마련함으로써 이들이 보다 적극적으로 화교 사회 발전에 참여해 활동할 수 있는 공간을 확장하는 것이 필요하다. 이와 동시다발적으로 연령적으로 비슷한 신화교와 소통하고 협력할 수 있는 교류채널을 구축해야 한다. 아마도 이는 한국 화교 사회 전체가 직면한 과제일 것이다. 이 실험은 이미 시작되고 있을지도 모른다.

신화교의 출현은 전통적인 한국 화교 사회의 이미지를 변화시키고 있다. 한국인의 눈에 비친 구화교의 이미지가 주로 저학력의 불결한 노동자 혹은 인색한 장사치였다면, 상대적으로 신화교의 특징으로 자주 거론되는 것이 고학력의 전문기술인이다. 구화교가 폐쇄적이고 위계적인 화교협회를 중심으로 조직된 것에 비해 신화교는 학술조직이나 동업커뮤니티 등을 중심으로 다원적이고 개방적인 조직을 만들고 있다. 게다가 이러한 조직들은 한국의 주류사회와 긴밀한 네트워크를 형성하고 있다. 물론 신화교 전체가 이른바 고학력 엘리트집단은 아니다. 오히려 합법적인 체류자격을 갖지 못한 정주자들이 다수를 차지하고 있다. 아마도 이러한 학력·직종별 차이의 엄존은 향후 신화교 내부에서의 교류와 소통을 저해하는 또 하나의 새로운 벽으로 다가올지도 모르겠다.

그럼에도 불구하고 한국에서 유학하고 있는 중국인 학생들의 상당수를 미래 한국 화교 사회의 '예비군'으로 상정할 때 신화교의 이미지는 구화교의 부정적 이미지를 상당부분 불식시킬 수 있는 가능성을 충분히 잠재하고 있다. 구화교와 신화교가 혼재된 한국의 화교·화인 사회는 중국과 타이완의 정치적·이념적 격동에 따라 위태로운 줄타기를 계속하고 있지만, 반면에 중국과 타이완 당국의 정책과 관계없이 그 양상을 달리하며 꾸준히 공생의 길을 모색하기 시작하고 있다. 그러면서 화교사회는 끊임없이 성장하고 있고 성숙돼 가고 있다.

　신·구화교 모두 그들의 공통과제이자, 목표는 어떻게 하면 자신들이 한국사회의 일원으로서 융합될 수 있을까 하는 데에 있다. 그렇다면, 화교·화인을 포함한 다양한 마이너리티가 한국 사회를 만들어 가는데 동참할 수 있는 길을 활짝 열어주는 것이 우리의 과제이자 임무일 것이다. 법적으로 한국 화교는 여전히 '국내 체류 외국인'에 지나지 않는다. 따라서 65세 이상의 화교 노인이 영주권을 가지고 있다 하더라도 한국의 노인들이 대중교통을 이용할 때 무임승차하는 것과 같은 혜택을 공유하지 못하는 경우가 다반사다.

　또한 영주권을 획득한 화교들은 지방자치단체선거에서 선거권은 있으나 피선거권은 받지 못하고 있다. 대통령선거나 국회의원선거에는 아예 참여조차 할 수 없다. 이뿐만이 아니다. 화교는 지역 연금에도 가입할 수 없고 금융거래에도 상당한 제약을 받고 있으며 인터넷 이용 및 휴대폰·자동차 구입 등에서도 한국인이 누릴 수 있는 각종 혜택에서 상당 부분 배제돼 있다. 화교협회도 외국인단체로만 등록돼 있기 때문에 수익금에 대한 소득공제를 받지 못한다. 이외에도 화교들이 한국 사회에서 감당해야 하는 부당한 처우는 수없이 많다. 이제는 한국인과 한국 사회가 변해야 한다. 전통적으로 존재해왔던 '화교 멸시관' 같은 심리적 편견을 극복해야 함은 당연한 일이다. 아울러 각종 법적·제도적 차별이나 배제도 시급히 개선돼야 한다. 이같은 해묵은 숙제들에 대한 우리의 노력이 선행될 때, 비로소 화교에게 한중간 교류의 진정한 가교 역을 요구할 수 있을 것이다.

④ 한국화교 130년, 그 신산辛酸의 시간*

대한민국에 거주하는 해외이주민 수가 무려 200만을 헤아린다. 수치만 놓고 보면, 세간의 말처럼 다문화사회에 진입한 형국이다. 그러나 수많은 종족집단 그리고 그들이 몸에 지니고 들어오는 다양한 삶의 양식들이 기존의 토착문화와 한데 어우러지는 진정한 다문화공동체가 이 땅에서 구현될지는 앞으로 두고 볼 일이다. 낯선 이들에 대한 심리적 편견과 제도적 배제가 제대로 극복되지 않는 한 그것은 여전히 우리의 숙제로 남을 것이다.

인류사에서 해외 이주는 항시 도전과 모험의 연속이었지만, 그에 값하는 열매를 맺기 위해 당사자들은 지난한 삶의 고투와 값비싼 희생을 치러야 했다. 근대 이후, 130년이 넘는 이주 역사를 지닌 한국화교사회 역시 단속斷續과 부침浮沈, 이산離散과 집중集中의 간난艱難 세월을 거듭하는 가운데 오늘에 이르렀다. 따라서 우리가 다문화사회를 용인하고 혹은 그것을 지향하고자 한다면 가장 먼저 눈여겨볼 집단이 바로 화교다. 화교는 해외 이주민 가운데 가장 오랜 한반도 거주 역사를 지니고 있기에 그렇고 그들의 말과 행동은 어느새 우리의 뇌리 속에 깊이 각인되어 있고 우리의 일상사에도 알게 모르게 침윤되어 있기에 그렇다.

대다수 한국화교들의 원향原鄉이라 할 수 있는 산둥山東은 유달리 재난과 전란이 끊이지 않던 곳이다. 그래서 역사적으로 산둥 사람들은 가뭄, 홍수, 내전 등으로 황폐해진 고향을 떠나 다른 지역으로 이

---

* 송승석, 중국학술원 중국·화교문화연구소 웹진 『관행중국』 87호(2017.11)에 실린 글을 수정보완함.

주하는 경향이 높았다. 그들이 주로 옮겨간 곳은 중국의 관동關東, 지금의 동북삼성東北三省이다. 우리에게도 익숙한 만주滿洲가 바로 그곳이다. 1651년부터 1949년까지 299년간 이 지역으로 삶의 거처를 옮긴 산둥 사람들의 수가 2,500만이었다고 하니, 그 수에 새삼 놀라지 않을 수 없고 동시에 그 삶의 고단함도 헤아리고 남음이 있다. 중국 사람들은 이를 일컬어 '촹관동闖關東'이라 한다.

그런데 그들이 새로운 보금자리로 여기고 찾아갔던 중국 동북지역마저 러일전쟁 등 제국주의 간 다툼의 장으로 변하고 그에 따른 정정 불안이 심화되면서, 19세기 말부터 촹관동 행렬의 일부가 자신들의 최종 행선지로 한반도를 선택하게 된다. 한국의 화교들은 이를 '고려'로 이주한다 해서 '촹까오리闖高麗'라 불렀다. 이들은 산둥의 웨이하이威海나 옌타이煙台 등지에서 바닷길을 통해 인천으로 오거나 랴오닝遼寧의 안둥安東(지금의 단둥)을 통해 신의주로 혹은 광활한 만주벌판을 지나 조선북부로 건너오는 땅 길을 택하기도 했다. 결국 자연재해로 인한 경작지의 유실, 의화단사건義和團事件 등에 따른 중국 화베이 지역의 혼란, 군벌정치의 폭정, 열강의 침략에 의한 약탈과 실업이 산둥 사람들을 물설고 낯선 이곳 한반도로 거처를 옮기게 한 것이다.

개중에는 적극적인 판로확장을 위해 배를 띄운 상인들도 있었고 경작을 위해 새로운 땅을 찾아온 농민들도 있었다. 그리고 호구의 책으로 무작정 일자리를 찾아 이 지역으로 건너온 무지렁이 쿨리苦力들도 적지 않았다. 당초 이들은 조선 땅에서 많은 돈을 벌어 가벼운 걸음으로 고향 땅을 밟는 금의환향을 꿈꾸었을 게다. 한때 화교의 전형적 특징으로 자주 거론되던 것이 이른바 낙엽귀근落葉歸根이다. 잎이 떨어지면 뿌리로 돌아간다는 뜻이다. 초창기 화교들이 봄에 왔다가 가을에 돌아가는 이른바 '철새이민', '계절이민'의 형태를 유지하고자 했던 것도 바로 이 때문이고, 뜻하지 않게 객지에서 유명을 달리하는 경우에 '죽어서라도 고향땅에 묻히기'를 원하는 귀장歸葬의 풍습을 잃지 않았던 것도 결코 이와 무관치 않으리라.

하지만 그들의 상당수는 결국 돌아가지 못했고 돌아가지 않았다. 설혹 돌아갔다가도 대부분은 다시 돌아와야 했다. 청일전쟁, 만보산 사건萬寶山事件, 중일전쟁 등 잇따른 참화에도 불구하고 한반도 그 어느 곳인가에는 본인들의 점포가 있었고 땅이 있었고 무엇보다 그들의 피와 땀이 진하게 배어있기에 그랬다. 미처 의식하지는 못했지만 어느새 한반도는 그들이 기어이 살아야만 하고 마땅히 죽어 묻혀야만 하는 낙지생근落地生根의 공간과 장소가 되어버린 것이다.

이주가 그랬듯 거주 역시도 순조롭지는 않았던 모양이다. 오히려 그들의 타향살이는 녹록치 않은 삶 그 자체였다. 그들은 제국일본 내에서 식민지조선인과도 구별되었고 여타 외국인과도 다른 취급을 받는 일종의 특수신분이었다. 때로는 적국민의 신분으로 오랜 간난의 세월을 감내해야 했다. 그러나 그들은 일본제국의 확장을 역이용해 자신들의 활동범위와 규모를 확대하는 지혜를 발휘하기도 했다. 열악한 이방인의 신세에도 불구하고 그들의 삶에 대한 의지는 그 누구도 막을 수 없었던 것이다.

한국에 거주하는 화교들에게 "왜 당신은 그렇게 행동하는 것이지요?"라고 물으면, 그들에게선 어김없이 "그렇게 하는 게 우리 전통입니다."라는 대답이 돌아오기 일쑤다. 이처럼 화교사회의 구성원들은 자신들의 문화적 과거와 경험 즉, 전통을 통해 삶의 의미를 되찾으려는 욕망을 지니고 있다. 따라서 화교의 문화는 화교 삶의 역동성을 보여주는 매우 중요한 요소라 할 수 있다. 화교는 오랜 세월 거주국의 주류사회에 동화되는 상황 속에서도 조상들의 문화와 상징적 혹은 실제적인 관계를 유지, 발전시키려는 노력을 기울여왔다. 또 그러한 과정을 통해 그들 나름의 '중국적' 정체성을 공유할 수 있었다. 무엇보다 그들은 생존하기 위해 그랬다. 사실, 화교들이 새로운 삶의 무대에서 안정적으로 정착하고, 생활 속에서 자신들의 정체성을 유지 발전시키기 위해서는 일정기간 자신들의 전통적인 문화와 관행을 유지할 필요가 있었던 것이다.

그러나 전통적 관행과 문화적 관습을 보존하고 유지하는 것은 화교사회 내부의 단결과 지속을 담보하는 데에는 유리할 수 있지만, 화교사회 외부라 할 수 있는 거주국사회의 이질적 문화구조와 접촉할 때는 하나의 장애요인으로 작용하는 경우도 있었다. 문화의 변용과 재구성은 바로 이 지점에서 작동한다. 한국 화교의 경우에도 주거, 복장, 생활양식 등 문화의 일상적이고 표피적인 측면에서 한국 주류사회에 자연스럽게 동화되어왔다. 인천화교학교 주변에서 중국어보다는 한국어가 보다 많이 들린다는 점에서 언어적 사회화도 점차 가속화되고 있는 것 같다. 여기에는 그동안의 역사적 고난과 사회·경제적 차별을 감내하는 속에서 터득한 나름의 생존전략이 자리하고 있을 터이다. 하지만 각종 개별적 문화 요소들은 격동하는 외부사회의 역사변화의 추세에 따라 쇠락을 경험하기도 하지만, 화교들의 삶과 혈액 속에 면면히 흐르고 있는 이른바 전통적 문화체계는 고갈되지 않은 채 새로운 사회문화적 맥락에 적응하며 명맥을 유지한다는 점은 자명한 사실이다. 이민자들이라면 통과의례처럼 겪어야 하는 이 거스를 수 없는 동화의 흐름 속에서도 한국화교들이 스스로가 의식했든 의식하지 못했든 간에 자신들의 전통문화를 간직하고 발전시켜올 수 있었던 까닭이다.

물론, 한국 화교는 더 이상 거대 이주민집단은 아니기에 중국의 전통적인 종족宗族 관념이 실제적인 조직이나 제대로 된 형식으로 남아있다고는 볼 수 없다. 그럼에도 불구하고 화교들은 관혼상제, 세시풍속, 민간신앙 등에 의한 각종 모임들을 통해 적어도 화교사회라는 경계 즉 '화교다움'만큼은 여전히 허물어뜨리지 않고 있다. 특히, 제례와 상례 등에서 보이는 차별적인 특징들은 화교로서의 기본적인 가치지향을 보여주고 있고 화교사회의 미덕과 도덕적 기준을 배양하고 있다.

더불어 화교사회는 혈연, 지연, 학연, 업연業緣 등으로 대표되는 이른바 중국의 '꽌시문화關係文化'를 오랜 세월 동안 유지해오는 가운데 자신들의 삶을 구현해오고 있다. 설령 그것이 국외자의 입장에서 볼 때, 비합리적이고 전근대적인 것으로 비쳐진다 하더라도 그들이 처한 시대적 상황과 공간적 경험은 그러한 문화 원리를 결코 포기할 수 없게 만들었다.

물론, 오늘날 젊은 세대 화교들은 그들의 부모세대가 각종 억압과 차별을 극복하는 방법으로 고수해왔던 전통적인 공동체의 문화 원리와 가치체계에 대해 그 효용성을 의심하고 있다. 그러나 화교를 바라보는 우리의 시선이 제대로 교정되지 않고, 한국사회가 강요하는 공적 시스템이 화교사회에 제대로 적용되지 않는 한, 그것은 새로운 현실과 구조상에서 일부 조정되고 보완될지언정 결코 화교사회에서 쉽게 자취를 감추지는 않을 것이다.

누대에 걸쳐 인천에 거주하고 있는 화교를 언젠가는 중국으로 돌아간다는 '낙엽귀근'의 존재로 생각하는 일은 더 이상 없어야 할 것이다. 누가 보더라도 그들은 이 땅에서 살다가 이 땅에 묻힐 '낙지생근'의 사람들이다. 그들이 더 이상 피해의식을 갖지 않도록 하는 현명한 해법이 필요한 시점이 바로 지금이다. 이것이 다문화사회와 문

화혼종의 열린 공간을 지향하고자 하는 우리 모두가 기껍게 짊어져
야 할 소임이리라.

한국사회에서 공동체 구성원 모두를 아우를 때, 통칭 "대한민국
사람 누구나!"라고 말한다. 그러나 그 안에 화교는 없다.

5 **한국화교는 '타이완화교'가 아니다!***

　해외거주 중국인을 뜻하는 '화교華僑'는 우리에게도 꽤나 익숙한 단어이다. 그러나 화교란 존재가 한국사회에서 크게 이목을 끌었다거나 사람들의 입길에 자주 오르내렸던 적은 거의 없다. 그만큼 우리에게 화교란 가깝고도 먼 집단이고 어쩌면 내내 관심 밖의 대상이었을지도 모르겠다. 만약 이 땅에 살고 있는 화교들이 한국사회에서 차지하는 정치적 위상이나 경제적 세력이 주목할 만큼 강했더라면 아니, 거주인구 수라도 깔보지 못할 만큼 많았더라면 관심의 정도나 세간의 평가는 지금과는 판이했을 것이다. 하지만 현실은 냉혹하다.

　한국화교와는 달리 전 세계에 분포한 화교의 경제력이나 인구수는 우리가 상상하는 것 이상으로 막강하다. 정확한 통계는 알려진 바 없지만, 일설에 세계 화교의 유동자산은 4조 달러에 육박한다고 한다. 2017년 IMF 통계에 따르면, 중국의 GDP가 약 12조 달러라고 하니 그 4분의 1 수준이고, 이는 한국 GDP의 2.5배를 훨씬 상회하는 액수이다. 인구수도 4천만 명에서 5천만 명 그 어디쯤이다. 물론 이 수치는 각국 정부가 자국에 거주하는 중국인의 정확한 통계를 공표하지 않고 있고, 중국정부도 그 수가 공식적으로 얼마나 되는지 확실한 수치를 내놓고 있지 않은 상황에서 나온 추계이지만 말이다. 여하튼 그 경제력이나 인구수만 보더라도 가히 하나의 국가를 형성하고도 남을 만한 방대한 규모가 아닐 수 없다. 우리가 화교에 주목해야 하는 이유가 여기에 있다.

---

* 송승석, 중국학술원 중국·화교문화연구소 웹진 『관행중국』 85호(2017.09)에 실린 글을 수정보완함.

그런데 언젠가부터 해외 중국계 언론이나 문헌을 뒤적이다 보면, '화교'란 말과 함께 '화인華人'이란 말이 독립적으로 혹은 병기되어 등장하는 걸 볼 수 있다. 사실, 화인이란 말은 아주 오래전부터 존재하던 말로, 오늘날 처음으로 등장한 것은 아니다. 일찍이 해외에 거주하는 중국인을 가리키는 말로는 '당인唐人'이 자주 쓰였지만, 명나라 말기 이후로는 이 화인이란 말이 일반화되었다고 보는 게 통설이다. 하지만 오늘날 사용되는 화인이란 말은 그 옛날 통용되던 화인과는 그 쓰임새가 사뭇 다르다. 지금의 화인은 화교와 구별하기 위해 중국정부가 일부러 고안한 새로운 개념이다.

1957년 중화인민공화국화교사무위원회中華人民共和國華僑事務委員會(약칭 中僑委)는 중국정부로서는 처음으로 화교에 대한 정의를 "국외에 교거僑居하고 있는 중국공민中國公民"이라 정의한 바 있다. 적어도 1970년대까지 중국의 화교정책은 이러한 기조 위에서 이루어진 것이 사실이다. 그러나 1984년 국무원화교사무판공실國務院華僑事務辦公室(약칭 僑辦)은 이 정의를 다시 "국외에 정거定居하고 있는 중국공민이 곧 화교"라는 표현으로 바꾸었다. 국외거주, 중국공민이란 점은 그대로 계승되는 가운데, '교거(임시거주)'만 '정거(영구정착)'로 바뀐 것이다. 동시에 국무원은 화교와 차별되는 '외적화인外籍華人'이란 새로운 개념을 들고 나왔다. 즉, "외적화인이란 중국인의 후예로서 이미 거주국의 국적에 가입했거나 혹은 그것을 취득한 자"라는 별도의 규정을 마련한 것이다. 화인이란 바로 이 외적화인의 준말이다. 이렇게 보면, 화교는 해외에 정주하고 있지만 여전히 중국 국적을 유지하고 있는 중국 공민이고, 화인은 거주국 국적을 취득해 더 이상 중국의 시민이 아닌 자를 가리키는 말이 된다. 국적에 따라 해외 동포를 구분하는 것은 우리에게는 다소 낯선 일이 아닐 수 없다.

그렇다면, 중국정부는 왜 애써 이러한 구분을 짓고자 했던 것일까? 여기에는 이른바 신新중국 성립 이후, 아시아 신흥독립국들과의 원만한 외교관계를 유지할 필요가 있었던 중국의 오랜 고민이 내재되어 있다. 2차 세계대전 이후, 식민지 해방을 통해 국민국가 형성을 서두르고 있던 다수의 동남아 국가 위정자들은 자국 내 거주하는 중국인 즉, 화교들이 중국과 자국 공산당 간의 중개자 역할을 하게 될 것이고, 중국은 이들을 이용해 자신들의 내정에 영향력을 행사하게 될 것을 염려했다. 물론, 이는 다분히 과도한 해석에 따른 것이지만 어쨌든 화교가 중국과 이들 신흥독립국 간의 관계에서 불리한 요소로 작용하고 있었던 건 사실이다. 결국, 중국정부는 이들의 정부와 민간의 신뢰를 회복하고 화교에 대한 그들의 의심을 해소하기 위해 국가 이익의 범위를 신속하고 명확하게 확정하는 것이 필요했다. 그 첫 번째 일환으로 중국은 1955년 인도네시아와 〈이중국적에 관한 조약〉을 체결하고 화교의 이중국적을 부정했다. 이는 그동안 이른바 '혈통주의' 국적 원칙을 고수하는 가운데 거주지에 상관없이 중국계 혈통을 가지고 있는 자는 모두 중국공민으로 간주해왔던 중국정부가 사실상 그 모두를 포기하겠다는 것을 대내외에 천명한 일대 혁명적 사건이라 볼 수 있다. 결과적으로, 이러한 근본적 정책전환은 해외에 거주하는 다수의 중국인들에게 국적을 자유롭게 선택할 수 있는 여지와 여유를 부여했다.

현재, 해외에 거주하는 중국인들을 대략 4천5백만이라고 추산한다면, 그 가운데 거주국 국적을 보유한 화인은 약 4천만 명이고, 화교는 나머지 5백만 명 정도라고 한다. 다시 말해, 전 세계적으로 화인 대 화교의 비율은 약 9대 1로 화인의 수가 압도적으로 많은 형편이다. 그리고 그 비율의 차이는 갈수록 벌어지게 될 것이고 이는 어쩌면 극히 자연스러운 일일 것이다.

그런데 공교롭게도 한국의 화교 커뮤니티는 세계 화교사회와는 그 궤를 달리하고 있다. 현재, 3만 명이 채 안 되는 한국의 구화교 가운데 국내 귀화를 선택해 한국 국적을 취득한 자는 극히 적다. 적어도 표면적으로는 그렇게 보인다. 반면, 대부분의 화교들은 여전히 '중국' 국적을 유지하고 있다. 세계 화교의 대부분이 중국 국적을 포기한 채 거주국 국적을 취득한 화인이라면, 한국 화교는 반대로 '중국' 국적을 아직도 유지하고 있는 그야말로 '화교'가 대부분인 것이다. 한국에 거주하는 화교들이 여타 국가의 그들보다 유달리 중국인으로서의 민족정체성을 예민하게 자각하고 있는 '특별한' 중국인이라서 그러한 선택을 한 것은 물론 아니다.

이른바 세계냉전이 최고조에 달했던 1950년대에 전 지구상에 흩어져 살고 있던 화교들은 조국의 분열로 인해 중국대륙과 타이완에 두 개의 '중국정부'가 존재하게 되는 것을 목도하면서 자신의 신분을 재규정해야 하는 선택의 순간에 직면했다. 중화인민공화국의 새로운 공민으로 살아야 할 것인가? 아니면 중화민국 국민의 신분을 유지해야 할 것인가? 그도 아니면 아예 거주국 시민의 자격을 취득해 '중국인'으로서의 법적 정체성을 포기해야 할 것인가? 수치로 보면, 마지막 후자를 택한 경우가 제일 많았다.

그러나 당시 한국에 거주하던 중국인들에게는 아예 그러한 선택지마저 주어지지 않았다. 중화인민공화국 국적을 선택하는 순간, 그는 대한민국의 적국민이 되어 더 이상 한반도 남쪽에 거주할 수 없었고, 그렇다고 한국으로의 귀화를 선택하자니 부계혈통주의라는 순혈주의 내셔널리즘에 근거한 대한민국 국적법이 앞을 가로막고 있었다. 그들이 택할 수 있는 유일한 길은 이전 그대로 자신들의 국적, 즉

'중화민국' 국민의 신분을 유지하는 것이었다. 다만, 그 중화민국정부가 대륙을 떠나 타이완으로 옮겨갔을 뿐이다. 냉전이 그들에게 내린 운명이었다.

한국인들 중에는 한국의 구화교를 일컬어 '타이완화교'라 칭하는 이들이 있다. 별 뜻 없이 내뱉는 말이긴 하겠지만 또 경우에 따라서는 아주 틀린 말이라 할 수도 없겠지만, 특정 개인 혹은 집단의 신분과 자기정체성을 규정한다는 점에서, 이에 대해서는 보다 엄밀하고 분명한 교정이 필요할 듯하다. 타이완화교라 함은 타이완 출신으로 해외에 거주하는 중국인을 뜻한다. 그러나 한국의 화교들 가운데 타이완을 고향으로 하고 있는 이는 손에 꼽을 만하다. 한국화교의 대부분은 중국대륙의 산둥성을 자신의 원향으로 하고 있다. 한국화교를 속칭 산둥화교라 하는 것도 이 때문이다. 타이완은 그들이 태어난 고향도 아니고 그들의 조상이 대대로 뿌리를 내린 모국도 아니었다. 적어도 중화민국 정부가 타이완으로 철수하기 전까지는 무연고지역이나 다름없던 곳이 바로 타이완이다. 이렇게 보면, 그들의 중화민국 국적 유지는 고향을 등진 채 정권과 이념을 선택한 격이라 할 수 있겠다. 그것도 자의에 의해서가 아니라 타의에 의해서 말이다. 그렇지만 그들에게 고향은 언제나 중국이었고, 그 중국의 국호가 중화민국이었을 뿐이다. 어쩌면 그들이 생각하는 중화민국은 타이완의 중화민국이 아니라 현존하지 않는 '상상의' 중화민국일지도 모를 일이다.

재삼 말하지만, 그들은 한 번도 국적을 변경한 사실이 없다. 따라서 그들은 타이완화교가 아니다.

⑥ 드라마 〈도깨비〉와 1931년 인천화교배척사건의 화교 원혼冤魂들*

2021년 8월 28일 청명한 날씨의 토요일 오후에 인천시 동구의 배다리 헌책방거리를 찾았다. 전국 각지의 동네 서점과 고서점이 사라져가고 있는 가운데서도 이곳에는 아직 다섯 곳의 고서점이 영업하고 있었다. 〈길〉, 〈아벨서점〉, 〈대창서림〉, 〈집현전〉, 〈한미서점〉. 1950년대부터 이곳에 서점이 들어서기 시작했으니 그 역사가 70여 년이 다 되어간다. 이들

출처: 필자 촬영

서점 가운데 1955년에 개점한 〈한미서점〉에 코로나19 시국인데도 불구하고 유독 손님이 많았다. 서점의 외관이 온통 노란색으로 색칠해져 있어 다른 서점과 차별되는 특징이 있지만, 정작 이 서점이 유명해진 것은 드라마 〈도깨비〉의 촬영지였기 때문이다. tvN이 2016년 12월부터 2017년 1월까지 방영한 〈도깨비〉는 시청률 20%대를 기록하는 최고의 인기 드라마였고, 중국에서 〈꾸이꽈이鬼怪〉라는 이름으

---

* 이정희, 중국학술원 중국·화교문화연구소 웹진 『관행중국』 132호(2021.09)에 실린 글을 수정보완함.

로 방영되어 중국인들의 마음도 사로잡았다. 〈한미서점〉이 〈도깨비〉의 촬영지의 하나로 알려지면서 국내뿐 아니라 중국, 세계 각지에서 여행객이 이곳을 찾고 있다.

그런데 〈한미서점〉 일대는 일제강점기 때 화교가 경영하는 호떡집이 여럿 있었다. 호떡은 우리가 일반적으로 상상하는 밀가루를 반죽하여 납작하게 만든 후 설탕을 넣어 구운 '호떡'만을 의미하는 말이 아니었다. 중국식 빵과 과자 그리고 만두를 모두 포괄하는 말이었다. 당시 호떡의 가격은 개당 5전(당시 노동자의 하루 임금은 50전－1원)의 저렴한 가격에다 간편하게 가지고 다닐 수 있어 조선인과 화교 노동자에게 큰 인기를 끌었다. 호떡을 판매하는 곳을 호떡집이라 했다. 1930년 10월 전국의 호떡집 수는 1,139개, 인천부에서 영업하고 있던 호떡집은 33개였다. 대부분의 호떡집은 화교에 의해 직원 2-3명을 두거나 가족 단위로 운영되었다. 일제강점기 때 배다리 일대는 행정 구역상으로 금곡리金谷里에 속했다. 일본인과 화교가 일본전관조계와 청국전관조계를 개설하면서 그 일대의 상권을 장악하자, 조선인은 자연히 현재의 송림동, 송현동 등지 일대로 밀려났다. 서울 시내가 일제강점기 때 일본인과 화교가 주로 거주하면서 영업하는 서울역과 명동 일대의 '남촌'과 종로 일대의 조선인 집단 거주지인 '북촌'으로 나뉘져 있었는데, 인천도 그랬다. 그리고 〈한미서점〉에서 가까운 곳에는 조선 첫 성냥공장으로 유명한 조선인촌주식회사朝鮮燐寸株式會社가 1917년에 설립되었고, 조선인 여공을 중심으로 400여 명이 일하고 있었다.

화교 호떡집이 배다리 일대에 세워진 이유는 조선인 소비자가 이처럼 많았기 때문이었다. 호떡집 가운데 화교 연규산連奎山과 모종이慕宗二의 호떡집이 있었다. 연규산의 호떡집은 〈한미서점〉 맞은편의

〈인천스포츠〉 상점 근처에 있었다. 모종이 호떡집은 〈한미서점〉과 〈아벨서점〉 사이에 위치하는 〈길〉 서점 정도의 위치에 있었다.

그런데 1931년 7월 3일부터 터지기 시작한 인천화교배척사건이 두 호떡집에 먹구름을 드리웠다. 지린성吉林省 창춘長春의 만보산 근처에서 수로공사를 하던 조선인 농민에 대한 중국 관헌의 탄압을 전한 『조선일보』 1931년 7월 3일 자 호외가 경인철도를 통해 운송되어 인천에 배포되면서 사건은 시작됐다. 당시 『조선일보』 인천지국장인 최진하崔晉夏(기자)는 이 호외 신문의 배달상황을 다음과 같이 증언했다.

> 당일(2일) 본지 석간은 18시경 배달을 마쳤다. 같은 시간 경성 본사로부터 전화가 와서 만보산사건에 관한 호외를 22시경의 열차로 송부한다는 것이었기 때문에 나는 배달부를 불러 대기하라고 했다. 잠시 뒤 마지막 열차로 상인천역上仁川驛(현재의 동인천역)에 도착했다. 심야이기도 하여 다음 날 아침 배달시키려 했지만, 신문의 사명은 조금이라도 빨리 독자 및 세상에 보도하는 것이 최대의 임무이며 또한 타 신문보다 먼저 알려야 한다는 생각에 곧바로 배달하게 되었다.

이 호외 신문은 23시 50분 상인천역에 도착하여 지국의 배달부에 의해 구독자 320명에게 배달된 것은 3일 오전 0시경이었다. 이 호외 신문이 배달된 뒤 1시간이 지난 1시 10분 인천부 용강정龍岡町(현재의 인현동)의 중화요리점이 조선인 5명에게 습격당한 것을 시작으로 2시경에는 율목리栗木里(율목동), 중정仲町(관동), 외리外里(외동)의 중화요리점 및 이발소가 조선인에게 잇따라 습격당했다. 8시에는 부천군 다주면多朱面의 화농 왕모, 9시에는 율목리의 호떡 화교 행상이 습격을 받고 구타당하는 사건이 발생했다.

폭동은 3일 오후 더욱 확대되었다. 시작해始作偕, 최재신崔齋信, 장유명張維明, 류유청劉維靑 등의 화교가 조선인의 폭행과 투석으로 부상당하는 사건이 잇따라 발생했다. 게다가 21시 45분 약 5천 명의 군중이 인천부청(현재의 중구청 자리) 앞에서 함성을 지르고 지나정支那町(현재의 인천차이나타운)을 습격하려 했지만 경찰의 제지로 실패했다. 22시 30분에는 약 100명의 군중이 인천경찰서 앞에 집합하여 검거된 자를 탈환하려 했다. 경찰에 의해 해산된 군중은 화정花町(신흥동) 부근의 화교 가옥에 투석하고, 내리內里(내동)의 중화요리점인 평양관平壤館 부근에서는 수천 명의 군중이 화교 가옥에 투석하는 등 폭력을 휘둘러 경계중인 경찰관 1명과 기마 1마리가 부상당했다.

4일 21시 수천 명의 군중이 화교 가옥을 습격하여 파괴, 더욱이 경찰관에 반항하여 외리파출소에 쇄도하여 유리창을 파괴하고 전선을 절단하는 등 공권력에 도전하는 양상을 보였다. 그제서야 경찰관은 칼을 뽑아서 필사의 진압을 했으며 5일 2시 경성에서 급파된 경찰관 51명의 지원으로 점차 군중을 해산시킬 수 있었다. 이후 폭동은 점차 진정되었다. 조선총독부 경무국이 파악한 인천화교배척사건의 화교의 인적 피해는 사망 2명, 중상 2명, 경상 3명이었다. 평양부의 화교 인적 피해가 사망 96명, 중상 33명, 경상 63명에 비하면 훨씬 적었지만, 만약 지나정이 습격을 당했다면 평양과 비슷한 사태가 발생할 수도 있었다.

그런데 사망자 2명 가운데 한 명은 바로 배다리 호떡집의 주인 연규산이었다. 연규산은 3일 15시 사태가 심상치 않음을 알아차리고 지나정으로 피신하려 했지만, 상황이 여의롭지 못해 호떡집 직공들과 같이 송림리松林里(송림동)의 화교 왕승휘王承輝의 집으로 피신했다. 바로 그곳에서 조선인 군중의 습격을 받고 죽임을 당했다. 또 다른 사망자는 모종이 호떡집의 직공인 이준길李俊吉이었다. 호떡집에 숨어 있다 습격을 받고 외리파출소 쪽으로 도망치다가 군중에게 잡혀 죽임을 당했다. 상대적으로 안전했던 지나정을 향해 달려가다가 참변을 당한 것이다.

두 명의 살해에 가담한 피고인은 33명이었다. 이들의 평균 연령은 25세로 모두 남성이었고, 직업은 노동자, 직공 그리고 무직이었다. 1932년 4월 15일 경성복심법원京城覆審法院에서 제2심 판결을 받은 피고는 조기영趙己榮(27세·운송점 인부), 최개천崔蓋天(25세·정미소인부), 임부성林部成(22세·소기름상인), 문원배文元培(22세·성냥회사직공), 이옥돌李玉乭(20세·성냥회사직공), 신태돌申泰乭(23세·날품팔이), 이신도李神道(22세·정미소인부), 박범용朴凡用(26세·마차부) 등이었다. 이들에게 구형된 형량은 조기영 10년, 신태돌·이신도·박범용 각 8년, 이옥돌 7년, 임부성 6년, 문원배 5년, 최개천 4년이었다. 이들은 검찰의 심문에서 대체로 "사람의 말에 의하면, 만주 거주 조선인이 많이 중국인에게 살상되었기 때문에 조선 거주 중국인에게 복수해야 한다."라는 답변을 했다. 하지만, 만보산사건으로 인해 살해되거나 부상당한 조선인은 없었다. 〈조선일보〉의 크나큰 오보였다.

인천 화교사회는 1931년 8월 22일 인천화상상회가 중심이 되어 인천화교소학 운동장에서 여선우난교포대회旅鮮遇難僑胞大會를 개최했다. 화교배척사건 때 사망한 화교의 영혼을 달래고 조난당한 화교들을 돕고 위로하기 위한 행사였다. 그러나 '가해자'인 인천의 조선인 사회는 연규산과 이준길의 원혼을 풀어주거나 추모하는 행사를 열지 않았다. 물론 화교배척사건의 배후에 일본 제국주의의 만주 침략 야욕과 조선인과 중국인을 이간시켜 조선의 독립을 저지하려는 일제의 저의 그리고 조선총독부 당국의 폭동 진압 사보타주 등이 작용한 것은 여러 자료에 의해 사실로 밝혀지고 있다. 그렇다고 조선인 '가해자'의 책임이 면제되는 것은 아니다. 연규산과 이준길은 누군가의 가족이자 귀중한 생명이기 때문이다.

연규산과 이준길의 삶의 터전 근처에서 드라마 〈도깨비〉의 촬영이 있었다는 것은 우연으로 받아들일 수 있을까? 두 사람의 원혼이 아직 저승으로 가지 못하고 '도깨비'로 이승에서 떠돌고 있는 것은 아닌지. 2021년 8월 5일 인천대 중국·화교문화연구소가 주최한 만보산사건·1931년화교배척사건90주년국제웨비나에 참가하여 발표한 정병욱 고려대 교수는 "인천의 지인들에게 이러한 사건이 다시 발생하지 않도록 역사를 기억하기 위한 표석이라도 세워달라고 했지만, 아직도 아무런 답이 없다."라고 했다. 인천의 시민사회가 여기에 답할 차례가 아닐까.

❼ 화교 난민, 쩐 응옥 란陳玉蘭의 베트남 탈출기*

아프가니스탄 주둔 미군이 2021년 8월 말 수도 카불의 공항을 뒤로 하고 모두 철수했다. 2001년 9.11 테러의 배후로 지목되던 이슬람 세력을 응징하기 위해 미국이 군사개입을 한 지 20년 만에 별다른 성과 없이 탈레반에 정권을 넘겨준 채 물러난 것이다. 미군 철수 후 구 정권에 몸을 담았거나 미군을 도와준 아프가니스탄인의 해외 탈출이 이어졌고, 한국에도 390명의 아프가니스탄 난민이 도착하여 국가공무원인재개발원 진천 본원 임시생활 시설에서 생활하고 있다.

이들 난민을 보면서 어릴 때 신문과 텔레비전 뉴스를 통해 해상에 표류하던 베트남 난민인 '보트피플'의 모습을 떠올렸다. 그들이 어떤 사람들이고, 어떠한 경위로 베트남을 떠나야 했는지, 그 후 어떻게 되었는지 오랫동안 모르고 지내오다 우연히 '보트피플' 출신이 쓴 책 한 권을 발견했다. 1992년 일본에서 출판된 『ベトナム難民少女の十年베트남 난민 소녀의 10년』이라는 제목의 책이다. 이 책의 저자의 일본 명은 'トラン・ゴク・ラン토란 고쿠 란'으로 베트남 화교 출신으로 일본에 정착한 난민이었다.

인도차이나반도의 3개국인 베트남, 캄보디아, 라오스는 1975년 모두 사회주의 체제로 전환했다. 북베트남은 남베트남을 통일했으며, 캄보디아와 라오스도 공산 정권으로 바뀌었다. 세 나라의 이러한 체제 전환으로 경제활동의 제한, 정치적 박해 등을 이유로 해외로 탈출하는 난민이 속출했는데, 이들을 '인도차이나 난민'이라 부른다. 베트

---

* 이정희, 중국학술원 중국·화교문화연구소 웹진 『관행중국』 134호(2021.11)에 실린 글을 수정보완함.

남 난민은 인도차이나 난민의 일부였지만, 홍콩과 마카오의 난민촌에 수용된 난민을 기준으로 할 때는 전체 인도차이나 난민의 7할을 차지할 정도로 가장 큰 비중을 차지했다. 그리고 인도차이나 난민 가운데 상당수가 화교·화인이었다.

1975년 이전 남베트남과 북베트남 거주 화교 인구는 145만 명이며, 이 가운데 26만 명은 조국인 중국으로 귀국했다. 111만1,000명은 홍콩과 마카오의 난민 캠프를 거쳐 미국, 캐나다, 프랑스, 호주, 독일, 영국 등지로 이주했다. 일본에 정착한 베트남 난민은 1만1,319명인데 이 가운데 상당수가 화교·화인 출신이었다. 토란 고쿠 란은 그중의 한 명이었다.

토란 고쿠 란은 1963년 당시 남베트남의 화교 도시인 쩌런에서 태어났다. 그녀의 베트남 이름은 쩐 응옥 란Trần Ngọc Lan이며, 한자로 옮기면 '陳玉蘭'이다. 중국식 발음으로는 '천위란'이 된다. 토란 고쿠 란은 그녀의 베트남 성명을 일본식으로 바꾼 것으로 그녀에게는 이렇게 세 개의 이름이 존재했다. 쩐 응옥 란은 1978년 12월 10일 베트남 중부의 다낭항 근처에서 밀선을 타고 홍콩에 도착한 후, 그곳의 난민캠프에서 생활했다. 그런 후 1979년 10월 29일 2명의 오빠가 생활하고 있던 일본으로 이동하여 정착했다. 응옥 란은 일본의 의과대학을 졸업하고 의사가 되었으며, 일본에서 의사가 된 최초의 난민이었다.

그녀의 부친은 중국 하이난도海南島 출신이었다. 중일전쟁 발발 후 하이난도가 1939년 2월 10일 일본군에 점령당하자, 1940년대 초 부친은 배를 타고 쩌런Chợ Lớn으로 피신했다. 당시 응옥 란의 부친처럼 일본군에 점령당한 광둥성, 푸젠성 지역에서 신변 안전과 경제적 이유로 베트남으로 이주한 중국인이 많았다. 응옥 란의 부친은 쩌런에서 열심히 일해 재산을 모았고, 고향에 있던 부인도 쩌런으로 데리고 왔다. 부친과 모친은 쩌런에서 5남 2녀의 자녀를 두었고, 응옥 란은 막내였다.

부친은 쩌런에서 큰 상점을 경영할 정도의 상당한 부자였다. 장남과 차남을 1971년부터 일본에 유학시킬 정도였다. 응옥 란의 집은 쩌런의 중심가인 동경대도同慶大道에 있었고, 집 바로 앞에는 호텔이, 옆에는 약국, 비스듬하게 앞쪽은 극장이 자리한 번화가였다. 집은 4층의 건물이었다. 1층의 3분의 1은 상점, 3분의 2는 가족의 부엌과 식당이었다. 2층은 공부방과 오빠들의 침실, 3층은 부모와 응옥 란의 방, 4층은 오빠들의 공부방이었다. 응옥 란 가족의 안정된 삶은 1975년 남베트남의 공산화로 무너지기 시작했다.

남베트남이 북베트남에 의해 통일된 1975년에 응옥 란은 13살의 나이였다. 당시 쩌런의 화교학교인 원쫭소학文莊小學의 6학년 졸업반이었다. 그해 4월 28일 긴장된 분위기 속에서 학교 졸업식과 사은회 행사를 마치고 30일을 맞이했다. 이날은 남베트남의 대통령이 북베트남에 항복을 선언, 베트남이 사회주의 국가로 통일된 바로 그 날이었다.

응옥 란은 그날 북베트남군이 쩌런을 접수하기 위해 행군하는 모습을 자신의 집 2층에서 목격했다. "녹색 전투복을 입고 고무화를 신고 있었습니다. 총을 가지고. 전차와 장갑차를 타고 들어왔습니다. 계속해서. 전차도 몇 대 정도였는지 모르지만 가득 찬 느낌이었습니다. 마치 행진 같았습니다. 병정들은 와ー 하고 시끄럽게 하면서 온 것 같았습니다. 아! 이겼다, 이겼다고 말하는 병정들을 우리는 거저 바라볼 뿐이었습니다. 쩌런의 사람들 가운데 환영하는 사람이 있었는지 모릅니다. 대부분은 불안에 떨면서 객관적으로 냉정하게 사태를 주시하고 있었습니다."

베트남이 통일된 그해, 응옥 란은 화교 중학교에 진학했다. 남베트남의 공산화에 따라 학교에서 배우는 내용에도 변화가 생겼다. 교사의 절반이 바뀌었고, 새로 임용된 교사는 대부분 중국에서 유학했거나, 북베트남에서 온 화교들이었다. "함락 후의 베트남에서 국어의 학습 내용이 완전히 바뀌었습니다. 지금까지는 동남아시아의 화교교육 공통의 교과서를 그대로 사용했습니다. 그래서 두보와 이백의 고전과 현대문을 배웠지만, 사회 상황이 바뀌고 나서는 상대편인 공산주의의 루쉰의 작품이나 다른 사람의 작품으로 바뀌었습니다. … 함락 후 가장 바뀐 과목은 국어와 역사였습니다. 호찌민이 어떤 식으로 전쟁을 했는지라는 역사와 정치 과목도 늘어나, 공산당은 어떤 정치를 하는지, 그런 것만 배우고 있었습니다."

화교 중학교 학생 가운데 공산당의 청년위원으로 임명되어 활동하는 학생도 있었다. "1,100명 정도의 전교생 가운데 20명 정도가 위원으로 임명되었습니다. 집회에서 학생들을 똑바로 줄을 세우거나 질서를 유지하는 일을 했습니다. 교장 선생님이 호찌민이 이렇게 말씀하셨다고 전달해 주고, 공산당을 찬양하는 노래와 중요한 말을 암송할 때의 리더 역할도 했습니다. 문예부와 합창부와 같은 부가 여럿 있었지만, 그러한 클럽의 리더로도 활동했습니다. 예를 들면, 댄스도 저쪽의 혁명 댄스, 노래도 혁명의 노래를 보급하여 선전하는 것. 소위 공산주의의 선전부원과 같은 것이었습니다."

응옥 란의 부친에게도 신변의 위험이 닥쳐왔다. 베트남 공산당은 구 남베트남 정부와 군 관계자 등의 사상교육을 위해 재교육센터로 보냈다. 그 인원은 10만 명에 달했다. 응옥 란의 부친은 부자 계층이라는 이유에서인지 베트남 공산당으로부터 재교육센터로 가라는 명령을 받았다. 응옥 란은 위의 책에서는 재교육센터를 '신경제구'新經濟區로 불렀다. 그곳에 가면 익숙하지 않은 중노동 농작업을 부과하고 정신개조 교육을 받았다고 한다. 하지만, 응옥 란의 부친은 실제로 재교육센터로 보내지지는 않았고, 베트남을 탈출하게 된다.

> 사이곤이여 안녕
> 사이곤 그대는 내 인생에서 사라져 가네
> 사이곤이여 이제 즐거운 나날은 끝나버렸다네
> 지금 나에게 남은 건 지나가 버린 아름다운 시간, 진이 빠진 미소
> 하염없이 흘러내리는 눈물……
> 사이곤이여 햇빛이 다시 그 길거리를 비추는지
> 사랑하는 당신 비가 그대 돌아가는 길을 젖게 하는지
> 가을 오후 낙엽이 공원에 떨어지고 있는지
> 옛 그대의 모습 난 영원히 잊을 수 없다네
> 난 황야의 무리에서 길잃은 양
> 매일 시간을 망각하려는 삶
> 20대인 난 왜 이리도
> 슬픈 나날을 보내야 하는지

이 가사는 응옥 란처럼 베트남을 뒤로 하고 난민이 된 20대 베트남인이 부른 노래이다. 1970년대와 1980년대 베트남 화교와 베트남인 보트피플 사이에 크게 유행했던 노래였다. 응옥 란이 쩌런에서 베트남어 '미국의 소리방송'VOA을 통해 이 노래를 듣고 잊지 않고 기억한 것은 가사가 자신의 처지를 너무나 잘 표현하고 있었기 때문일 것이다.

응옥 란이 1978년 12월 베트남을 탈출하기 전, 화교의 도시 쩌런

거주 화교를 둘러싼 상황은 날이 갈수록 악화했다. 쩌런과 사이곤을 비롯한 남베트남 거주 화교는 1975년 베트남이 통일되기 직전 남베트남 국내 도매업의 100%, 소매업의 50%, 대외무역의 70%, 공업의 80%, 금융업의 약 절반을 차지할 정도로 큰 경제력을 쥐고 있었다. 그래서 베트남인 언론인은 당시 쩌런을 '베트남 사회주의의 육체에 고동치는 자본가의 심장'이라 표현했다. 그리고 베트남 공산당의 군대가 1975년 4월 쩌런을 점령한 그 날, 그들은 거리에 즐비한 수천 개의 중국 국기인 오성홍기와 마오쩌둥의 초상화가 걸려있는 것을 봤다. 베트남 공산당은 이것을 '중국 자민족 중심주의'의 심벌로 간주하고 곧바로 철거를 명령했다.

베트남 공산당은 통일 후 경제를 장악하고 있던 화교 자산가를 척결하기 위해 '매판자본가 계급 척결'과 '사회주의 개조'의 캠페인을 전개했다. 그리고 통일 베트남의 경제 재건을 위해 1975년부터 1978년 사이 두 차례에 걸쳐 통화개혁을 단행했는데, 이런 조치는 현금을 많이 보유하고 있던 화교에게 큰 타격을 주었다. 화교 부유층은 체포되거나, 재산을 몰수당했으며, 이로 인해 화교가 입은 손실은 10억-20억 미국 달러로 추산되었다. 남베트남의 화교신문은 모두 폐간되었고, 화교학교와 병원 그리고 각종 화교 사회단체도 폐쇄되었다.

응옥 란의 부친도 주택을 비롯한 재산을 몰수당했다. 베트남 공산당원이 그녀의 집에 기거하면서 재산 일체를 조사한 후, 당국에 기부할 것을 강요했다. 부친은 강제적인 조치인 것을 알아차리고 재산을 모두 인도했다. 응옥 란은 이날이 1978년 음력 8월 15일(양력 9월 17일) 중추절이라 그날을 똑똑히 기억했다. 주택을 몰수당한 응옥 란 가족은 부친의 지인의 집 4개소에서 뿔뿔이 흩어져 살았다. 응옥 란과 모친, 언니는 이전 자신의 집에서 일하던 화교의 집에서, 부친,

오빠 2명, 그리고 오빠 1명은 각각 다른 집에서 한 달을 생활했다. 그리고 사이곤 거주 부친과 같은 하이난도 출신의 화교 집에서 한 달간 신세를 졌다.

응옥 란 가족이 이런 생활을 하고 있는 동안, 베트남과 중국의 관계는 더욱 악화됐다. 사회주의의 종주국이라 할 수 있는 소련과 중국 간에 치열한 대립을 하고 있는 가운데, 베트남이 친소 정책을 추진한 것이 중국의 역린을 건드려, 중국은 1978년 7월 베트남 원조를 중단했다. 그리고 중국이 지지하고 있던 폴 포트 정권의 캄보디아가 1977년 12월 베트남과 단교를 하자, 베트남은 1978년 12월 캄보디아를 침공했다. 결국 중국과 베트남 간에는 이듬해 2월 17일 전쟁이 터졌다. 이러한 일련의 사태 속에서 베트남 화교는 1978년부터 대량으로 중월국경을 넘어 중국으로 귀국했다. 중국정부의 화교 업무 담당기관인 국무원 교무판공실은 베트남에 대해, "베트남 거주 화인을 부당하게 배척·박해하여 다수를 중국에 돌려보내고 있다."라고 맹비난했다. 응옥 란을 비롯한 베트남 화교는 베트남 공산당이 통일을 달성할 당시 자신의 모국인 중국의 중국공산당과 베트남 공산당은 매우 친밀한 관계에 있어서 화교를 함부로 대하지 못할 것이라고 기대하고 있었다. 하지만 양국 간의 사태가 걷잡을 수 없는 방향으로 흘러가면서 베트남 화교의 탈출은 육로와 해로를 통해 확산하는 양상을 보였다.

응옥 란은 3명의 언니, 오빠와 함께 1978년 12월 10일경 베트남 중부의 항구인 다낭에서 '밀선'에 승선했다. 이때쯤 응옥 란의 부모는 다른 곳에서 배를 타고 말레이시아로 향했다. 응옥 란 일행은 이듬해 1월 10일경 홍콩에 도착했지만 허가받지 못한 '난민'인 관계로 곧바로 하선이 허락되지 못해 배 속에서 한 달을 보냈다. 하선이 허가된

후 형무소로 보내어진 응옥 란 일행은 4월 21일 다시 난민캠프로 옮겨졌다. 난민캠프에서는 외출이 가능해 라디오조립공장의 노동자로 일하면서 야간학교를 다녔다. 응옥 란처럼 보트피플로 1979년 1월 1일부터 8월 15일 사이 무사히 홍콩에 도착한 사람은 6만8,676명에 달했다.

응옥 란은 보트피플 가운데서도 가장 행복한 부류에 속했다. 일본에 유학하고 취업한 오빠가 있었기 때문에 일본으로 갈 수 있었다. 1979년 10월 29일 비행기를 타고 일본 나리타공항에 도착했다. 오빠가 거주하고 있던 군마현 기류시桐生市로 이동하여 먼저 도착해있던 부모와 극적인 상봉을 했다.

베트남 통일 과정에서 응옥 란 가족이 겪은 아픈 기억은 1986년 도이머이Đổi mới 정책 도입 40여 년이 다 되어 가는 지금도 치유되지 않고 살아 움직이고 있다. 베트남의 진정한 통일은 응옥 란과 같은 해외 거주 베트남화교와 베트남인 난민이 역사적 굴레에서 해방되는 그 날이 되지 않을까 한다.

⑧ 조선화교 배척사건과 하이퐁화교 배척사건의 비교*

2021년은 1931년 발생한 만보산 사건·조선화교 배척사건 90주년이 되는 해이다. 두 사건은 1930년대 만주사변, 제1차 상해사변, 만주국 건국, 그리고 중일전쟁으로 이어지는 동북아시아의 정치적 격변에 주요한 계기가 되는 사건이며, 동시에 조선화교의 사회경제에 치명적인 타격을 가한 사건이었다.

조선화교 배척사건의 경우 1927년 12월과 1931년 7월 두 차례 발생했다. 19세기 중엽 이래 중국인의 해외 이주가 본격적으로 이뤄지면서 이주지 및 이주국에서 화교에 대한 배척사건이 동남아를 비롯한 전 세계에서 발생했다. 조선화교 배척사건만을 검토해서는 화교 배척 사건의 보편성과 특성을 놓칠 우려가 있다. 이 사건을 보다 객관적으로 살펴보려면 타 국가 및 지역의 화교배척 사건과 비교하는 것이 필요하다. 베트남 북부의 항구 도시이자 차이나타운이 있는 하이퐁에서 1927년 8월 17일부터 21일 사이에 발생한 화교배척 사건은 조선화교 배척사건의 비교 대상으로 매우 적절하다. 지금까지 필자가 진행한 두 화교배척 사건 연구 성과에 근거하여 양자를 비교해 보고자 한다.

첫째, 두 사건의 발단의 문제이다. 1927년과 1931년 화교 배척사건의 발단은 만보산사건이 신문을 통해 조선에 과장보도가 되면서 화교 배척사건으로 이어졌다는 공통점이 있다. 하지만 하이퐁화교 배척사건은 조선화교 배척사건과 같은 외발적 발단이 아니라 베트남인

---

* 이정희, 중국학술원 중국·화교문화연구소 웹진 『관행중국』 131호(2021.08)에 실린 글을 수정보완함.

부녀자와 화교 부여자 간에 물 뜨는 과정에서 양 민족 간 충돌과 그 확대라고 하는 내발적 발단이라 할 수 있다. 이런 점에서 '만주'라는 공간에 60만 명의 조선인이 거주하고 있었다는 사실 자체가 큰 의미를 가진다고 할 수 있다.

둘째, 조선화교 배척사건의 경우 1927년은 조선의 남부, 1931년은 전국적 규모로 전개되었지만, 베트남의 경우는 하이퐁 이외의 지역에서는 발생하지 않았다는 차이점이 있다. 이 점은 프랑스령 인도차이나 식민당국과 조선총독부의 사건 대응과 관련해서 중요한 의미를 가진다. 즉, 프랑스령 인도차이나 식민당국은 하이퐁사건이 타 지역으로 확산되지 않도록 언론을 통제하고 화교사회를 철저히 감시 통제했다. 조선총독부는 1931년 화교 배척사건의 경우 초기 대응을 신속하면서도 철저히 진압하지 않은 측면이 있다. 그 이면에는 재만조선인에 대한 중국 측의 구축과 탄압에 대한 일종의 '보복심리'(물론 만주 침략을 위한 의도가 배후에 깔려있었지만)가 작용한 것이 조선총독부의 우가키 총독의 일기에서 확인할 수 있다.

셋째, 조선화교 배척사건이 전국적으로 전개되었기 때문에 피해 규모는 하이퐁 차이나타운에 한정해서 전개된 하이퐁화교 배척사건에 비해 훨씬 컸다. 하이퐁 사건의 피해는 사망자 15명(그 중 1명은 베트남인), 부상자 60명, 체포된 자는 201명(그 중 17명은 화교), 이 가운데 기소된 자는 120명이었다. 1927년 화교배척 사건은 사망 2명, 중상 11명, 경상 54명, 폭행 피해자 273명, 재산손실액 9,567원이었다. 1931년 화교배척 사건은 화교 사망자 119명, 중상 45명, 경상 150명이었고, 조선인 사망자 3명, 중상 3명, 경상 28명, 경찰 중상 9명, 경상 78명이었다.

넷째, 두 화교배척 사건의 원인에는 유사한 점이 발견된다. 먼저 화교인구의 급증을 들 수 있다. 조선화교의 인구는 1927년은 1920년에 비해 52%, 1930년은 65%가 각각 증가했다. 하이퐁 화교 인구는 1923년은 10년 전에 비해 58.7%나 상승했고, 1929년은 6년 전인 1923년에 비해 49.1%나 증가했다. 1920년대는 제1차 세계대전의 종결 이후 비교적 평화의 시대가 도래해 세계 경제도 1929년 세계 대공황 발발 이전까지는 비교적 호경기가 지속되었다. 이러한 조건에서 중국의 농민과 노동자는 동남아와 조선 등지로 급속히 이주했다. 이러한 인구 급증이 원주민과의 갈등과 마찰 증가로 이어졌고, 결국에는 화교배척 사건으로 확대되었다.

또 하나는 화교의 경제력이다. 프랑스령 인도차이나 식민당국과 조선총독부는 외국인의 제조업 투자를 법률적으로 제약했기 때문에 이 분야는 프랑스와 일본 자본이 절대적인 비중을 차지했다. 하지만, 조선화교는 주단포목상점, 베트남화교는 미곡상의 분야에서 통치국 국민과 원주민을 압박하는 세력을 형성하고 있었다. 이에 대한 베트남인과 조선인의 화교에 대한 시선은 곱지 않았고, 그 불만이 화교배척 사건으로 표출된 측면이 있다.

다섯째, 조선과 베트남의 화교사회 및 중화민국 난징국민정부는 화교배척 사건이 식민지 당국의 방임과 방조로 더욱 확산되었다고 주장하고, 이에 대한 책임자 처벌과 배상을 요구했다. 베트남인과 조선인 경찰이 시위대를 지휘하여 화교를 습격했다는 주장까지 제기했다.

여섯째, 난징 국민정부와 화교사회의 화교배척 사건에 대한 대응 방식에서 두 사건의 차이가 발견된다. 1927년 조선화교 배척사건은 주경성 중화민국총영사관과 각 지역 소재의 중화상회가 중심이 되어 조선총독부 외사과外事課와 교섭하여 문제를 처리하려 했다. 1931년 화교배척 사건은 전국적인 규모로 발생했기 때문에 주경성총영사관과 부산, 신의주, 원산, 부산영사관, 진남포판사처, 인천판사처가 각각 지방정부와 교섭을 했고, 배상 문제와 책임자 처벌과 관련해서는 난징 국민정부 외교부와 일본 외무성이 협상을 진행했다. 하이퐁 화교배척사건의 외교 교섭은 그와 달랐다. 프랑스령 인도차이나에는 난징 국민정부의 영사관이 개설되어 있지 않아서 난징국민정부 외교부가 주광저우 프랑스영사관을 통해 이 사건과 관련하여 외교 교섭을 벌였다. 프랑스 정부는 난징 국민정부와 교섭하는 것을 꺼렸고, 그때까지 공식인정하고 있던 중화민국 베이징 정부를 외교적 파트너로 고려하고 있었기 때문에 양자 간의 외교적 교섭은 원활하게 이뤄지지 않았다. 베이징 정부는 장제스의 북벌 성공으로 당시 제대로 기능하지 않는 상태였다.

일곱째, 양국의 화교사회와 난징국민정부는 화교배척 사건을 프랑스와 일본 제국주의가 원활한 통치를 위해 중국인과 베트남인, 중국인과 조선인을 이간질하려는 의도에서 일으킨 사건으로 인식했다. 두 제국주의 국가는 1920년대 후반과 1930년대 초 중국 국민혁명의 성공으로 중국의 민족주의가 최고조에 달하던 시기이고, 중국국민당과 중국공산당 세력과 식민지의 혁명가가 연대하는 것을 경계했다. 또한 화교가 그 중계역할을 맡지 못하도록 경찰을 동원해 막고 있었다. 이러한 제국주의 국가의 이간 의도가 화교배척 사건과 어떻게 연관되어 있었는지는 앞으로 보다 세밀한 검토가 필요하다.

여덟째, 두 화교배척 사건은 중화민국 및 중국국민당 및 중국공산당과 연대하여 독립을 쟁취하려던 조선인과 베트남인의 혁명단체를 상당히 곤란한 처지로 몰아넣었다. 베트남의 '피압박민족연합회베트남지부', '베트남혁명청년회', '베트남혁명당중앙집행위원회'는 하이퐁 화교배척사건을 프랑스령 인도차이나 식민당국이 양 민족을 이간하여 혁명운동을 저지하려는 의도에서 일으킨 것으로 규정하고, 동포들이 그들의 의도에 말려들지 말 것을 호소했다. 대한민국 임시정부도 이 사건에 대해 유감을 표명하면서 베트남의 혁명단체와 거의 똑같은 내용의 호소를 했다.

베트남 북부의 1945년 대기근을 둘러싼 논쟁과
화교 미곡 상인*

　호찌민이 1945년 9월 2일 하노이의 바딘광장Quảng trường Ba Đình
에서 낭독한 베트남민주공화국의 독립선언문 가운데에는 1945년 베
트남 북부(당시는 통킹이라 불렀음)에서 기근으로 인해 200만 명이 아
사했다는 내용이 등장한다. 당시 꾸앙찌성 이북의 베트남 북부 거주
총인구가 1,316만 명에 달한 것을 고려하면 거주자의 약 15%가 아사
했다는 이야기가 된다. 베트남 정부가 1995년 발표한 베트남전쟁
(1964.8-1975.4) 중 전쟁으로 인해 사망한 남베트남과 북베트남의 민간
인은 200만 명이라고 발표했다. 즉, 1945년 대기근 아사자와 약 10년
간의 베트남전쟁으로 인한 사망자 수가 같다는 것인 만큼 대기근의
참상이 얼마나 심각했는지를 잘 보여준다.

　그런데 1945년 대기근은 일본과 프랑스의 공동통치에서 일본 단독
통치로 이행하는 전환기에 발생했다는 점에 주목할 필요가 있다. 제2
차 세계대전 발발 후 프랑스가 독일에 점령당한 틈을 이용하여 일본
군이 1940년에 베트남 북부, 1941년에 베트남 남부(당시는 코친차이나
라 불렀음)에 각각 진주, 프랑스 식민정부와 함께 인도차이나를 공동
으로 통치했다. 하지만 일본군은 일본의 '대동아공영권'을 수립할 목
적으로 1945년 3월 쿠데타를 일으켜 프랑스 식민정부를 전복시켰다.
1945년 대기근은 1945년 1월부터 쌀의 봄 수확 전인 4월 사이에 절
정에 달했기 때문에 일본의 공동통치와 단독통치 시기에 걸쳐 발생

---

* 이정희, 중국학술원 중국·화교문화연구소 웹진 『관행중국』 130호(2021.07)에
　실린 글을 수정보완함.

했다.

베트남 독립 후, 일본과 남베트남 사이에 일본의 식민지 통치에
대한 배상 회담이 개최됐다. 일본정부는 배상 회담에서 1945년 대기
근 발생에 대한 책임은 인정하면서도 아사자 수는 30만 명에 불과하
다고 주장했다. 일본과 남베트남 간의 배상 협상이 타결되자 일본은
1960년부터 5년간 무상 140억 엔, 유상 25억 엔의 차관을 제공했다.
하지만 북베트남의 호찌민 정권은 협상 결과를 인정하지 않았으며,
'30만 명 설'과 '100만 명 설' 모두를 부정했다. 1975년 지금의 베트
남사회주의공화국이 수립된 후에는 그전의 북베트남(베트남민주공화
국)이 주장해 온 '200만 명 설'이 정착됐다. 하지만 1945년 대기근에
대한 조사는 이뤄지지 않았다.

1986년 베트남판 개혁개방정책인 도이머이Đổi mới 정책이 도입된
이후, 1945년 대기근 문제에 대해서도 정치적인 프레임에서 벗어나
객관적인 조사가 이뤄질 수 있는 분위기가 조성되었다. 일본과 베트
남의 일월우호협회日越友好協會 간에는 제2차 세계대전 시기 벌어진
양국 관계 관련 조사를 하기로 합의했다. 이를 바탕으로 양국의 학자
들에 의해 1992년부터 1995년까지 4년간에 걸쳐 대기근이 발생한
베트남 북부 전 지역 가운데 23개 촌락을 조사했다. 조사 결과는
1995년 베트남의 역사연구소에서 《베트남의 1945년 기근 – 역사적
증거》라는 제목으로 출간됐다.

공동조사의 일본 측 책임자인 후루타 모토오古田元夫 도쿄대 교수
의 논문에 근거하여 조사 결과를 정리하면 다음과 같다. 첫째, 1945
년 대기근이 꾸앙찌성Tinh Quảng Tri 이북의 베트남 북부의 거의 전
역에서 발생했을 정도로 지역이 광범위했다는 점이다. 기존에 북부
의 홍하델타 지대와 중부의 해안평야 지대에서 대기근이 발생한 사

실은 알려져 왔지만, 공동조사에서 소수민족의 거주지역인 까오방성 Tinh Cao Bằng 등지에서도 기근 피해가 발생했다는 점이 밝혀졌다.

둘째, 23개 촌락의 피해가 최저인 경우도 당시 촌락 인구의 8%를 넘었을 만큼 피해가 심각했다는 점이다. 23개 촌락의 1945년 대기근 사망자는 제1차 인도차이나전쟁과 베트남전쟁으로 사망한 이들 촌락의 인원보다도 많았다. 이런 점에서 베트남 북부 농촌의 주민에게 1945년 대기근은 20세기 최악의 비극이라고 불러도 좋을 것이다. 공동조사의 베트남 측 책임자인 쩐타오 교수는 조사 결과를 바탕으로 아사자가 베트남 북부 당시 인구의 15%인 197만 명을 하회하지 않는다는 가설을 제시했다. 즉, 기존의 '200만 명 설'에 신빙성을 부여한 것이다. 하지만 정확한 아사자 수는 아직도 밝혀지지 않고 있다.

셋째, 기아의 피해가 지역별로 차이가 존재한다는 점이다. 아사자 규모가 전체 인구의 8%에서 73%까지 매우 폭넓게 분포했다. 홍하델타가 범람하는 지역에서 해안에 이르는 지역은 30%를 넘는 아사자가 발생했다. 하노이Hà Nội 주변 지역은 전통적으로 풍요로운 지역이어서 그다지 아사자 비중이 높지 않았다. 베트남 중부의 피해는 홍하델타와 비교하면 적었지만, 이곳에서도 10-30%대의 아사자가 발생한 것으로 드러났다.

그렇다면 1945년 대기근 발생의 원인은 무엇일까? 후루타 모토오 교수는 4가지 원인을 들었다. ① 1944년 가을 이후의 기후 불순으로 인한 흉작. ② 일본과 프랑스 식민정권에 의한 미곡 강제 매입의 시행. ③ 쌀 이외 다른 잡곡 재배가 증가하여 쌀 생산량이 감소한 점. ④ 미군의 폭격으로 베트남 남부에서 북부로 수송하는 루트가 차단되었다는 점. 1945년 대기근 때 생존한 주민은 위의 네 원인 가운데 ①과 ②를 주요한 원인으로 들었다. 후루타 교수는 원인 ②에 주목했다.

　일본은 태평양전쟁을 수행하는데 인도차이나를 식량 공급기지로 삼았다. 1938년 인도차이나 쌀 총수출량의 63.7%가 프랑스 및 본국 식민지로 수출되었고, 중국 및 홍콩에 14.6%, 일본에는 0.02% 수출되는데 불과했다. 그러나 1941년이 되면 쌀 총수출량의 59%, 1942년에는 98.3%가 일본으로 수출이었다. 일본은 전쟁 수행의 필요에서 프랑스 식민정부에 대일 쌀 수출량을 제시하면서 압박을 가했다. 일본이 요구한 쌀 수출량 대비 실제 쌀 수출량의 비중을 보면 1941년 84%, 1942년 91%, 1943년 91%, 1944년 55%에 달했다. 대일 수출 쌀 수출량은 1940년 4억6,800만 톤, 1941년 5억8,500만 톤, 1942년 9억7,400만 톤, 1943년 10억2,347만 톤이었다. 대일 쌀 수출 증가로 베트남 북부에 공급될 쌀이 점차 감소했을 것으로 추정할 수 있다.

　프랑스 식민정부는 일본의 요구를 충족시키기 위해 쌀 유통 기구와 쌀 수출 기구를 통제했다. 식민정부가 매입하는 쌀 가격은 시장가격보다 저렴했기 때문에 쌀 상인과 주민은 식민정부에 쌀을 내어놓지 않으려 했다. 일본군은 쿠데타를 일으킨 후 거의 강제로 쌀을 매입했다. 그런데 인도차이나의 쌀 유통 기구는 화교가 장악하고 있었다. 화교의 협조 없이는 계획된 쌀의 목표량을 일본으로 수출할 수도 국내 유통도 원활하게 이뤄질 수도 없었다. 화교 쌀 상인의 입장에서 이익이 나지 않는데 농민으로부터 매입한 쌀을 자유롭게 유통하기보다는 쌀을 유통하지 않고 감춰두거나 암시장으로 흘러 보내는 것이 유리했다.

　위의 논의를 정리하면, 1945년 대기근은 대일 쌀 수출의 증가, 흉작과 쌀이 남아돌던 남부에서 북부로 수송이 어려워지면서 북부로의 쌀 공급량이 절대적으로 감소한 상태에서 화교 쌀 상인의 미곡 유통이 원활하게 이뤄지지 않은 것이 복합적으로 작용하여 발생한 것으로 볼 수 있다.

⑩ 현대판 쿨리의 악몽*

2019년 10월 23일 영국 남동부 에섹스Essex 주, 한 산업단지의 화물차 냉동 컨테이너 안에서 39구의 시신이 발견되는 충격적인 사건이 보도되었다. 그중 다수가 중국인 불법 이민자라고 추정되었던 이 비극적인 사건은 결국 베트남인들의 희생인 것으로 드러났다. 그런데, 이 비정상적이고 비인간적인 국경 이동으로 인한 사건이 조사를 진행하기도 전에 중국인과 연계된 것은 왜일까 주목할 만하다.

2000년 6월 밀입국을 시도하던 중국인 60명 중 58명이 영국 도버Dover 항구의 컨테이너 트럭에서 숨진 채 발견된 사건이 있었다. 당시 트럭 환기구를 막아 질식사를 초래한 과실치사 살인죄로 14년 형을 받은 네덜란드인 트럭 운전자와 그를 도왔던 영국 거주 중국인 통역인은 실은 그 전 해에도 60여명의 중국인을 벨기에와 네덜란드를 경유하여 영국으로 들여온 전적이 있는 이들로 밝혀졌다. 밀입국 과정에서 살아남았던 스무 살의 푸젠福建 공장노동자는 그들에게 24년 동안 벌어야만 갚을 수 있는 액수를 요구받았다고 진술하여, 이 위험천만한 불법이주의 흐름에 얼마만한 이득이 개입되고 있는지를 새삼 확인해준 바 있다. 당시 영국 가디언지의 취재 결과[1]에 따르면, 사망한 58명 밀입국자의 고향인 푸젠의 마을사람들 간에는 밀입국 주선자가 누구인지 알려져 있었을 뿐 아니라, 밀입국 조직과 푸젠성 당국이 관계를 맺고 있어 밀입국에 마을 관리와 지역 공산당 서기

---

* 정은주, 중국학술원 중국·화교문화연구소 웹진 『관행중국』 111호(2019.12)에 실린 글을 수정보완함.

[1] "Bodies of 58 Chinese immigrants identified", *The Guardians*, 2000.7.5.

가 연루되어 있었다는 것도 공공연한 비밀이었던 것으로 알려졌다. 도버 사건 이후 한 때 밀입국 조직을 소탕하자는 캠페인이 등장했었지만, 관리들도 마을사람들도 밀입국 거래가 중단될 것을 실제로 기대하는 이는 아무도 없었다고 한다. 밀입국과 인신매매 등의 노동 거래는 어떤 수단도 갖지 못한 이들이 불법적 인력송출 조직에 기대어 온 질곡의 맥락이 해결되지 못한 곳에서 여전히 "어쩔 수 없이" 계속될 것이라 여겨지기 때문이다.

중국 노동자의 밀입국, 혹은 중국인 브로커를 통한 밀입국의 문제는 그 후 20여 년간 중국의 눈부신 경제성장으로 인해, 또 아프리카로부터 밀려드는 난민 문제로 인해 세계의 관심에서 멀어졌다. 중국은 2002년부터 10여 년간 역사상 최대의 경제성장을 이루며 미국과 대등한 경제 강국으로 성장하였고, 이제 '조화로운 사회건설'의 기치, 나아가 위대한 중국민족으로 다시 서자는 중국몽中國夢의 주장에 환호하는 시대를 살고 있다. 성장의 이면에 축적되어 온 빈부격차, 도농 격차와 사회적 불평등의 문제, 사회보장과 의료문제, 환경문제 등이 해결해야 할 사회적 문제로 드러나고 있지만, G2로 발돋움한 현재, 이 비참한 사건이 가장 먼저 중국인과 연루되었고, 중국 내의 인프라와 연관되어 있으리라는 세계인의 인식이 잠재하고 있었다는 것은 중국사회에 적잖은 충격이 아닐 수 없다.

그런데 이 사건은 20년 전보다 조금 더 거슬러 올라가, 200년 전 중국의 빈민이 겪었던 악몽을 연상시킨다. 중국이 나라 밖으로 나가는 해외중국인을 '화교'라는 근사한 단어로 부르며 포용하기 시작한 것은 19세기 말 무렵으로, 그 전까지 중국 왕조는 중국인이 나라 밖을 떠나는 것을 엄격히 금지했고 이를 어기는 자들은 버린 백성棄民이라 칭했다. 명·청 시기 상품경제가 급속히 발전하면서, 금지된 무역활동에 대한 유혹이 민간인들 사이에서 점차 커지기 시작했고, 저장浙江, 푸젠福建, 광둥廣東, 타이완臺灣 등 동남해 연안지역은 점차 밀무역의 중심으로 성장했다. 동남아 통치를 위한 중간 통치자로 중국인 이민자를 활용하고자 한 서구 식민지 정부는 남양南洋으로 건너 온 중국인들을 카피탄captain으로 대우하며 나은 삶을 보장했고, 보다 나은 삶에 대한 유혹은 동남연해의 중국인들에게 해외로 나가며 나라를 버린 죄명으로 목숨을 잃을 수도 있다는 두려움을 상쇄시킬 만했다.

당시에도 해외로 나가는 데에는 여러 통로가 있었는데, 절대 다수의 중국인들은 불법 조직이 운영하는 인력송출 조직에 의존할 수밖에 없었다. 푸젠, 광둥 등지에 마련된 인력송출 조직에 수수료를 지불하고 작은 배를 타고 나가, 값싼 노동력을 찾던 네덜란드, 영국 등 서구 식민지 정부가 뒷돈을 대고 있는 원양 선박으로 옮겨 타고 동남아로 이동했다. 동남아, 아메리카, 아프리카 등 세계 각지의 식민지는 서구 제국주의의 개발 사업에 투입될 대량의 노동력을 필요로 했고, 전란과 반란으로 얼룩진 청나라의 혼란과 가난에서 탈피하고자 했던 수많은 중국인들이 해외의 노동시장으로 빨려 들어갔다.

19세기 외국 자본가나 중국인 브로커의 모집에 응해 외국으로 송출된 노동자들은 고단한 하급노동자란 의미에서 쿨리Coolie(苦力 kuli)라 불렸는데, 중국인 사이에서는 돼지새끼 취급을 받으며 해외로 끌려갔다고 해서 이들을 돼지새끼豬仔라고 불렀다. 1840년 아편전쟁 이후 광저우廣州, 상하이, 하이커우海口 등지에는 외국 인력회사가 개설한 '저자관豬子館'이 공공연히 운영되었었는데, 중국인 브로커들이 사기, 협박, 납치 등의 수단으로 쿨리를 모집했고, 쿨리는 해외의 최종 목적지에 도달하기 위한 막대한 경비와 이자에 발목이 잡혀 노예와 다를 바 없는 노동의 도구로 전락할 수밖에 없었다. 자발적인 밀입국이든 강제적 인신매매이든 2000년 도버와 2019년 에섹스의 비극은 19세기 해외 자본주의가 팽창하던 최전선으로 중국의 빈민이 쿨리라는 슬픈 이름으로 화물선에 짐짝처럼 실려 송출되었던 악몽을 연장하고 있다.

인민일보의 자매지인 환구시보Global Times를 통해 중국은 이번 사건에 대해 '영국이 불법 이민자들을 다루는 방식에 심각한 차별과 비인도적 행위가 없는지를 봐야 한다'고 주장하며 영국의 국가적·사회적 책임을 물었다. 실제로 유럽 각국의 밀입국 규제가 강화되면서 중국인 뿐 아니라 시리아, 쿠르드 등지로부터의 난민과 불법 이주 노동자 등 밀입국을 선택할 수밖에 없는 이들이 화물 트럭에 몸을 싣는 식의 위험한 방식으로 치닫게 되는 상황도 부정할 수 없다.

그렇다면 국가는 국제이주의 불법과 거기서 파생되는 폭력에 어떤 역할을 할 수 있는가 묻게 된다. 현대의 국가들은 분명 과거보다 이주 통제에 분명 더 깊이 관여하며, 인신매매를 막고 난민을 구제하는 조치들을 시행하고 있기는 하다. 미국은 2000년 인신매매 피해자 보호법Trafficking Victims Protection Act, TVPA을 제정하고 기금을 마련하여 인신매매에 대한 국제적 감시 프로그램을 지원하고 있고, 중국도 인신매매범에게 종신형이나 사형에 처하는 조치를 도입했다. 그러나 문제는 법으로 해체하기 어려운 복잡한 국제적 네트워크가 존재하고, 국제 범죄조직의 하급자를 처벌할 수는 있으나 상급자를 처벌하기는 어렵다는 점이 밀입국 및 인신매매 방지 정책의 실효성을 무위로 돌리고 있다.

무엇보다 이민 수용국가들이 사용자 제재(미등록 노동자를 불법적으로 채용하는 사용자에 대한 처벌) 등 다양한 합법화 프로그램을 도입하고 있음에도 이주 정책이 실효를 거두지 못하고 여전히 뒷문을 통한 이주노동의 공급이 이루어지고 있는 것은 이른바 '이주 산업'의 존재와 관련이 있다. 이주의 흐름을 조직하는 서비스를 통해 이득을 얻는 이주산업의 발전은 이주 과정 중 형성되는 초국가적 네트워크의 한 단면으로서, 이주 흐름에서 요구되는 다양한 특수한 서비스를 정부가 다 제공할 수 없어 등장하게 된다. 이주 산업의 종사자 중에는 여행사 직원, 통역사, 부동산 중개업자, 이민 변호사 등 합법적 매개인도 포함되지만, 신분증과 여권을 위조하는 위조범부터 개인 밀입국업자, 최근 드러나고 있는 국제 범죄조직, 법과 규정의 허점을 알려주거나 허위문서를 발행해서 불법으로 돈을 챙기는 경찰이나 공무원도 존재한다.

이주 산업의 브로커들은 거대하고 보이지 않는 전 지구적 노동시장을 뒷받침하는 국제적 네트워크이다. 이에 더해 불법 이주의 규제가 벽에 부딪히는 이유 중 하나는 공식 채널을 통해 이동하기 힘든 이들에게 밀입국업자들은 종종 범죄자라기보다 의적으로, 썩었을지언정 최후의 동아줄로 받아들여지기 때문이다. 전쟁, 박해, 폭력, 빈곤을 피해 이주하려는 사람들은 더 나은 삶의 기회를 확보하기 위한 필사적인 몸짓으로 유일한 수단인 어둠의 경로를 통해 썩은 동아줄을 만난다. 대체로 좋은 일자리와 더 나은 미래를 약속하는 인신매매업자와 밀무역 주선자에게 속아서, 때로는 인신매매업자의 도움을 자발적으로 받아들여서라도 새로운 기회를 찾고자 한다. 세계 곳곳에서 불법 이민이 계속되는 현실은 단순히 국가의 국경 통제 실패로만 해석할 수 없을 것이다. 이민 송출국 내부의 절박한 실정을 들여다보아야 할 것이고 국제 이민의 흐름에서 막대한 영향력을 가진 초국가적 권력과 국내의 이해관계가 항상 정책을 입안하고 실행하는 과정에서 장벽이 되고 있음에 주목할 필요가 있겠다.

⑪ 세계의 화교·화인 인구는 얼마나 될까?*

세계의 화교·화인사회 형성의 역사는 크게 네 시기로 구분할 수 있다. 제Ⅰ기는 1850년대 이전 시기, 제Ⅱ기는 1850년대-1940년대, 제Ⅲ기는 1950년대-1970년대, 제Ⅳ기는 1980년대-현재이다. 제Ⅰ기는 무역과 상업 그리고 정치적 이유로 중국의 근린 지역인 동남아와 동북아 지역으로 이주한 화교·화인이다. 중국과 일본 간의 무역을 담당하기 위해 일본의 하카다, 나가사키에 일본 정부의 허가 아래 집단거주지를 형성하고 있던 화상 집단, 서양의 식민지로 전락한 동남아 각지의 무역항(필리핀의 마닐라, 영국령 말레이시아의 페낭, 네덜란드령 인도네시아의 바타비아 등)에 집단거주하면서 중국과 거주지 간의 무역을 담당한 화상 집단이 여기에 속한다. 또한 명청 교체기 베트남으로 집단 이주하여 사이곤Sài gòn과 쩌런Chợ Lớn 일대를 개척한 중국인과 그 후손인 명향明鄕도 이 시기의 화교·화인에 속한다. 제Ⅰ기의 중국인 이민은 무역 및 상업을 영위하는 화상이거나 정치적 망명을 한 지식인이 대부분을 차지했고, 인구도 많지 않았다.

제Ⅱ기는 중국의 개항 이후 북미, 남미, 남아프리카공화국, 호주 등지에서 금광 및 은광이 발견되고, 동남아 식민제국의 광산개발과 플랜테이션 개발 등으로 노동자 수요가 대량으로 발생하여 중국에서 이들 지역으로 이주한 화교·화인이다. 이 시기의 이민은 노동자인 쿨리(혹은 화공)의 이주가 중심이었지만, 상업을 목적으로 한 화상의 이주도 적지 않았다. 이민의 인구는 제Ⅰ기와 비교할 수 없을 정도의

---

* 이정희, 중국학술원 중국·화교문화연구소 웹진 『관행중국』 136호(2022.01)에 실린 글을 수정보완함.

대규모로 이뤄졌고, 이주지도 이전의 동남아와 동북아에서 북미, 남미, 유럽, 오세아니아 등지로 확산했다.

중화민국 난징국민정부 교무위원회가 1934년 발표한 세계의 화교·화인 인구는 793만8,891명이었다. 동남아가 697만1,202명으로 전체의 88%를 차지하여 압도적으로 많았다. 유럽은 28만9,206명(3.7%), 북미 21만4,633명(2.7%), 오세아니아 25,354명(0.3%), 남미 15,950명(0.2%), 아프리카 12,500명(0.2%)의 순이었다. 그런데 이 통계는 난징국민정부의 공사관 혹은 영사관이 설치된 국가와 지역에 한정되어 있고, 설치된 국가 및 지역도 빠진 곳이 적지 않다. 그래서 당시 세계의 화교·화인 인구는 그보다 많은 1천만 명 수준으로 추정되고 있다.

제Ⅲ기는 1949년 중화인민공화국 건국 후에서 1970년대 말 개혁개방정책 도입 이전 시기이다. 이 시기는 냉전 형성과 중국정부의 엄격한 출입국 관리 정책으로 인해 중국 대륙에서 해외로의 이주는 거의 이뤄지지 않았다. 1965년 인도네시아의 화교배척사건, 1979년 중월전쟁 등의 정치적인 원인으로 인해 화교가 중국으로 귀국하는 사례는 있었지만 예외적인 경우였다. 따라서 이 시기 세계의 화교·화인 인구는 자연증가율 수준에 머물러 있었다. 중국의 화교학자인 쫭궈투莊國土는 1950년대 초 세계의 화교·화인 인구를 1,200만 명-1,300만 명, 인구의 90%가 동남아에 거주하는 것으로 추정했으며, 1980년대 초는 2,000여만 명으로 추정했다.

제Ⅳ기는 중국의 개혁개방정책 도입 이후부터 현재까지의 시기이다. 중국 개혁개방정책의 도입은 세계 화교·화인의 인구와 사회에 대격변을 초래했다. 중국정부가 1985년 11월 '중화인민공화국공민출입국관리법'을 공포하여 자국민의 출국 절차를 대폭 간소화하면서 해외로 이주할 수 있는 제도적 기반이 마련되었다. 여기에 1979년 미·중국교 수립 이후 양국 관계의 호전과 냉전 해체 이후 서방 국가의 중국에 대한 문호개방으로 중국에서 세계 각지로의 이민은 급증했다.

짱귀투가 2007-2008년 각 대륙별 화교·화인의 인구 및 대륙별 분포를 추계한 것이 아래 표이다. 그의 추계에 의하면, 2007-2008년 세계의 화교·화인 인구는 4,543만 명으로 1980년대 초 2,000만 명에서 30여 년 사이에 2.3배가 증가했다. 대륙별 분포는 이전 세계 화교·화인 인구의 8-9할을 차지하던 동남아의 화교·화인 인구는 3,348.6만 명으로 전체의 74%을 차지해 이전에 비해 비중이 상당히 감소했다. 동북아 및 그 외 아시아 지역 화교·화인은 199.4만 명으로 전체의 4%를 차지했다. 아시아 전체의 화교·화인 인구는 3,548명으로 전체 인구의 78%를 차지, 여전히 가장 큰 비중을 차지했다. 그 다음은 남미와 북미가 총 630만 명으로 전체의 14%, 유럽은 215만 명으로 전체의 5%, 오세아니아는 95만 명으로 전체의 2%, 아프리카는 55만 명으로 전체의 1%를 차지하여 그 뒤를 이었다. 1934년 중화민국 난징국민정부 교무위원회의 당시 세계 화교·화인 인구의 대륙별 분포 통계와 비교해 보면, 남북아메리카와 유럽의 비중이 많이 증가한 것을 확인할 수 있다.

2007-2008년 대륙별 화교·화인의 인구 및 분포

지역별	인구(만 명)	신이민(만 명)
아시아	3,548(78%)	400(11%)
남북아메리카	630(14%)	350(56%)
유럽	215(5%)	170(79%)
오세아니아	95(2%)	60(63%)
아프리카	55(1%)	50(91%)
총계	4,543(100%)	1,030(23%)

출처: 莊國土(2011), p.14를 근거로 작성.

그리고 쾅궈투 교수는 최근 발행된 『화교화인연구보고(華僑華人研究報告, 2020)』에서 2020년의 세계 화교·화인 인구가 6,000만 명에 달했다고 발표했다. 이러한 쾅궈투의 인구 추정의 신빙성에 의문을 제기하는 학자도 있고, 타이완 교무위원회가 발행하는 세계 화교·화인 통계가 보다 신뢰성이 높다는 의견이 있다. 하지만, 중국정부의 각종 자료에 근거하여 추정한 쾅궈투의 통계이기에 무시할 수도 없는 것이 사실이다. 중국정부와 언론 매체도 세계의 화교·화인 인구를 6천만 명이라고 말하고 있다.

그런데 최근 화교·화인 인구 증가에서 주목할 것은 중국의 개혁개방 이후에 이주한 이른바 '신이민'이 급증했다는 점이다. 2007-2008년까지 아시아로의 '신이민'은 400만 명으로 가장 많았고, 미국을 중심으로 한 남·북미 '신이민'은 350만 명으로 그 다음을 차지했다. 유럽은 170만 명, 오세아니아는 60만 명, 아프리카는 50만 명의 순이었다. 대륙별 '신이민'이 해당 대륙의 화교·화인 인구에서 차지하는 비중은 아프리카 91%, 유럽 79%, 오세아니아 63%, 남·북미 56%, 아시아 11%였다. 즉, 동남아를 제외하면 '신이민'이 노화교·화인의 비중을 훨씬 넘어선 것을 확인할 수 있다. 전체 화교·화인 인구에서 '신이민'이 차지하는 비중은 23%를 차지했다. 이러한 인구 추정은 10년 전이기 때문에 신이민의 인구는 그 사이에 절대적으로 더욱 증가했을 뿐 아니라, 전체 화교·화인 인구에서 차지하는 비중도 약 4할로 높아졌을 것으로 추정된다.

제3장

중국 도시와 향촌: 사회문화적 변화와 연속성

① 중국 역사 속의 '한전限田'
: '보수의 논리'와 '혁명의 논리'*

    2018년 3월에 한국에서 발표된 대통령 발의 개헌안에는 다양한 논점들이 포함되어 있으며, 발표와 동시에 사회 각계에서는 첨예한 논쟁이 전개되었다. 그 안에 담긴 주요 논점과 그에 관련된 토론은 한국 사회의 과거와 현재를 이해하고 미래를 전망하는 데 있어서 풍부한 시사점을 제공한다. 특히, 헌법 총강에 '토지공개념'을 삽입하는 문제를 두고 열띤 논쟁이 벌어졌다. '토지공개념'이란 토지의 공공성을 강화하는 것으로서, 이를 위하여 법적 테두리 안에서 토지의 사용을 제한하거나 소유자에게 일정한 의무를 부과할 수 있다는 것이며, 그 핵심 목적은 사회적 불평등의 심화로 인한 문제를 해소하는 것이

---

* 이원준, 중국학술원 중국·화교문화연구소 웹진 『관행중국』 93호(2018.05)에 실린 글을 수정보완함.

다. 보수 진영에서는 이 개헌안이 개인의 재산권을 침해하는 것이라고 반대했으며, 대통령 개헌안에 대해서 '사회주의 헌법', '새빨간 개헌안' 운운하며 강력히 반발하였다. 이하에서는 중국의 역사 속에서 유사한 주제를 찾아 이 문제에 대한 시사점을 찾아보고자 한다. 공공의 목적을 위하여 개인의 재산권을 제한하는 것이 역사적으로는 과연 어떠한 의미를 갖는지, 중국 역사 속에서의 '한전限田' 문제를 통해서 살펴보고자 한다.

중국사 속의 '한전限田'

'문경지치文景之治'를 지나며 황무지 개간이 확대되고 농업 생산력이 회복되자, 한漢 무제武帝 시기에 이르러 이미 곳곳에서 토지 겸병 현상이 나타나기 시작했다. 이에 유학儒學의 국교화를 주도한 인물로 널리 알려진 동중서董仲舒는 대토지 겸병을 국가에서 제한하고 소농민을 지원해야 한다고 주장했지만, 그의 주장은 실행에 옮겨지지 않았다. 다만, 이 사례를 통하여 적어도 무제 시기에 이미 대토지 소유로 인한 사회문제의 해결이 중요한 국정 현안으로 제기되었다는 점을 알 수 있다.

무제 이후 호족豪族에 의한 토지 겸병은 더욱 확대되었고, 이에 애제哀帝 시기에 이르러 재차 한전론限田論이 제기되었다. 토지 겸병의 확대로 인한 빈부격차의 증가가 심각한 단계에 도달했다는 사단師丹의 주장에 동의한 애제는 이 문제에 대하여 조정에서 논의할 것을 지시하였다. 그 결과, 승상丞相 공광孔光과 대사공大司空 사무伺武는 제후왕에서 일반 평민에 이르기까지 신분에 따라 소유할 수 있는 토지와 노비의 규모를 제한하는 방안을 마련하였다. 이로 인하여 한때 토지와 노비의 가격이 하락하기도 했지만, 결과적으로는 호족의 반대에 부딪혀 실시되지 않았다.

빈부격차의 확대와 그로 인한 사회 불안 속에서 권력을 장악한 왕망王莽은 서주西周 시대의 정전제井田制를 모델로 삼아 왕전제王田制를 실시하였다. 천하의 모든 토지를 '왕전王田'으로 규정하고 노비를 '사속私屬'이라 하여, 토지와 노비의 매매를 금지했다. 1인당 100무畝를 지급한다는 정전제의 이념적 모델을 현실에 그대로 적용하여 유가儒家의 이상적 토지제도를 현실에서 구현하고자 했던 것이다. 사회경제적 조건의 변화를 무시한 복고주의 정책으로 인하여 여러 문제가 발생했고, 결국 왕전제도 시행 3년 만에 취소되었다.

서진西晉 시대에 이르러 재차 한전책限田策이 추진되었다. 서진에서 시행된 점전제占田制는 '남자 70무, 여자 30무'를 토지 소유의 한도로 설정한 것으로서, 한 쌍의 부부를 기준으로 할 때 100무의 토지를 초과하지 못하도록 제한한 것이었다. 비록 관료에 대해서는 관위官位에 따라 토지 소유의 한도가 10경(頃/1頃=100畝)에서 50경까지 늘어났지만, 기본적으로 점전제는 대토지 소유의 무한 확장을 제한하려 한 정책이었다. 다만, 점전제는 서진이 단명함으로써 전면적으로 시행되지는 못했다.

북위北魏에서 시작되어 당대唐代까지 시행된 균전제均田制도 부분적으로는 한전책으로서의 성격을 갖고 있었다. 왕조에 따라 구체적인 규정에서 차이가 있기는 하지만, 기본적으로 균전제는 전국의 인구를 파악하여 신분과 성별에 따라 일정량의 토지를 지급하고 환수하는 것을 추구하는 토지제도였다. 균전제의 성격과 관련해서는, 계속된 전란 끝에 사회질서를 회복하는 과정에서 기존의 토지 소유관계를 인정하면서 동시에 빈민의 안착과 황무지 개간을 도모한 것이라고 보기도 하고, 또는 호족胡族의 할당생산방식을 제국 전역에 적용하여 일원적인 토지지배체제를 구축한 '호한체제胡漢體制'의 결과물로 보기도 한다. 여기서는 균전제의 실제 기능과 별개로, 그것이 표방하고 있는 '균분均分'의 측면에 주목하고 싶다. 북위에서 처음 균전제 도입을 제안한 이안세李安世도 빈부의 불균형을 바로잡는 것을 제도 시행의 목적으로 제시한 바 있으며, 이러한 맥락에서 균전제는 정전제에서 한전제, 왕전제, 점전제로 연결되는 토지 재분배 정책의 역사적 맥락에서 이해할 수 있다.

한편, 국가에서 토지를 지급하고 토지 소유의 제한을 설정함으로써 '균빈부均貧富'의 실현을 추구하는 통치방식은 당 후기의 양세법兩稅法 채택과 함께 사실상 종식되었다. 양세법은 개별 가구의 자산 규모에 따라 호등戶等을 책정하고 이 등급에 따라 차등 과세하는 제도이다. 물론 자산이 많을수록 보다 많은 세금을 납부하는 제도이지만, 중요한 것은 양세법 시행을 계기로 현실에서의 토지 소유 불균형이 제도적으로 인정되었다는 점이었다. 이전까지의 왕조들이 어떻게든 현실의 빈부격차를 극복하고 '균빈부'를 실현하기 위하여 다양한 한전책을 고민해왔다면, 양세법 체제가 들어선 이후에는 현실의 토지 소유 불균등 현상 자체를 해결하려는 노력보다는 정확한 토지조사를 통하여 과세의 공정성과 효율성을 제고하는 것에 중점이 놓이게 된 것이다.

'보수保守의 논리'로서의 '한전限田'

고대 중국에서 시도된 다양한 한전책들은 대체로 정전제에서 그 근거를 찾았다. 동중서나 사단, 왕망, 이안세 등은 모두 서주 시기에 시행되었던 정전제를 근거로 토지 소유 제한을 주장했으며, 정전제는 '옛날의 성왕聖王'이 시행한 제도로서 태평성세를 가져온 이상적인 토지 제도로 간주되었다. 토지 겸병으로 인한 대토지 소유의 확대는 토지 균분의 균형 상태를 깨뜨리는 부정적인 현상으로 평가되었고, 이에 따라 국가권력은 토지 소유의 한도를 설정함으로써 최대한 정전제 시대와 유사한 상태로 '돌아가는 것'을 지향하였다. 요컨대, 현실에서는 토지 소유의 불균형이 확대되고 있었지만, 당대唐代까지 국가권력은 적어도 이념적으로는 '한전'을 통하여 '균빈부'를 실현하기를 바랐던 것이다.

'균均'의 실현은 고대 중국에서 오랜 기간 제국의 통치이념으로 기능해왔다. 공자孔子가 일찍이 "적음을 걱정하지 말고, 고르지 못함을 걱정하라不患寡而患不均"라고 말했던 것은 널리 알려진 바인데, 공자가 이상화한 서주 시대의 제도에 관한 기록을 담은 『주례周禮』에서도 '균'을 핵심 이념으로 제시하고 있다. 『주례』에서는 정치제도와 신분제도, 재정 운영 등에서의 이상적인 상태를 '균'·'평平'·'균제均齊' 등의 개념으로 설명하였으며, 정전제 역시 이러한 맥락에서 제기된 것이었다. 심지어는 음악이나 기술 방면에서도 '균'을 핵심적인 가치로 설정하였다. 유가의 사상이 제국의 통치이념으로 자리 잡으면서 '균빈부'가 국가권력의 중요한 통치 목표가 되었음은 어찌 보면 자연스러운 것이었다.

그런데 '균'·'평'은 유가만의 핵심 가치가 아니었다. 도가道家의 대표적 경전인 『장자莊子』에서는 완벽한 균형성을 갖춘 물의 속성을 강조하며, 수면과 같은 완벽한 균형의 상태를 이상화하여 '천하균치 天下均治'를 이야기하였다. 법가法家 또한 '균'·'평'의 상태를 중시했다. 『상군서商君書』에서는 군주의 '술術'을 강조하면서, 군주가 저울의 중심을 유지하듯이 균형 있게 신하들을 평가하여 관官·작爵을 하사해야 한다고 주장한다. 아울러 법령의 정비와 조세의 부과 등에서도 '평'의 상태를 이상적인 것으로 설명한다.

이처럼 사상사적인 측면에서 적어도 춘추전국시대부터는 '균'의 이념이 이상화되었음을 확인할 수 있다. 그런데 다른 한편으로는 현실 정치의 측면에서도 이 무렵부터 '균'의 이념이 실현되었음을 환기할 필요가 있다. 춘추시대 후기부터 각 제후국에서는 '변법變法'을 단행하면서 수전授田 제도를 시행했는데, 이를 통하여 국가권력은 개별 농가에 일정량의 토지를 지급하고 그 대가로 부국강병에 필요한 인적·물적 자원을 수취하였다. 수전제도를 실시함으로써 국가는 빈부격차로 인한 계급 분화를 억제하여 소농민이 국가권력의 통제범위에서 빠져나가는 것을 방지하려 하였고, 재산과 지위가 균등한 '제민齊民'을 창출함으로써 강력한 국가권력을 확립하려 하였다. 이러한 '제민지배체제'의 관점에서 보면, 토지 겸병으로 인한 소농민의 몰락은 곧 국가권력이 직접 지배하여 세역稅役을 수취하는 대상인 '제민'의 감소를 초래하는 것이었다. 요컨대, '균빈부'는 '제민지배체제'의 유지에 있어서 매우 중요한 가치로 작용할 수 있었다. 이안세는 균전제 시행의 목적을 '균빈부'를 통하여 '편호제민'을 실현하는 것이라고 직접 언급하기도 하였다"所以恤彼貧微, 抑玆貪欲, 同富約之不均, 一齊民於編戶.".

이와 같은 관점에서 역대 왕조에서 시도된 한전책을 생각해보면, 그것이 기본적으로 '제민지배체제'의 유지 내지는 복원을 지향하는 것이었다고 할 수 있다. 표면적으로는 유가의 담론이 강조되어 있기는 하지만, '균빈부'의 이념이 제국 통치라는 현실의 차원에서는 '제민지배체제'의 유지와 맞물려 있었음을 고려할 필요가 있다. 결국, 위에서 살펴본 다양한 한전책들은 현실의 계급 분화를 억제함으로써 '제민'을 안정적으로 확보하고, 이를 통하여 제국의 통치체제인 '제민지배체제'를 지켜내기 위한 것이었다. 고대 중국에서의 '한전'은 바로 이러한 측면에서 체제의 안정적 유지 또는 재건을 목적으로 하는 '보수保守의 논리'를 담은 것이었다.

'혁명의 논리'로서의 '한전限田'

이처럼 통치집단의 관점에서 보면, 고대 중국의 국가권력이 시도한 다양한 '한전'의 시도들은 '제민지배체제'의 지속을 목표로 하는 '보수의 논리'로서 기능하였다. 하지만 통치집단이 아닌 저항 세력의 관점에서 보면, '한전'의 논리는 전혀 다른 방향으로 작용하였다. 양세법 시행 이후로 현실의 대토지 소유가 제도화되면서, 당 말에 등장한 민중 봉기는 '균평均平'을 내세우기 시작하였다. 875년에 발발한 황소黃巢의 난 초기 지도자 왕선지王仙芝는 자신을 '천보균평대장군天補均平大將軍'이라 불렀는데, 이는 송宋 이후에 '균산均産'을 제창한 여러 민중 봉기의 선구가 되었다. 비록 반란군이 실제로 '균평'의 이념을 실천한 것은 아니었지만, 그들은 '균'의 이념을 제시함으로써 토지 소유의 불균등이라는 현실의 사회경제 구조를 부정하고, 이를 통하여 광범위한 민중에 호소하려 하였다. 북송 초기의 왕소파王小波·이순李順의 난(993-995), 북송 말의 방랍方臘의 난(1120-1121), 남송 초기의 종상鍾相의 난 등(1130-1135)은 모두 '빈부의 불균不均'을 없애겠다는 구호를 제기하며 민중의 호응을 얻었다. 송대부터 청대까지 민중 봉기의 중요한 원천이 되었던 백련교白蓮敎에서도 '불평不平'을 척결하는 것을 '태평太平'의 실현으로 간주하였는데, 이 또한 '균'의 이념이 민간에서는 체제 전복('혁명')의 논리로 작동했음을 보여준다.

근대에 들어와 '균'의 이념은 '혁명의 논리'와 더욱 강력하게 결합하였으며, 저항 세력들은 개인의 토지 소유를 제한하는 '한전'의 구상을 제시하였다. 근대 진입 초기에 발생한 태평천국운동(1850-1864)에서 제기된 〈천조전무제도天朝田畝制度〉는 가장 대표적인 사례일 것이다. 토지 사유의 폐지와 토지의 절대적 '균분'을 주장하면서 기존의 지주전호제 자체의 전복을 주장한 것이다. 중국동맹회中國同盟會 시절의 쑨원孫文이 주장한 '평균지권平均地權' 역시 '한전'의 맥락에서 제기되었다. 국가가 토지가격을 정한 뒤, 혁명 이후의 토지가격 상승분을 국가에서 가져가는 것이 그 주장의 골자였다. 쑨원의 '평균지권' 주장은 이후에 토지의 경작자가 토지를 소유할 것을 주장하는 '경자유기전耕者有其田'으로 발전하였으며, 이는 중국공산당의 토지개혁에서도 계승되었다.

당 말부터 '균분'은 저항 세력의 중요한 이념으로 제기되었다. 토지 소유 불균형의 심화라는 현실에 직면하여 민중은 '평균'을 요구하였고, 그러한 요구는 토지문제와 관련해서는 '한전'이라는 방향으로 구체화하였다. 토지의 균등 소유, 또는 토지의 사유私有 그 자체에 대한 반대는 토지 시장의 자유로운 발전에 대한 저항이었으며, 궁극적으로는 기존의 사회체제 자체에 대한 부정이기도 하였다. 요컨대, 이들에게 있어서 '한전'은 '혁명의 논리'로 작용하였다.

위에서 살펴보았듯이, 개인의 토지 소유권을 제한하는 '한전론'은 '한전'을 추구하는 주체에 따라서 상반되는 의미를 지녔다. 당대까지 중국의 고대 제국들은 '제민지배체제'의 유지를 위하여 '균빈부'의 이념에 따라 '한전'을 시도하였다. 비록 현실에서 성공적으로 관철된 경우는 적었지만, 고대 제국에 있어서 '한전'은 국가의 통치체제를 수호하기 위한 '보수의 논리'로 기능하였다. 반면, 민간의 저항 세력은 '한전'을 불평등한 현실의 사회구조를 타파하기 위한 이념으로 제기하였고, 이는 기존의 시장 질서와 사회체제를 부정하는 '혁명의 논리'이기도 하였다. '한전론'은 관점과 입장에 따라서 체제의 유지를 위한 '보수의 논리'가 되기도 하였고, 반대로 체제의 변혁을 위한 '혁명의 논리'가 되기도 하였다. 21세기 대한민국에서의 '한전론'도 빈부격차의 축소를 통한 시장경제 체제의 장기지속을 추구하는 것이라는 관점에서 보면, 일각의 주장과는 반대로 오히려 '보수의 논리'로 이해될 수 있을 것이다.

② 시진핑황제 시대의 피휘避諱*

한 사회에서 어떤 단어가 새로 만들어지고 널리 사용된다는 사실만큼이나 어떤 단어가 절대로 사용될 수 없다는 사실 또한 많은 것들을 말해준다. 왕의 이름을 함부로 휘갈겼다가는 목숨마저 잃을 수 있었던 왕조시대 유교 문화권의 피휘避諱가 대표적이다. 피휘는 황제와 군왕의 절대 권력을 드러낼 뿐만 아니라, 이름이 실체와 동일하다는 원시적 사고가 왕조시대에 잔존했다는 점을 보여준다. 많은 고대 부족들은 이름을 육체·영혼과 동일시하거나 최소한 긴밀하게 연결된 것으로 보았다. 오늘날과 달리 이름은 무차별적으로 호명되기 위해 존재한 것이 아니라, 육체와 영혼이 필요한 경우에만 호명될 수 있도록 은밀히 숨겨놓아야 할 열쇠에 가까웠다. 함부로 본명을 부르는 것은 육체와 영혼에 손상을 줄 수 있기 때문에 기꺼이 자신을 드러내 보여주어도 될 소수의 사람들에게만 허락되었다. 아명兒名처럼 육체와 영혼을 건드릴 수 없는 가짜 열쇠, 가짜 이름을 갖는 것은 필수적이었다. 이름뿐만 아니라 발화된 단어와 기재된 글자를 현실에 근접시키는 행위는 지금도 남아 있다. 굳이 이름이 아니더라도 붉은 펜으로 무언가를 쓰는 행위 자체를 우리는 아직도 꺼려한다. 피휘와 더불어 명名, 자字, 호號의 복잡한 호명체계, 그리고 역사에 수시로 등장하는 문자옥文字獄을 보면, 중국 문명은 언어와 실체의 연결에 더 민감했던 것일 수 있다.

현재의 중국이 꼭 다르다고 할 수도 없다. 2016년 7월 1일 중국의

---

* 조형진, 중국학술원 중국·화교문화연구소 웹진 『관행중국』 72호(2016.08)에 실린 글을 수정보완함.

포털사이트 텅쉰망騰訊網이 시진핑 주석의 공산당 창당 95주년 활동을 보도하면서 "시진핑이 중요한 연설을 발표했다習近平發表重要講話"라는 문장에 오타를 냈다. '발표發表' 대신 성조는 다르지만 발음이 같은 '파뱌오發飆'로 보도가 나간 것이다. 한 끗 차이지만, 불행하게도 이 '파뱌오'는 뜻이 그리 좋지 못한 데다 영도자의 진중한 공식 일정에 등장하기에는 어감이 너무 가볍다. 버럭 성을 내거나 엉뚱하게 딴소리를 한다는 뜻이다. 2005년부터 시행된 「인터넷 뉴스정보 서비스 관리 규정」에 따라 중국도 우리처럼 포털사이트는 뉴스를 직접 생산하지 못한다. 당시 보도도 「신화통신」의 보도를 옮기던 과정에서 발생했다. 따라서 의도가 있거나 특정인의 실수가 아니라 컴퓨터 프로그램의 오류로 추정된다. 의도가 개입되지 않은 가벼운 한 글자의 실수가 가져온 결과는 제법 무거웠다. 텅쉰망 편집장 왕융즈王永治 등 주요 관련자가 면직되고 주요 인터넷 사이트들의 뉴스 보도에 대한 단속이 강화되었다. 단 한 글자가 공산당과 영도자의 영혼과 육체에 손상을 주지는 않았겠지만, 몇몇 인터넷 종사자들의 직위에는 치명타를 가했다.

이러한 인터넷 문자옥이 처음 발생한 것은 아니었다. 2015년에는 "시진핑이 연설 중 말했다習近平在致辭中說"라는 문장에서 '연설致辭, Zhici'을 '사임辭職, Cizhi'으로 잘못 써 "시진핑이 사임 중 말했다"로 잘못 보도한 관련자들 역시 해임된 것으로 알려졌다. 시진핑 집권 초기, 시진핑習近平 주석의 이름이 '시진핑習進平'으로 잘못 표기되곤 했는데, 몇몇 책임자가 해임되었다는 소식이 해외 중화매체를 통해 전해지곤 했다.

중국 당국의 가혹해 보이는 이러한 조치보다 최근 더 놀라운 점은 문제를 일으킨 어구를 인터넷에서 찾는 게 거의 불가능하다는 점이다. 몇 년 전만 해도 이번 '파뱌오' 사건처럼 풍파를 일으킨 어구들은 종국에는 사라질지라도 짧은 시간 동안은 중국 네티즌들의 적당한 놀이감이 되곤 했다. 특히 중국판 트위터라고 할 수 있는 개인들의 웨이보微博까지는 미처 민감한 단어가 다 처리되지 못하는 경우가 꽤 있었다. 아마 문법적으로 이상할지라도 "중요한 연설을 하며 성을 냈다發飆重要講話" 같은 어구가 잠시 유행되거나 새로운 조어의 탄생을 유도했을 법하다. 하지만 이번 '파뱌오' 사건을 연결시킬 수 있는 어구나 재치 있는 신조어는 찾을 수 없다. 더 정확히 말하자면, 기술적인 부분이야 알 수 없지만 비상시 게시판 복원을 위해 자동적으로 임시 생성된다는 캐시cache 파일을 우연히 딱 하나 발견할 수 있었다. 공식적으로는 삭제되었지만, 운 좋게 살아남은 이 파일에는 7월 22일자 댓글이 달려 있다. 사건이 발생한 7월 1일부터 스무날 넘게 몇몇 게시판에서 '파뱌오'에 대한 게재와 삭제가 반복되었다는 점을 추정할 수 있다. 중국은 2014년 「인터넷 안전·정보화 영도소조」를 새로 신설하고 시진핑 주석이 직접 조장을 맡을 만큼 인터넷 관리에 열을 쏟고 있는데, 거대한 중국의 네트워크를 거의 완벽에 가깝게 통제할 수 있는 수준에 도달한 모양새다. 덕분에 신조어가 될 뻔한 단어들은 이제 더 이상 신조어가 될 수 없다. 아마 "發飆重要講話"라는 어구는 당분간 21세기 피휘로 남게 될 것이다. 다행인지 불행인지, '習進平'이라는 좀 오래된 오타는 아직도 그럭저럭 꽤 찾아낼 수 있다.

❸ 예술가가 떠난 예술촌, 베이징 798예술특구*

　　1980년대 이래 유럽을 중심으로 촉발된 '문화도시' 개념은 이제 선진국뿐만 아니라 후발국의 지역 발전 전략에 있어서도 핵심적인 가치로 부상했다. 그러나 유럽과 같은 선진국의 경우 '문화도시'에 대한 강조가 이른바 발전 패러다임의 전환, 즉 '지속가능한 발전'에 대한 인식의 전환에 기초한 것이라면, 후발국의 경우에는 무엇보다 자신이 보유하고 있는 문화적 자산의 경제적 가치에 더 많은 관심을 보이는 경향이 있다. 그리고 이러한 경향은 정치권력과 자본, 예술가 사이에서 끊임없는 긴장과 갈등을 조성한다. 우리에게도 잘 알려져 있는 베이징의 798예술특구는 그 전형적인 사례를 보여준다.

　　798예술특구의 형성 과정을 파악하려면 우선 1980년대 초부터 형성되었던 베이징의 원명원 화가촌을 이해해야 한다. 예술가들이 대도시로 모여드는 것은 일반적인 문화현상이다. 그러나 중국의 경우 이러한 현상은 개혁개방 이후에야 본격적으로 나타나기 시작했다. 중국의 개혁개방은 이전까지 엄격하게 시행했던 거주이전의 제한, 즉 사회주의 호적제도를 느슨하게 만들었고, 일련의 예술가 그룹을 베이징으로 유인했다. 어찌 보면 국가체제에 도전했던 이들 예술가 그룹은 베이징의 서북쪽에 위치한 원명원 근처로 모여들었는데, 그 이유는 무엇보다 그 지역이 임대료가 저렴한 베이징 근교이자 젊은 이들이 많은 대학가 주변이었기 때문이었다. 강렬한 자아의식, 독립적 존재방식의 추구, 전위적 예술행위를 통한 사회주의 역사에 대한

＊ 권기영, 중국학술원 중국·화교문화연구소 웹진 『관행중국』 84호(2017.08)에 실린 글을 수정보완한 것임.

반항 등을 특징으로 하는 이들 예술가 그룹은 특히 1989년 천안문 사건을 계기로 문화의 중심 무대로 진입하기 시작했다. 그런데 흥미롭게도 원명원 화가촌을 주목하기 시작했던 사람들은 당시 베이징에 거주하던 외국인들이었다. 특히 미디어에 종사하던 외국인들은 원명원 화가들과 빈번히 교류하기 시작했고, 이들을 해외 미디어에 소개하기 시작하면서 원명원 화가촌은 점차로 중국 정부가 좋아하지 않는 관광명소가 되어갔다. 그리고 마침내 1995년 세계여성대회 베이징 개최를 계기로 베이징시 정부는 도시 정화 차원에서 원명원 화가촌에 대한 해산을 결정했다.

원명원 화가촌에서 쫓겨난 일련의 예술가들이 찾은 곳은 예전에 군수공장이었던, 그러나 지금은 거의 가동을 멈춘 798공장이었다. 베이징 동북쪽 근교에 자리한 798공장은 본래 1950년대 초반, 그러니까 중화인민공화국 성립 직후 소련을 중심으로 사회주의 진영에서 추진한 대중국 원조 프로그램의 하나로 설립된 것이었다. 1954년 동독 부총리가 친히 인솔한 동독 전문가들에 의해 시공하기 시작한 798공장은 벽돌 하나까지도 동독 전문가들의 검수를 받으며 1957년에 완공되었고 중국의 대표적인 군수공장으로 자리 잡았다. 1980년대부터 산업과 도시 기능의 변화에 따라 쇠퇴하기 시작한 798공장은 가동이 멈춘 공장 일부를 저렴한 가격에 임대하기 시작했는데 원명원에서 쫓겨난 화가들이 이곳에 입주하여 창작 및 전시활동을 전개하면서 예술촌으로서의 모습을 갖추기 시작했다. 말하자면 이 시기 798공장은 정치권력과 자본의 관심 영역 밖에 있었고, 예술가들은 바로 이 틈새를 비집고 터를 잡기 시작했던 것이다.

798공장과 전위 예술가들과의 만남은 베이징에 전혀 예기치 못한 바람을 몰고 왔다. 물론 당시 입주했던 예술가들은 의식하지 못했겠지만, 798공장은 20세기 초 독일에서 탄생한 바우하우스Bauhaus 양식에 따라 지어진 것이었다. 현대 공업생산과 수요에 맞추어 건축물의 기능, 기술, 경제적 효율을 강조했던 바우하우스 건축의 이념을 반영했던 798공장은 높고 넓은 실내 공간, 활모양의 천장, 경사진 유리창, 간단하고 소박한 스타일 등을 보여주고 있다. 특히 충분한 채광을 고려하고, 태양의 직사광선을 피하기 위해 반아치형 천장의 북쪽에 비스듬한 유리창을 설치함으로써 흐린 날이나 심지어 비가 오는 날에도 조명을 받을 수 있도록 설계하였다. 이러한 독특한 풍격의 바우하우스 건축물은 현재 독일과 미국에 일부가 남아있을 뿐이어서 그 역사·문화적 가치가 높을 뿐만 아니라 현대미술, 전위예술을 지향하는 중국의 젊은 예술가들에게 매력적인 창작 및 전시 공간으로 주목받았던 것이다.

물론 798공장은 바우하우스라는 모더니즘 건축의 흔적만을 지니고 있는 것은 아니다. 그것은 1980년대 이전까지 중국 공업화 건설의 흔적과 문화대혁명 시기의 역사적 흔적까지 고스란히 간직하고 있었다. 다시 말해 798공장은 반세기 중국의 정치, 경제, 기술, 문화, 사상 등을 온전히 보존하고 있는 이른바 '역사박물관'이기도 했다. 현대예술을 지향하는 중국의 젊은 예술가들에게 이러한 사회주의 역사의 흔적은 묘한 회고의 정서와 더불어 작품 창작에도 적절히 활용될 수 있는 매력을 가져다주었다. 특히 서구인들의 눈에 비친 이러한 풍경은 세계 어느 곳에서도 찾아볼 수 없는 것이었다. 해외의 유명 화랑들이 다투어 798공장에 들어온 것도 바로 이와 같은 이유 때문이었다.

2000년대 초반 정치권력에 의해 쫓겨난 예술가들과 798공장의 우연한 만남으로 형성된 예술촌은 곧바로 자본의 관심을 끌기 시작했다. 798공장의 소유주인 치싱七星그룹은 단기임대 기간이 끝나는 2005년에 이 공장을 재개발하여 아파트와 전자상가를 건설하기로 결정했다. 이제 예술가들은 정치권력이 아닌 또 다른 권력인 자본의 개발 논리에 의해 다시 쫓겨날 판이었다. 예술가들은 극렬히 저항했고, 자신들을 쫓아냈던 베이징시 정부에도 청원서를 제출했다. 베이징시 정부는 마침내 798공장을 근현대 우수 건축물로 지정하면서 개발을 제지하는 한편 798공장을 베이징시 문화창의산업단지로 비준하여 지원하고 그 관리를 치싱그룹에게 담당하게 했다.

베이징시 정부의 이러한 결정에는 1990년대와는 다른 환경 변화가 절대적인 영향을 미쳤다. 우선 798예술촌은 무엇보다 해외에서 주목하는 명소로 부각되었다. 2003년 미국의 〈타임〉지는 가장 문화적 상징성을 갖춘 22개 도시예술중심의 하나로 798예술촌을 선정했다. 2004년 미국의 〈뉴스위크〉는 세계 도시 Top12의 하나로 베이징을 꼽았는데, 그 이유는 798예술촌의 존재와 발전이 세계적 도시로서 베이징의 능력과 미래의 잠재력을 증명하기 때문이라고 했다. 〈뉴욕타임즈〉는 798예술촌과 뉴욕의 SOHO를 비교하기도 했고, 독일의 콜 총리는 중국을 방문하면서 798예술촌을 방문지의 하나로 선택했다. 798예술촌은 이제 베이징시 뿐만 아니라 중국의 문화적 상징으로 부상했던 것이다. 다른 한편 798예술촌은 관광 분야에서도 자신의 가치를 입증했다. 798예술촌 내 예술가 창작 스튜디오의 은밀하면서도 신기한 공간은 예술가 생활을 동경하는 많은 사람들의 관심을 끌기에 충분했다. 독특한 중국 현대예술의 풍격과 기묘하게 융화되어 있는 건축물 및 주변 환경도 베이징을 방문한 외국인들에게 많은 인기를 얻었다. 2005년 798예술특구를 방문한 관람객은 약 50만 명, 2006년에는 약 100만 명에 달했고, 관람객의 60% 이상은 외국인이었다. 동시에 베이징시는 2008년 올림픽을 목전에 두고 있었다. 문화예술도시로서의 이미지는 베이징을 브랜드화 하는데 적합한 방향이기도 했다. 그리고 이러한 환경 변화는 치싱그룹에게도 새로운 경제적 가치 창출의 모델을 보여주는 것이기도 했다. 실제로 베이징시는 2006년 798예술특구 건설에 10억 원을, 2007년에는 45억 원을 지원했다. 이 지점에서 정치권력과 자본, 그리고 예술가는 합의에 도달할 수 있었다.

2005년은 베이징의 예술가들에게 승리의 해로 기억될 수 있다. 예술가들은 정부를 설득하는데 성공했고, 기업의 개발 논리를 잠재우고 자신들의 공간을 확보했던 것이다. 실험성이 강한 현대예술을 추구하는 젊은 예술가뿐만 아니라 국내의 저명한 예술가들도 798예술특구로 들어오기 시작했다. 등소평 조각상을 제작했던 청화대학 교수 리샹췬李象群, 2006년 예술품 경매 최고가를 경신했던 류샤오둥劉小東, 저명 작곡가 리종셩李宗盛 등이 그들이다. 해외의 유명한 화랑들도 입주하기 시작했다. 벨기에의 UCCAUllens Center For Contemporary Art, 이태리의 常靑畫廊, 독일의 空白空間, 싱가포르의 季節畫廊, 영국의 中國當代畫廊, 타이완의 帝門藝術中心과 新時代畫廊 등 국제적 명성이 높은 화랑들이 798예술특구에 입주하여 국제적 교류를 주도했다. 2005년에 798예술특구에 입주한 기업도 63개에서 2007년에는 354개로 증가했다. 카페와 상점이 들어섰고, 글로벌 기업들도 이곳에서 기업행사와 상품 프로모션을 진행했다. 그러면서 임대료는 가파르게 상승했다. 2002년 m²당 하루 50원 하던 임대료는 2008년에는 1,000원으로 상승했다. 그리고 798예술촌을 만들었던 젊은 예술가들은 당연하게도 임대료를 감당하지 못하고 떠나야 했다.

베이징 798예술특구는 전형적인 젠트리피케이션Gentrification을 보여준다. 798예술특구는 예술가/창작 중심에서 이제 전시/소비 중심의 공간으로 변화했다. 정치권력과 자본과 예술가의 동거는 그리 오래 가지 못했다. 기업이 주도하는 798예술특구 관리사무실은 부동산 임대수입과 관광자원 수입에 집중했고, 입주한 외국 화랑들은 중국 현대미술에 대한 서구의 수요를 적극적으로 반영했다. 그 가운데 새로운 창조적 실험을 감행하려는 젊은 예술가들의 자리는 점차 사라져갔다. 데이비드 트로스비는 〈예술경제학〉을 통해 도시 발전에 있어서 문화산업의 중요성을 역설하면서도 문화산업의 핵심에 창조적 예술이 있어야 한다는 점을 강조했다. 왜냐하면 도시의 발전 잠재력은 그 도시의 창의성에서 비롯되며, 그러한 창의성을 가장 선두에서 구현하는 사람들이 바로 예술가들이기 때문이다. 예술가들이 떠난 예술촌은 이제 무엇으로 자신의 정체성과 생명력을 확보할 수 있을까?

❹ '한한령'의 함정*

한국 정부의 '사드THAAD' 배치 발표에 반발하며 중국 정부가 발동한 이른바 '한한령'이 필자에게 대단히 흥미로운 이유는, 중국의 보복 조치가 무엇보다 문화 영역에서 집중적으로 전개되었기 때문이다. 예를 들면 최근까지 중국과 갈등을 빚었던 프랑스(2008), 일본(2010, 2012), 몽골(2016) 등 국가들에 대해 중국 정부는 다양한 보복 조치를 감행하면서도 적어도 문화 영역만큼은 건드리지 않았다. 그렇다면 왜 유독 한국에 대해서만은 문화(한류)를 핵심적인 보복 수단으로 선택했을까? 그리고 중국 정부는 이를 통해 무엇을 얻었을까? 이제 중국측의 입장에서 '한한령'의 효과를 한 번 살펴볼 필요가 있을 것 같다.

21세기에 진입하면서 외국문화에 대한 중국 정부의 정책 기조는 크게 두 가지로 나타난다. 하나는 문화정체성과 관련된 이른바 '문화안보론'이고, 다른 하나는 소프트파워 강화를 통한 종합적인 국력의 신장이었다. 우선 2004년 중국 정부는 문화안보를 정치안보, 경제안보, 정보안보와 함께 국가 4대 안보전략으로 확정했다. 문화를 국가안보 차원에서 거론한다는 것은 중국 정부가 심각한 문화적 위기의식을 느끼고 있다는 것을 상징적으로 보여주는 것인데, 팡옌푸方彦富 교수가 지적한 바와 같이 중국 정부는 2001년 WTO 가입을 계기로 시작된 서구 자본주의 문화의 대량 유입을 중국 민족문화의 생존과 발전에 대한 심각한 위협으로 간주했다.

---

* 권기영, 중국학술원 중국·화교문화연구소 웹진 『관행중국』 86호(2017.10)에 실린 글을 수정보완함.

다른 한편 중국 정부가 소프트파워 강화를 위해 시급히 해결하고자 했던 과제는 우선적으로 국가 이미지 개선과 관련된 것이었다. 주지하는 바와 같이 중국의 경제 규모는 2010년을 기점으로 세계 2위로 도약하면서 소위 G2로 부상했다. 그러나 2009년 봉황망의 조사에 따르면 중국의 국제 이미지가 긍정적이라고 답한 비중은 전체의 4.4%에 불과했다. 이처럼 중국에 대한 국제 사회의 부정적 이미지는 중국이 장차 선진국으로 진입하는데 심각한 장애요소로 부각되기 시작했다. 중국 정부가 막대한 비용을 지원하면서 중국 문화상품의 해외 진출을 독려하는 이유가 여기에 있다. 그렇다면 중국 정부의 두 가지 대외문화정책의 목표를 중심으로 '한한령'이 가져온 결과를 평가해 보자.

우선 중국의 문화정체성 혹은 문화주체성 측면에서 '한한령'은 별다른 효과를 거두지 못한 것으로 보인다. 사실 중국 정부의 '한한령'은 한류 콘텐츠에 대한 완전한 봉쇄를 의미하는 것은 아니었다. 적지 않은 한류 콘텐츠의 중국 진출이 취소 혹은 연기되기도 했지만, 최근까지도 정상적으로 추진되기도 했다. 더구나 '한한령'에도 불구하고 한류 콘텐츠에 대한 중국인들의 관심이 크게 줄지 않은 것으로 조사되었다. 2017년 한국문화산업교류재단의 조사에 의하면 전반적으로 정치·외교적 이슈와 한류 콘텐츠에 대한 관심은 분리되어 있었다. 한국 드라마와 영화 검색 추이도 이전과 거의 동일한 수준을 보였고, 중국의 공식적인 매체가 봉쇄되자 오히려 불법 유통 경로가 급속도로 확산되는 경향도 보였다. 이러한 사례는 과거 일본 대중문화에 대한 한국 정부의 봉쇄 정책을 연상시킨다. 한국의 강력한 봉쇄정책에도 불구하고 당시 일본 대중문화는 '밀수'와 '표절'의 형태로 끊임없이 한국에 들어왔고 또 광범위하게 유통되었다.

그렇다면 경제적 측면에서는 어떨까? 중국의 보복 조치가 한류 콘텐츠에 집중된 만큼 한국의 관련 업계가 가장 많은 타격을 받을 것임은 자명한 일이다. 그러나 좀 더 거시적인 측면에서 살펴보자. 우선 콘텐츠산업에서 한국의 대중 수출은 2015년 약 14억 달러로 전체의 26.6%에 달하며, 중국의 대한국 수출액의 8배에 달한다. 그러니까 '한한령'으로 양국의 콘텐츠산업 무역이 타격을 받을 경우 한국의 손실이 중국보다 훨씬 클 것으로 예상된다. 그러나 콘텐츠산업 무역을 장르별로 살펴보면 한국 콘텐츠의 대중국 수출액 가운데 방송은 5%, 음악(공연)은 7%, 영화는 1%에 불과하고, 절대다수인 73%를 차지하는 것은 게임산업이었다(2015년 기준). 그런데 '한한령'은 게임산업에 관해서는 특별한 제재가 이루어지지 않았다. 한국콘텐츠진흥원의 조사에 따르면 '한한령'에도 불구하고 2016년 말 한국의 콘텐츠산업 매출액은 전년대비 5.7%가, 수출액은 전년대비 8.3%가 성장한 것으로 나타났다. 결론은 '한한령'이 한국의 콘텐츠산업 전반에 막대한 타격을 주지는 못했던 것이다.

그렇다면 소프트파워, 특히 중국의 국가이미지 제고라는 차원에서 '한한령'은 어떤 영향을 미쳤을까? 지난 2017년 아산정책연구원은 대단히 흥미로운 조사 결과를 내놓았는데, 우선 가장 눈에 띄는 것은 한국인의 중국에 대한 호감도가 일본보다도 낮게 나타났다는 점이다. 전통적으로 한국인들이 북한을 제외하고 일본에 대해 가장 낮은 호감도를 보였고, 특히 최근 위안부 합의와 소녀상 문제로 일본과의 갈등이 여전히 존재하는 상황임을 감안하면 한국인의 대중국 정서가 얼마나 악화되었는지를 여실히 보여주는 것이다. '한한령' 전후를 비교해 보면, 한국인이 중국을 경쟁상대로 인식한 것은 38%에서 52.7%로 상승했고, 신뢰도는 39.7%에서 18.8%로 하락했다. 같은 맥락에서 미국과 중국 중 향후 한국에 더 중요한 나라로 중국을 선택한 비율은 56.9%에서 39.7%로 하락했다.

  결론적으로 중국의 대외문화 전략적 측면에서 '한한령'은 별다른 효과를 거두지 못했던 것으로 보인다. 문화안보의 측면에서 중국 정부가 중국 내 한류 확산을 억제하고자 했던 것이라면 '한한령'은 효과적인 정책 수단이 되지 못했다. 또한 경제적 측면에서도 콘텐츠산업과 관련된 한국 기업의 손실은 불가피하지만 산업 전반에 미치는 영향은 그리 큰 것이 아니었다. 한편 중국의 국가이미지 개선 차원에서 보자면 '한한령'은 최악의 결과를 초래했다. 특히 미래의 한중 관계 전망과 관련하여 훨씬 많은 한국인들이 중국을 협력 상대가 아니라 경쟁 상대 혹은 위협적인 상대로 간주하기 시작했으며, 향후 한국에 더 중요한 나라로 중국보다는 미국을 선택했다. 그런데 이러한 2017년의 조사결과는 1년 전만 해도 완전히 반대 상황이었다. 아마도 중국 정부 역시 이러한 결과를 원하지는 않았을 것이다.

  '한한령'을 통해 본 중국의 대외적 문화정책은 묘한 딜레마에 봉착해 있는 것처럼 보인다. 여전히 '문화'를 직접적인 국가 이익과의 관계 속에서 인식하고, 한편으로는 외국 문화의 진입에 대한 제재를, 또 한편으로는 자국 문화의 해외 진출을 공격적으로 독려하는 문화정책은 국제사회에서 또 하나의 '패권'으로 인식될 수 있는 소지가 있다. 문화가 소프트파워의 중요한 자원으로 간주되는 것은 힘power을 행사하는 방식의 차이, 즉 강제나 유인과 같은 하드파워의 방식이 아니라 상대로 하여금 내가 원하는 바를 원하게 만들도록 끌어들이는 소프트파워의 방식을 가장 효과적으로 실현하는 수단이기 때문이다. 그러나 '한한령'은 문화를 하드파워의 방식으로 사용함으로써 소프트파워의 근본적인 목표, 즉 사람의 마음을 끄는 힘을 얻지 못했다.

그런 의미에서 '한한령'은 초강대국으로 부상한 중국이 선택할 수 있는 적절한 정책 수단은 아니었다. '한한령'이 언제쯤 해소될지 예측하기는 어렵다. 그러나 중국 정부는 '한한령'이 남겨 놓은 또 다른 과제를 해결하는 데 훨씬 많은 시간과 비용을 지불해야 할지도 모른다. 문화는 결국 사람의 마음과 관련된 것이기 때문이다.

⑤ 시진핑 시대의 '문화자신감'*

2017년 말 대단원의 막을 내린 중국공산당 제19차 전국대표대회 (당대회) 업무보고에서 시진핑 총서기는 현재 중국은 개혁·개방 이래 줄곧 추진해 왔던 중국 특색의 사회주의가 새로운 단계로 진입하는 관건적 시기에 처해 있으며, 이러한 '신시대 중국 특색의 사회주의' 임무가 사회주의 현대화와 중화민족의 위대한 부흥을 실현하는 데 있음을 강조했다.

그렇다면 이러한 새로운 시대적 과제와 관련하여 문화 분야에 대한 시진핑의 구상은 무엇일까? 우선 문화 분야에 관한 시진핑의 보고를 5년 전, 그러니까 2012년 중국공산당 제18차 당대회에서 후진타오胡錦濤가 했던 보고와 비교해 볼 때 가장 눈에 띄는 키워드는 바로 '문화자신감文化自信'이라고 할 수 있다. 시진핑의 발언을 들어보자. "문화는 국가와 민족의 영혼이다. 문화가 흥하면 국운이 흥하고, 문화가 강하면 민족도 강하다. 고도의 '문화자신감'이 없으면 문화의 번영과 흥성도 없고, 곧 중화민족의 위대한 부흥도 없다."

본래 '자신감'과 관련된 연설은 2012년 18차 당 대회에서 후진타오가 제출한 소위 '세 개의 자신감', 다시 말해 중국 특색의 사회주의 노선·이념·제도에 대한 '자신감'으로부터 비롯된 것이었다. 이러한 자신감은 곧 중국 특색의 사회주의에 대한 확고한 신념을 의미했다. 그런데 2014년부터 시진핑은 이러한 '세 개의 자신감' 외에 새롭게 '문화자신감'을 제기했다. 또한 '문화자신감'이 더욱 본질적이며 광범

---

* 권기영, 중국학술원 중국·화교문화연구소 웹진 『관행중국』 88호(2017.12)에 실린 글을 수정보완함.

위하고 심후한 역량임을 강조하기 시작했다. 그리고 그 의미를 "어떤 민족, 국가 및 정당이 자신의 문화적 가치에 대해 충분히 긍정하고 적극 실행하며, 그 문화의 생명력에 대한 확고한 믿음을 갖는 것"이라고 설명하고 있다.

그렇다면 '자신감'을 가져야 하는 문화, 즉 중국 특색의 사회주의 문화란 무엇인가? 시진핑은 보고에서 중국 특색의 사회주의 문화가 세 개의 문화자원으로 구성된다고 설명한다. 첫째는 5000년 역사 속에서 배양된 중화의 우수한 전통문화이고, 둘째는 혁명문화, 그리고 셋째는 사회주의 선진문화가 그것이다. 사실 이 지점이 18차 당 대회와 크게 구별되는 부분인데, 2012년에 후진타오가 설명한 중국 특색의 사회주의 문화에는 전통문화가 전혀 언급되지 않았었다. 그러나 후진타오 시대와 달리 시진핑 시대에는 중국의 우수한 전통문화가 '신시대 중국 특색의 사회주의' 건설 과정에서 핵심적인 문화자원으로 강조되고 있다.

실제로 2017년 1월 중공중앙과 국무원이 발표한 '중화 우수 전통문화 전승·발전 공정의 실시에 관한 의견'은 당 중앙 문건 형식으로는 최초로 전통문화에 관한 사업을 담은 것이었다. 사실 '의견'의 발표는 중국 내에 적지 않은 반향을 몰고 왔다. 1990년대 이후 중국에서 전통문화의 부흥이 학술계와 문화예술계, 그리고 대중문화 영역에서 광범위하게 전개됐고 그러한 문화현상의 배후에는 중국 정부의 적극적인 독려와 지원이 있었다. 하지만 '의견'에서와 같이 중국 공산당이 중화 우수 전통문화의 충실한 계승자이자 선양자임을 자처하지는 않았다.

더구나 과거 1980년대까지만 해도 줄곧 전통문화에 대해 비판적 태도를 보여 왔던 것을 생각하면, 중국공산당의 이러한 변신에는 일정 부분 해명이 필요하기도 했다. 2017년 4월 류치바오劉奇葆 중앙선 전부장이 기고문을 통해 마르크스와 유가사상의 관계를 올바로 처리 해야 한다고 지적한 것도 이 같은 맥락에서 비롯된 것으로 보인다. 그는 마르크스의 지도적 지위를 견지하고, 유가사상을 대표로 하는 전통문화의 장점과 한계를 변증법적으로 살펴야 한다는 방침을 제시 했다.

물론 '문화자신감'은 무엇보다 대외적으로 확산돼 궁극적으로 원 대한 문화적 목표를 실현하는 동력이 돼야 한다. 여기서 말하는 원대 한 문화적 목표는 사회주의 문화강국 건설, 문화 소프트파워 증강, 그리고 '중국의 꿈中國夢' 등이 해당된다. 중국의 한 언론은 '2016년 세계에 문화자신감을 보여준 중국인'이란 제목의 기사에서 '국제안 데르센상'을 수상한 아동문학가 차오원쉬안曹文軒, 오스카 평생공로 상을 수상한 청룽成龍, 산세바스티안 국제영화제에서 황금조개상을 수상한 펑샤오캉馮小剛 등을 거론했다. 이 매체는 이들이 바로 세계 무대의 중심에서 '중국의 이야기'를 전한 중국문화의 대변인이며, 이 들의 배후에는 '문화자신감'이 숨겨져 있었다고 보도했다.

'문화자신감'은 2017년 당 대회를 통해 확실히 시진핑 시대의 핵심 적인 문화 키워드로 부각됐다. '문화자신감'을 해석한 중국의 많은 전문가들은 '문화자신감'이 외래문화에 대한 배척이나 혹은 중국문 화만이 제일이라는 자만심과는 다른 것이라고 보고 있다. 아울러 '문 화자신감'을 통해 더욱 개방적이고, 포용적인 문화적 환경이 조성되 기를 기대하기도 한다. 정말 그렇게 되기를 희망한다.

문화를 국가 안보전략의 일환으로 간주하고, 외국문화에 대해 강 력한 규제 정책을 시행하며 문화 영역에서 중국공산당이 영도권을 장악해야 한다고 주장하는 가운데 '문화자신감'은 어떻게 형성되고 표현될 수 있을까? 어쩌면 '문화자신감'이란 무엇보다 문화를 생산하고 향유하는 주체, 즉 중국 인민에 대한 자신감이 아닐까? 시진핑 시대가 향후 펼쳐나갈 문화정책을 지켜볼 일이다.

⑥ CBD
: 손상되지 않은 외래어, 합의된 욕망*

중국에서 대부분의 외래어는 본래의 모습을 유지하기 힘들다. 서구의 문물을 적극 수용하려는 풍조가 강했던 20세기 초에는 민주주의democracy를 "더모커라시德謨克拉西", 과학science을 "싸이언쓰賽恩斯" 등으로 썼던 걸 보면, 이는 중화인민공화국 수립 이후에 서방 제국주의의 용어를 그대로 쓸 수 없다는 사회주의적 유산이 반영됐기 때문일 것이다. 1990년대 이후에는 중화민족이 만든 위대한 유산인 한자와 중국어에 대한 강렬한 민족주의가 쇠퇴하는 사회주의적 신념을 대신하여 작동하게 되었다. 북한의 더욱 끈질긴 외래어의 "주체적인 조선어"로의 변용도 같은 맥락이라고 할 수 있다. 이로 인해 한국과 북한의 언어 차이가 외래어 표기법에서 극대화되듯이 중국과 타이완도 외래어에서 언어 차이가 심한 편이다. 최근 일상용어에서는 영어 발음이나 알파벳을 그대로 따르는 경우도 많지만, 여전히 대부분의 공식적인 용어는 기어이 중국어로 된 새로운 신조어를 만들어내고야 만다.

예를 들어보자. 거대한 인구와 영토, 풍부한 천연자원을 가진 데다 빠르게 성장을 거듭하면서 21세기 새로운 강대국으로 부상할 것이라고 기대되었던 브라질, 러시아, 인도, 중국 등 신흥 4개국을 지칭했던 브릭스BRICs는 글자 그대로 하면 금 벽돌 4개국 또는 금괴 4개국으로 번역될 수 있는 "金磚四國Jinzhuansiguo"이 표준어로 정해졌다. 브릭

---

* 조형진, 중국학술원 중국·화교문화연구소 웹진 『관행중국』 73호(2016.09)에 실린 글을 수정보완함.

스의 발음과 철자가 영어의 벽돌brick(중국어로는 磚)과 유사하다는 점에 착안하여 여기에 금金자를 붙여 잘 나간다는 의미를 더한 것이다. 본래 "金磚"이라는 단어가 벽돌 모양의 금괴를 의미하다 보니 브릭스 4개국은 금괴 네 개가 되었다. 이후 호사가들이 남아프리카공화국도 추가해야 되지 않느냐면서 브릭스의 소문자 's'를 남아프리카공화국을 의미하는 대문자 'S'로 바꾸어 "BRICs"보다 "BRICS"가 유행하게 되었다. 운 좋게도 중국인들은 금 벽돌 한 개를 더해 금 벽돌 5개국으로 바꾸어 "金磚五國Jinzhuanwuguo"으로 부르면 그만이었다.

이름이나 지명 같은 고유명사도 최대한 중국식으로 만들어냈다. 한국이나 일본처럼 한자로 된 이름이 있으면, 자기들 발음대로 부르면 그만이다. 뜻이 있는 외래어는 들어맞는 한자를 찾으면 된다. 백악관The White House은 대통령이 사는 '하얀 집'이니 "하얀 궁전白宮"이다. 그러나 한자가 없는 이름들은 어떻게든 발음을 비슷하게 만들어야 한다. 그래서 미국의 오바마 대통령은 "아오빠마奧巴馬"이다. 주중국 미국 대사관이 2009년 오바마 대통령의 방중을 앞두고 미국 대통령은 왕이 아니기 때문에 "하얀 궁전"보다는 그냥 뜻 그대로 "하얀 집白屋"으로 하고, 오바마도 더 본래 발음에 비슷한 "어우빠마歐巴馬"라고 하자고 공식적으로 요구했었다. 하지만 중국은 여전히 자신들이 이미 사용하고 있는 "하얀 궁전"에 살고 있는 "아오빠마"를 바꾸지 않았다. 공식문서의 중국어 번역본에서 "어우빠마"를 고집하던 미국도 시간이 지나면서 결국은 "아오빠마"를 자기들 대통령으로 삼을 수밖에 없었다. 어쩌면 당시 위안화 절상, 티벳 문제 등으로 미국과의 관계가 좋지 않았던 데다 타이완이 오래 전부터 "어우빠마"를 사용하고 있어 잘못하면 중국이 타이완을 따라가는 꼴이 되니 그랬을 수도 있다. 1981년 로날드 레이건Ronald Reagan의 미국 대통령 당선을 보도하면서 이제까지 일반적인 미국인들의 발음을 따라 "리건"으로 쓰던 한국 언론들이 레이건 대통령이 굳이 "레이건"으로 발음한다는 소식에 순식간에 "레이건"으로 표기를 바꾸었던 것과 비교하면, 중국이 외래어에 대해 가지는 오기는 남다르다고 할 수 있다.

이 외래어에 대한 고집에서 벗어난 특출한 단어가 바로 "CBD Central Business District"이다. 한국어로는 "중심업무지구"로 번역되는 CBD는 중국어로도 "중심상무구中心商務區", "중심상업구中心商業區", "상무중심商務中心" 등으로 손쉽게 번역된다. 말 그대로 CBD는 서울의 여의도나 뉴욕의 맨해튼처럼 하늘을 찌르는 마천루들과 고가의 명품을 파는 최고급 상점들이 즐비하고 땅값이 턱없이 비싼 거대 도시의 비즈니스 중심지를 의미한다. 영어 단어가 단 하나도 통하지 않을 것 같은 완고한 베이징의 택시기사들도 CBD(발음 그대로 "씨비디")는 알아듣는다. 오히려 중국어로 "중심상무구"라고 또박또박 말하면, 대도시에 처음 와본 촌놈이라는 걸 알아챌 것이다. 때때로 베이징의 샐러리맨들은 자신이 출퇴근하는 사무실이 CBD에 위치하고 있다는 점을 은근히 드러내기도 한다. 그럭저럭 괜찮은 회사에 다닌다는 뜻일 게다.

CBD는 미국과 영국 등 선진 자본주의 국가의 도시 발전 과정에서 출현했다. 산업이 발달하면서 1920년대부터 주요 대도시의 중심지에 위치했던 공장들과 주택들이 점차 도시 외곽으로 빠져나가고 주요 기업들의 사무실과 금융, 고가 소비재 판매 등 고도화된 기능만이 도시의 핵심부에 남게 되었다. 이처럼 CBD는 2차 산업에서 3차 산업으로의 산업 고도화가 진행되는 과정에서 자연스럽게 발생했다. CBD를 갖춘 대도시의 이상적인 모습은 고부가가치 산업이 응집된

CBD를 중심으로 주거지와 굴뚝 산업이 외곽에 위치하는 동심원의 형태가 된다. 또한 활발한 경제활동을 위해서 CBD부터 주거지까지 촘촘한 도로망과 지하철이 배치되어야 한다.

　중국에서 CBD는 뒤늦게 탄생했다. 개혁·개방 이후 진행된 자본주의식 산업화는 주거지, 공장, 상점이 뒤엉킨 복잡한 도시 형태를 가져왔다. 계획경제 시기 강조되었던 중공업 발전의 유산으로 거대한 공장들이 여전히 도심 한 가운데에서 연기를 내뿜고 있었다. 1989년 천안문 사건을 지나 1990년대 초 다시 개혁·개방을 가속화하면서 새로운 도시계획들이 입안되었으며 여기에서 본격적으로 CBD가 등장하게 되었다. 베이징의 경우, 1993년 국무원이 「베이징 도시 종합 규획(1991-2001)」을 비준하면서 CBD 건설이 도시개발의 목표로 상정되었다. 그러나 1990년대 말 아시아 금융위기로 인한 재정적 곤란으로 CBD 개발은 늦춰졌다. 본격적인 CBD의 등장은 2000년대 이후부터 시작되었다. 이처럼 중국의 CBD는 서구 자본주의 국가처럼 장구한 산업발전에 따른 자연스런 결과물이 아니라 계획과 결정을 통해 탄생되었다. 시장과 자본의 논리에 따라 비싼 것들이 구심력을 발휘하고 싼 것들이 원심력을 발휘하며 서서히 무르익어 간 것이 아니기 때문에 중국의 CBD는 종종 지리적으로 중심이 아닌 외곽에 형성되었다. 대표적으로 베이징의 CBD는 도심의 지속적인 확장 덕분에 이제는 중심이 아니라고 할 수도 없지만, 애초의 기준으로는 동쪽에 치우쳐 있다. 중앙에 박혀있는 자금성과 천안문 광장 때문이기도 했지만, 퇴조하던 중공업 공장들이 위치하던 지역이라 토지 이용이 성겨 오래된 것들을 쓸어버리고 새로운 것들로 대체하기에 적합했기 때문이다. 결코 중국에서는 언급되지 않지만, 서구의 학자들은 천안문 사건의 아픈 경험으로 인해 정치적 중심인 자금성 일대에 인구가 밀집된 경제중심지를 중첩시키지 않으려는 의도도 반영되었다고 본다. 본래의 CBD와 상이한 탄생 과정을 거쳤지만, 오늘날 중국의 대도시들은 뉴욕, 런던 등 대표적인 CBD를 갖춘 도시들보다 더 이상적인 CBD를 갖게 되었다. 세계 1, 2위를 다투는 초고층 빌딩들이 가득하고 가격표의 자릿수를 잘못 본 게 아닌지 의심할 수밖에 없는 초고가 명품을 파는 상점들이 즐비하다. 중국의 대도시들이 개혁·개방 이후 30여 년 만에 가장 CBD다운 CBD를 탄생시켰다는 점에서 중국의 CBD는 절대적인 시간상으로는 뒤늦었지만 상대적으로는 지나치게 빨랐다고 볼 수도 있다. 사실 중국의 CBD는 규모와 속도가 중국답게 더 거대하고, 더 빨랐을 뿐 서울과 같은 후발 산업국가들의 대도시 탄생 과정과 크게 다르지 않다.

다시 CBD라는 단어로 돌아오자. 일상적으로 중국 인민들이 CBD를 쓰는 것이야 그렇다고 해도 중국의 관방 언론은 어떨까? 공산당 기관지 〈인민일보〉의 과거 기사를 검색해 보면, 1990년대까지만 해도 CBD는 반드시 한자와 병기되었으며 CBD라는 철자 없이 "중심상무구" 등 중국어만 기재되는 경우도 많았다. 그러나 2000년대 이후에는 인민일보조차도 CBD를 독자적으로 쓰는 경우가 늘어 이제는 거의 CBD만 단독으로 쓰고 있다. 최근 가장 첨예한 이슈인 싸드 THAAD를 보면, 〈인민일보〉는 영어 약자를 병기하지도 않은 채 발음만 빌려 반드시 인용표기인 따옴표로 둘러싸서 "싸더薩德"로 표기하고 있다. "THAAD"라는 표기는 아는 사람이 거의 없는 생소한 단어였던 2009년에 단 한 차례 있을 뿐이다. 중국의 관방 언론들은 외래어와 신조어에는 지겹도록 반복적으로 따옴표를 붙인다. 그런데 놀랍게도 CBD는 이제는 따옴표조차 벗어버렸다. 자존심 강하고 표기에 민감한 〈인민일보〉조차 CBD라는 외래어를 글자 그대로 사용하는 것이다.

　사실 CBD는 전문적인 학술연구에서 탄생한 지나치게 현학적인 단어라서 정작 영어권 국가에서는 잘 사용되지 않는 단어라고 한다. 어쩌면 오늘날 CBD라는 단어를 가장 많이 사용하는 국가는 중국이지 않을까? 이 따옴표도 벗어버린 외래 신조어가 일상용어를 넘어 관방 언론에서조차 손상 없이 쓰일 수 있는 이유는 이것이 개혁·개방 이후 중국 정부와 인민 모두가 동의하는, 합의된 욕망을 반영하기 때문일 것이다. 뉴욕, 런던, 파리처럼 세련되고 현대적인 도시들을 완성하려는 국가의 계획과 이 도시에서 뉴요커, 런더너, 파리지앵처럼 살고 싶은 개인들의 목표가 일치하기 때문에 CBD는 공산당의 글말과 인민들의 입말에서 자연스럽게 따옴표도 없이 사용된다.

7 '싸구려' 중국의 종결과 '싸구려' 북한의 부상*

진보적인 생태운동가이자 여러 권의 저서를 쓴 작가인 라즈 파텔 Raj Patel은 2017년 '일곱 가지 싸구려로 본 세계의 역사A History of the World in Seven Cheap Things'라는 독특한 제목의 책을 출간했다. 자본주의, 나아가 인류의 역사는 끊임없이 싸구려를 추구한 역사이며 이것이 오늘날 기후변화를 비롯해 어쩌면 인류의 종말로 귀결될 수 있는 전 지구적 위기를 초래했다는 내용이다.

인간의 싸구려에 대한 갈망은 상식에 불과할 수도 있다. 꼭 비즈니스가 아니더라도 우리는 어떻게든 비용을 절감하고 이익을 극대화하려고 한다. 사업을 해본 사람들의 경우 대부분 이윤의 극대화가 아니라 비용의 절감이 우선이라고 말한다. 자신이 통제할 수 없는 수요와 공급의 마법 속에서 가슴 졸이며 시장의 판결을 기다려야 하는 이윤 증대보다는 우선 임금을 깎고 원재료를 싸게 구해 비용을 줄이는 게 합리적이라는 논리다. 파텔의 독창성은 비용, 이윤, 금융 등 잰 체하는 용어로 포장된 인류의 욕망과 파멸의 논리를 '싸구려cheapness'라는 날것의 개념으로 생생하게 폭로하고 있다는 데 있다.

근대 자본주의 국가들은 모두 노동자의 임금 인상을 억제하고 대신 낮은 임금으로 노동자가 생존할 수 있도록 농산물과 에너지의 가격을 낮추려고 했다. 노예제와 가부장제에서 엿보이듯 최종적으로는 흑인, 여성 등 특정한 인간의 삶 자체를 싸구려로 만들었다. 좁은 국경 안의 싸구려만으론 한계가 있었기에 더 싼 물건과 더 싼 사람을 찾아 변경을 확대하며 식민지를 만들었다.

---

* 조형진, 〈아주경제 차이나〉(2018.8.19.)에 실린 글을 수정보완함.

인류의 싸구려에 대한 열망으로 지구는 갈수록 뜨거워지고 있다. 바다는 몇십 년 뒤면 생선의 총량보다 플라스틱의 총량이 더 많아질 것이다. 이처럼 싸구려는 단순한 비용 개념과 달리 인류의 모든 영역에서 작동하며 지구라는 행성의 미래를 결정할 개념이라는 것이다. 생태적 가치를 유보하고 파텔의 '싸구려' 개념을 빌려 현재의 국제관계를 이야기해 보자. 노예제로 싸구려 인간을 마음껏 부려 유럽에 싸구려 농산물을 팔아 성장한 미국은 산업국가가 되면서 자연스럽게 더 이상 싸구려 인간을 필요로 하지 않게 되었다. 노예해방 이후 미국은 과거의 유럽처럼 잔혹한 식민지 침탈이 아닌 대량생산과 금융을 통해 싸구려를 확보했다는 점에서 나름 문명적이었다고 자부할지도 모른다. 미국은 기축통화인 달러를 양껏 찍어대며 돈 자체를 싸구려도 아닌 거의 공짜로 활용해 왔다. 달러를 환류시켜 식민지가 아니라 일본, 그 다음은 중국으로 대표되는 싸구려 수출국을 통해 자국민에게 싸구려 물품을 공급할 수 있었다.

미중 관계의 변화도 전 지구적인 싸구려의 구조 변동으로 설명이 가능하다. 과거 미국이 노예제에 기반한 농업국가에서 벗어났듯이 중국도 눈부신 성장으로 이제 미국의 싸구려 공급처에서 벗어나고 있다. 중국은 더 이상 싸지 않다. 더구나 철저한 신자유주의 논리로 불평등을 확대한 미국은 자체적으로 싼 인간들을 많이 보유하게 되었다. 환경 파괴의 대가를 감수해야 하지만 낮은 가격으로 에너지를 확보할 수 있게 해준 셰일가스 혁명으로 인해 싸구려 에너지 공급처로서 중동 지역의 가치도 낮아졌다. 최근에는 중국이 미국으로부터 싸구려 셰일 가스를 대량으로 수입하고 있는 상황이다.

트럼프 대통령의 일방주의적인 태도는 국내적으로 인간과 자원이 싸진 데다 기존의 변경이 너무 비싸졌기 때문일 수 있다. 이런 논리라면 과거만큼 싸구려가 아닌 중국이 미·중 무역전쟁에서 좀 더 싸진 미국에 승리하기는 어렵다. 그러나 미국은 여전히 싸구려가 필요하며 중국만큼 싸구려를 생산할 수도 없다. 미국은 인류사가 증명하는 싸구려 공급의 가장 효율적인 수단인 식민지를 가지고 있지 않다. 또한 트럼프 대통령은 과거 미국을 비롯한 서구 문명이 오랫동안 애용해 온 이민의 방식, 파텔의 용어로 말하자면 싸구려 인간들의 유입을 철저하게 막기로 했다.

미중 무역전쟁은 싸구려의 구조 변동을 더욱 가속화할 수 있다. 지식재산권을 지키고 환율에 대한 개입을 줄인 중국은 싸구려를 만들기가 더욱 어려워진다. 중국의 패배는 역설적으로 중국을 더 비싸게 만들고 미국은 싸구려를 얻기가 더 힘들어질 것이다. 미국에 있어 비싸진 중국은 덜 필요하기 때문에 미·중 대립은 구조적으로 더욱 심화할 수밖에 없다. 결국 인류의 욕망과 자본주의라는 방식이 바뀌지 않는 이상 미국은 새로운 싸구려 공급처와 싸구려를 갈망하는 자국의 달러가 흘러갈 곳을 찾아야 한다. 트럼프 대통령이 틈만 나면 북한에 대해 성장과 투자를 말하는 것은 타고난 비즈니스맨의 감각으로 세계 싸구려 구조의 변동과 새로운 싸구려로서 북한의 가치를 인식했기 때문일 수 있다. 단어가 주는 어감 때문에 입맛이 다소 쓰지만 북미 관계의 성패는 비핵화보다 북한이 미국에게 얼마나 훌륭한 싸구려가 되는가에 달려 있을지 모른다.

⑧ '신촌新村' 건설의 꿈*

2013년 4월, 베이징항공항천대학北京航空航天大學 공상관리계工商 管理系의 한더챵韓德強 교수는 30여 명의 학생과 함께 일종의 농촌공 동체를 설립했다. 베이징에서 약 30분 거리에 있는 허베이성河北省 바오딩시保定市 딩싱현定興縣에 설립된 이 공동체의 이름은 '정도농 장正道農場'이었다. 이들은 농장 내 기숙사에서 함께 생활하면서, 함 께 농장에서 노동하고, 함께 학습하며 공동생활을 영위했다. 학습은 공자에서 마오쩌둥에 이르는 다양한 텍스트를 중심으로 이루어졌고, 주로 전통적 유교 이념과 마오쩌둥 사상의 연속성을 강조하는 학습 이 진행되었다. 대표적인 좌파 웹사이트 '유토피아烏有之鄕'의 설립자 가운데 하나였던 한더챵의 행보는 세간의 주목을 받았으며, 농장의 설립 자금도 주로 마오주의자들의 후원으로 조달되었다.

약 3년간 유지된 이 공동체의 결말은 그리 밝지 않았다. 시간이 지나면서 이 단체의 미신적 성격이 집중적으로 조명되었고, 한더챵 에 대한 일종의 개인 숭배 현상까지 표면화하였다. 한더챵이 본인을 공자와 석가모니, 마오쩌둥을 초월하는 사람으로 자평하면서, 자신이 옥황대제玉皇大帝처럼 세상을 굽어보는 존재라고 주장했다는 관계자 의 폭로도 등장했다. "'농전'을 경작하고種農田, '단전'을 함양하며養 丹田, '심전'을 기른다育心田"라는 '정도농장'의 슬로건은 단순한 심 신 수양의 차원을 넘어 일종의 미신적 성격을 드러내는 것으로 해석 되었다. 결국, 중국 정부는 2016년 12월에 '교육허가증'이 없다는 이

---

* 이원준, 중국학술원 중국·화교문화연구소 웹진 『관행중국』 135호(2021.12)에 실린 글을 수정보완함.

유로 이 단체를 강제 해산했다. 한때 SNS의 오피니언 리더 가운데 하나였던 한더챵도 이와 함께 영향력을 상실하였다.

'정도농장'의 실체에 대해서는 보다 심층적인 조사와 연구가 이루어져야 하겠지만, 그 실체와 무관하게 '정도농장'에 대한 관심이 확산했던 이유는 그것이 표방했던 가치가 많은 사람의 공감을 얻었기 때문이었을 것이다. '노동의 가치'와 '노동을 통한 교육'을 강조하고, 도시의 물질주의적 삶을 거부하는 실천은 대안적 공동체를 고민하는 이들의 관심을 불러일으켰다. 이러한 맥락에서 '정도농장'은 한때 마오주의적 꼬뮌의 재현으로 평가되기도 했다.

'노동'과 '학습', 그리고 '공동생활'에 기초한 대안적 공동체를 건설하기 위한 실험은 중국에서 약 100년 전에도 열렬한 관심 속에서 시도된 바 있다. 1919년 7월에 소년중국학회少年中國學會 회원 쥐순성左舜生은 〈시사신보時事新報〉에 「소조직 제창小組織的提倡」이라는 글을 발표하여, 학습과 사업, 생활이 통합된 소규모 공동체를 설립함으로써 청년들의 삶을 개혁하자는 주장을 제기한 바 있다. 여기에 더하여, 저우쮜런周作人이 무샤코지 사네아쓰武者小路實篤가 주도한 일본의 신촌운동新村運動을 〈신청년新靑年〉 1919년 3월호에 소개하면서, 노동과 학습이 결합된 공동생활의 이상이 중국의 청년과 지식인 사이에서 폭넓은 관심을 불러일으켰다. 소년중국학회를 중심으로 활발하게 전개된 관련 토론은 다양한 간행물을 통해 전국의 청년과 지식인들에게 전파되었고, 이들이 다시 지면을 통해 다양한 견해를 발표함으로써, 소규모 공동체 건설을 통한 이상 사회 구현은 오사운동 시기의 개혁적 열망에 사로잡힌 지식인들의 중심 화두로 떠올랐다.

톨스토이의 범노동주의, 크로포트킨의 상호부조론, '경독耕讀'을 추구하는 전통적 '은일隱逸' 관념 등, 다양한 사상적 요인이 이들의 개혁적 열망에 불을 지폈다. 무엇보다도, 유교적 가부장제에 기초한 전통적 가족제도를 '구악舊惡'의 근원으로 규정했던 신문화운동 시기의 지적 분위기는 개인에 대한 속박이 제거된 수평적 관계에 기초한 새로운 형식의 공동체에 대한 희구를 강화하였다. 평등한 인간관계를 바탕으로 함께 노동하고 함께 공부하며 생활하는 공동체를 설립하는 것은 단순히 현세에서 벗어나는 것을 넘어, 새로운 사회의 건설을 위한 적극적인 실험이자 실천이었다.

'신촌운동'이 농촌을 무대로 한 것과 달리, 이들의 생활 기반은 도시에 있었기 때문에 이 실험은 도시를 배경으로 진행되었다. 소년중국학회 창립을 주도했던 왕광치王光祈는 1919년 12월 4일에 〈신보晨報〉에 "도시 속의 신생활城市中的新生活"이라는 글을 발표하여 도시 속의 '신촌'으로서 '공독호조단工讀互助團'을 설립할 것을 제안했다. 리다자오李大釗, 천두슈陳獨秀, 후스胡適, 차이위안페이蔡元培 등 당시의 내로라 하는 지식인들이 그의 제안을 적극적으로 지지하고 후원했으며, 각종 매체를 통해 전파된 이 주장에 수많은 독자가 호응했다. 열정적인 지지 속에서 왕광치가 주도하는 공독호조단이 베이징에 설립되었고, 이와 유사한 단체들이 베이징 시내에서 추가로 조직되었을 뿐만 아니라, 상하이, 톈진, 우한, 광저우, 양저우 등지에서도 잇달아 설립되었다. 1919년 말부터 1920년 중반까지 주요 대도시 곳곳에서 새로운 공동체 실험이 전개되었고, 이 실험에 직접 참가하지 않은 사람들도 각종 매체의 지면을 통해서 그 소식을 접하고, 또 그에 대하여 활발하게 토론하면서 이 운동에 간접적으로 동참하였다.

하지만, 결과적으로 이들의 실험은 오래 이어지지 못했다. 왕광치가 설립한 첫 번째 공독호조단은 1920년 3월에 해체되었다. 단원들은 공동체의 경제적 독립을 위하여 다양한 노동과 사업에 투신했지만, '교육받은 엘리트'로서의 정체성에 의존하지 않는 한, 단체를 유지하는 데에 필요한 수입을 창출하지 못했다. 단원들은 세탁소 경영, 영화 상영, 식당 운영 등 다양한 경제 활동을 시도했지만, 끝내 성공하지 못했다. 유일하게 어느 정도의 수입을 창출할 수 있었던 것은 단원들이 개인적으로 진행한 영어나 수학 교습 활동이었다. 물론, 이러한 교습 활동도 당연히 '노동'의 범주에 포함되는 것이지만, 당시 이 운동에 참여한 청년들에게 이는 운동의 취지에 반하는 것이었다.

공동체 내부의 갈등도 운동을 좌초시킨 한 요인이었다. 날카로운 문제의식을 지닌 채 운동에 동참한 단원들은 공동체 내부의 다양한 문제와 주제에 대하여 열띤 토론을 전개하였다. 이 과정에서 서로의 시각 차이가 첨예하게 표출되었고, 여기에서 비롯된 갈등은 단원들의 이탈을 야기하기도 했다. 특히, 항저우 출신으로 베이징까지 와서 이 공독호조단에 참여한 스춘퉁施存統과 유시우쑹兪秀松은 가장 급진적인 단원들이었다. 이들은 단원들에게 이상과 행동의 엄격한 일치를 주문하면서, 다양한 문제에 대하여 원론적인 비판을 가하였다. 이로 인한 갈등은 공동체 내부의 긴장을 심화하는 원인이 되었다.

1920년에 들어와 대부분의 공독운동工讀運動과 신촌운동이 실패하면서, 운동에 참여했던 청년과 지식인들은 다양한 경력을 이어갔다. 중국공산당의 혁명운동을 역사 서술의 중심에 두는 서사에서는 이 운동의 실패가 곧 '공상적 사회주의'의 실패를 의미하며, 이 실패를 통해 비로소 '과학적 사회주의', 즉 마르크스-레닌주의로의 도약, 그리고 중국공산당의 창당이 이루어질 수 있었다고 서술한다. 실제로, 스춘퉁과 유시우쑹, 덩중샤鄧中夏, 장궈타오張國燾, 뤄장룽羅章龍 등, 중국공산당의 초기 당원들 가운데 다수가 이 운동에 직접 참여했고, 리다자오, 천두슈, 마오쩌둥처럼 직접 참여하지는 않았지만 이 운동을 적극적으로 지지한 인사들도 많았다. 하지만, 이들과 전혀 다른 길을 걸어간 사람들도 있었다는 점을 기억할 필요가 있다. 쥐순성처럼 국가주의 노선을 선택한 사람들도 있었고, 왕광치처럼 아예 정치 일선에서 물러난 사람들도 있었다. 왕광치는 이후 독일에서 유학하며 음악 연구에 매진하여 중국의 대표적인 음악학 연구자가 되었다. 이뿐만 아니라, 공독운동이나 신촌운동에 관한 사회적 관심이 시든 뒤에도 지역사회에서 공동체 건설의 꿈을 이어간 사람들도 있었다. 사회적 속박으로부터 해방된 평등한 개인들의 '공독工讀'과 '호조互助'에 기초한 공동체 건설에 대한 희구는 비록 역사의 주선율에서는 밀려났지만, '일장춘몽'에 그치지 않고 면면히 이어져 왔으며, 아마도 인류의 문명이 존재하는 한, 앞으로도 계속 이어질 것이다.

⑨ 신종 코로나 바이러스의 감정적 진실emotional truth[*]

　중국 우한武漢에서 시작된 코로나 바이러스 감염증 사태가 진정될 기미를 보이지 않는다. 사태가 지속되면서 보도의 중점이 병리학적인 감염에서 정치적, 사회적 문제로 확대되었다. 중국 공산당과 정부의 대처에 대한 비판이 들끓고, 궁극적으로 시진핑 주석의 장기 집권이 흔들릴 수도 있다는 것이다. 보도 경쟁에 내몰린 미디어들이 새로운 소재를 발굴하는 것은 당연하지만, 이는 일정 정도 사실을 반영한 것이기도 하다.

　지인들이 대부분 학계에 있는 사람들이기 때문에 다분히 편향된 샘플일 수 있지만, SNS(사회관계망 서비스) 등으로 파악되는 중국의 최근 여론은 권위주의 체제에서 이제까지 강고하게 유지되었던 선을 조금씩 넘어서고 있다. 당국이 정보를 은폐하면서 감염이 확산된 과정과 이에 대한 비판들이 거침없이 게시되고 있다. 특히 바이러스 확산을 처음으로 알렸던 의사 리원량李文亮이 사망하면서 이는 정보 통제에 대한 비판과 언론 자유에 대한 요구로 폭발하고 있다.

　선을 넘은 사례를 하나만 살펴보자. 2020년 2월 9일, 우한시 공산당 당서기 마궈창馬國强이 우한시 전체 3,371개 지역에서 전체 가구의 98.6%, 전체 인구의 99%에 대한 감염 조사를 완료했으며, 8일까지 입원하지 못했던 1,499명의 환자 전부를 당일 모두 입원시켰다고 발표했다. 이 소식이 알려지자 내가 98.6%가 아닌, 우한에 거주하는 나머지 1.4%라고 밝히는 댓글이 줄을 이었다. 심지어 발표와 달리

---

[*] 조형진, 중국학술원 중국·화교문화연구소 웹진 『관행중국』 114호(2020.03)에 실린 글을 수정보완함.

자신의 부모는 중증임에도 입원하지 못했다며, 주소와 전화번호를 밝히고 당장 긴박한 요구사항까지 적은 우한 시민들도 있었다. 신분까지 밝히면서 정부의 발표가 얼마나 사실과 동떨어졌는지 직접적으로 비판하는 이러한 모습은 이번 감염 사태 이전에는 상상할 수 없던 일이었다.

'유언비어謠言'에 대한 강력한 조치들과 정부를 비판하는 수많은 내용들이 SNS에서 순식간에 삭제되는 걸 보면, 당연히 중국 당국도 민심 이반의 심각성을 잘 알고 있다. 하지만 정치적, 사회적으로 정말 중요한 것은 사실과 진실이 아닐 수 있다. 문화 비평이나 심리학은 때때로 '사실적 진실factual truth'과 '감정적 진실emotional truth'을 구분한다. 사실적 진실이 말 그대로 현실 세계에서 발생한 사실이자 진실이라면, 감정적 진실은 사람들이 믿고자 하는 바람에 가깝다. 정치적, 이념적 대결에서 우위를 차지하기 위해 사실이 아닌 줄 알면서도 날조하는 거짓 선동이나 소비를 위해 조장하는 산타클로스, 요정 같은 문화적 창조물과는 일정한 차이가 있다. 조선의 정조가 암살되었다는 주장은 사실적 진실이 되기 위한 역사적 근거가 부족할지 모르지만, 하나의 감정적 진실로서 개혁에 대한 열망과 기득권에 대한 분노가 투영된 것이다. 우리만 그런 것도 아니다. 케네디 대통령이 군산복합체에 의해 암살되었다는 미국의 대표적인 음모론도 정치를 좌지우지하는 금권을 통제해야 한다는 보통 미국인들의 바람이 반영된 감정적 진실이라고 할 수 있다. 물론 '감정'과 '사실'의 조합은 앞뒤가 맞지 않는 형용 모순이다. 그러나 사소한 내용이 사실과 다르거나 심지어 사실과 정반대일지라도 이것이 그 뒤에 숨겨진 다수의 진실한 바람을 드러내거나 다수의 정치적 힘을 통해 현실을 바꿀 수도 있기 때문에 '진실'이라고 표현하는 것이다.

현재 신종 코로나 바이러스와 관련된 중국의 여론도 시민들의 감정적 진실로 해석해 볼 수 있다. 중증 급성 호흡기 증후군, 사스SARS가 중국을 휩쓸었던 2003년과 코로나 바이러스에 대한 2020년의 대응이 차이가 없다는 비판은 중국 당국에게는 사실적 진실이 아닐 수 있다. 그러나 이는 17년 전처럼 불리한 정보의 유통을 막거나 여론과 언론을 통제하지 않아야 한다는 감정적 진실이 드러난 것이라고 할 수 있다. 구체적인 근거가 부족해 보이는 '유언비어'는 더 많은 자유가 보장되고 정치 권력이 시민의 안녕과 복지를 위해 일하기를 바라는 감정적 진실일 수 있다.

감정적 진실 속에 숨겨진 바람이 현실화되거나 구체적이고 명확한 사실과 이에 대한 신뢰가 있다면, 감정적 진실은 사라진다. 더 많은 자유와 권리가 보장된다면, 코로나 바이러스 속에 숨겨진 감정적 진실 또는 '유언비어'는 힘을 잃을 것이다. 그러나 중국은 사태가 수습되고 나면, 아마도 공산당의 절대적인 영도라는 사실적 진실을 더욱 밀어붙여 감정적 진실을 억누를 듯하다. 어느 쪽이든지 신종 코로나 바이러스는 중국에게 예상치 못한 커다란 도전과 변화를 가져올 것이다.

⑩ 한국을 절대 따라 하지 말라
: 중국의 사교육 금지*

최근 한국은 명실상부하게 선진국으로 인정받고 있다. 대표적인 예로 유엔무역개발회의UNCTAD가 한국의 지위를 개발도상국에서 선진국 그룹으로 변경한 것을 들 수 있다. 1964년 설립된 이래 UNCTAD가 개도국에서 선진국 그룹으로 지위를 변경한 것은 한국이 처음이라고 한다. 한국 기업의 제품들은 세계에서 각광받고 있다. 뿐만 아니라 한류로 통칭되는 한국의 문화상품은 세계인들을 환호하게 만들었다.

중국에서도 역시 한류가 거세게 불었다. 사드 사태로 중국 정부가 한국의 문화 유입을 막았을지라도 한국의 음악, 드라마 등은 젊은 세대에게 여전한 인기를 끌었다. 최근 '오징어 게임'이라는 드라마가 중국에서 방영되지 않았을지라도 각종 포털 사이트에서 엄청나게 검색되는 것을 보면 많은 중국인이 비공식 경로로 이를 시청했음을 알 수 있다. 이런 열풍을 보는 중국인들 사이에서는 한국의 소프트 파워에 대한 부러움과 질투가 동시에 생겨난 것 같다. 일부에서는 한복이나 한국 음식의 원조가 중국이라는 주장을 함으로써 그러한 질투를 표현하기도 한다. 한편에서는 한국문화를 대놓고 모방한다. 한국 드라마나 TV 오락프로그램을 표절하는 것이 대표적인 사례이다. 이런 것을 보면 한국은 다른 나라가 따라가야 할 모범이 된 것 같기도 하다.

---

* 구자선, 중국학술원 중국·화교문화연구소 웹진 『관행중국』 134호(2021.11)에 실린 글을 수정보완함.

하지만 한국이 추종해야 할 모범 사례임과 동시에 다른 나라의 반면 교사 역할을 하는 분야도 존재하는 것 같다. 최근 중국의 사교육 금지가 바로 그에 해당된다. 시진핑은 '중화민족의 위대한 부흥'이라는 중국몽을 자신의 임무로 삼고 있다. 이를 위해 내부적으로도 강한 중국을 만들고자 한다. 때문에 빈곤 탈피 정책을 대대적으로 시행하여 극빈층을 감소시켰다. 여기에 더 필요한 것은 바로 중산층의 확대이다. 주지하듯이 중국은 빈부격차가 큰 나라이다. 개혁개방 정책으로 중국은 큰 성공을 거두었다. 그러나 모든 정책이 어느 시기에나 타당한 것은 아니다. 40년이 훌쩍 지난 지금 개혁개방 정책은 전환점에 들어섰다. 덩샤오핑의 선부론先富論(일부가 먼저 부유해진 뒤 이를 확산한다)으로 일부가 부유하게 되었지만, 부가 사회적으로 널리 파급되지는 않았다. 부의 재분배를 통해 중산층을 확대하는 것이 개혁개방 40년의 성과를 이어받고, 그 과정에서 나타난 문제를 개선하는 방법 가운데 하나일 것이다.

그 중산층 문제에서 중국의 반면 교사가 바로 한국이다. 하늘 높은 줄 모르고 치솟는 집값은 국민들을 절망에 빠뜨리고 있으며, 막대한 사교육비는 가계를 휘청이게 한다. '중국몽'을 실현하고 시진핑의 정치적 업적을 달성하기 위해서 이러한 한국의 모습은 절대 따라 하지 말아야 할 길이다. 한국을 철저히 연구했는지 중국은 최근 부동산세를 시범적으로 도입하고, 사교육 금지정책을 실시하였다. 한국의 언론들은 이런 중국을 비판적인 시각으로만 바라보는 것 같다. 부동산세 실시가 헝다恒大사태와 맞물려 중국 경제에 부담을 준다는 기사들이 많이 보인다. 또한 사교육 금지 여파로 관련 기업들이 무너지고 일자리를 잃는 사람이 많다는 기사, 사교육이 '지하화'하고 있다는 기사들도 뒤따른다.

급속한 산업화 이후 선진국이 된 지금의 한국은 계층이 고착화되었다. 유일한 계층 이동의 사다리였던 교육마저 부의 대물림이 대세가 되었다. 막대한 사교육비를 쓸 수 있는 계층의 자녀만이 소위 좋은 대학에 가고, 사회에 나가서도 유리한 일자리를 얻는 구조가 자리 잡았다. 공교육의 붕괴, 스스로 공부하지 못하고 심지어 줄넘기도 사교육에 맡기는 등 사교육의 부작용에 대해서 모두가 인지하고 있지만 뚜렷한 해결책이 없다. 이런 사회환경에서 '삼포세대', '오포세대', 'N포세대'라는 말이 유행하기도 하였다. 중국 역시 그런 조짐이 나타났다. 바로 탕핑躺平족이라는 용어의 등장이다. 탕핑은 드러눕는다는 말인데, 즉, 의욕도 없이 모든 것을 포기한다는 의미이다. 한국이나 중국이나 희망이 없는 세대가 늘어간다는 이야기다.

그러나 아직 계층의 고착화가 완전히 뿌리 내리지 않은 중국에서는 한국사회의 문제점을 충분히 반면 교사로 삼을 기회가 남아 있다. 중국의 최근 행보도 이런 관점에서 볼 필요가 있을 것 같다. 선진국에 진입하였지만 근본적인 문제에 대해 손을 댈 수도 없는 한국의 입장에서 중국의 행보는 여러 가지 생각이 들게 만든다.

⓫ 영화 〈장진호〉는 당에 대한 지지를 강화시켰을까?*

2021년 중국에서 크게 흥행한 영화 〈장진호長津湖〉는 한국전쟁 중 가장 참혹했던 장진호 전투를 배경으로 중국 인민지원군들의 영웅심을 기리는 영화이다. 중국이 한국전쟁에 참전했던 이유로 '항미원조抗美援朝(미국의 침략에 저항하고 북한을 돕기 위한 전쟁)'를 내세우고 있는 것은 많이 알려져 있다. 중국은 또한 장진호 전투를 가장 중요한 승리라고 주장해왔다.

영화 〈장진호〉는 중국의 대표적인 주선율主旋律 영화다. 주선율 영화는 중국 혁명의 역사 또는 대중의 삶을 주제로 다룬 영화로 대중들의 사회주의 이념과 가치관, 그리고 애국심을 고취시키기 위해 만들어진 영화다.[1] 중앙선전부는 CNN과의 인터뷰에서 "젊은 세대"가 주선율 영화를 통해서 "당과 사회주의에 대한" "애정을 키우기"를 원한다는 점을 강조했다.[2] 따라서 〈장진호〉는 중국공산당 중앙선전부와 국가영화국, 중앙군사위원회 정치공작선전국, 베이징시위원회 및 랴오닝성, 허베이성위원회 선전부 등 당이 전폭적으로 제작 지원을 했다.[3]

---

* 이유정, 중국학술원 중국·화교문화연구소 웹진 『관행중국』 138호(2022.03)에 실린 글을 수정보완함. 이 글에서 사용한 그래프의 출처는 다음과 같음. 그래프는 마더용馬得勇이 진행한 네티즌 사회 가치관 조사 데이터베이스("馬得勇主持的'網民社會意識調查'數據庫", 2017)의 내용임.

1 百度百科, https://baike.baidu.com/item/%E4%B8%BB%E6%97%8B%E5%BE%8B%E7%94%B5%E5%BD%B1/927331(검색일: 2022.02.07.).

2 Laura He, "China's Korean War propaganda movie smashes box office record", CNN Business, 2021.10.4. https://www.cnnphilippines.com/world/2021/10/5/China-Korean-War-propaganda-movie-box-office-record-.html(검색일: 2022.02.07.).

영화가 개봉되자 '장진호 전투'가 중국 네티즌들의 토론 주제가 되었다. "쌍방 군인이 얼마나 참전했는지, 각각 얼마나 많은 전사자가 있었는지, 전쟁이 얼마나 잔혹하고 처절했는지, 쌍방 실력은 어떻게 현격했는지" 등에 관해 열띤 토론을 하고, "전쟁영화가 전쟁을 찬성하기 위해 제작되는지, 그리고 집단영웅주의를 부추기는 목적이 전쟁을 위한 것인지 평화를 위한 것인지"도 화제였다.[4] 한 웨이보 사용자가 "이 전쟁에 대해 과분한 평가를 내릴 필요가 없다. 지금의 북한과 지금의 한국을 보면 모든 해답이 한눈에 들어온다"라고 평가하자, 경제 전문지 차이징財經 부편집장을 역임한 저명 언론인 뤄창핑羅昌平은 "그로부터 반세기 후 중국인들은 이 전쟁의 정의성正義性에 대해 반추하는 일이 드물었다. 마치 당시의 '모래조각'이 상관의 '영명한 결정'을 의심하지 않는 것처럼 말이다"라고 회신하여 영웅열사보호법英雄烈士保護法 위반 혐의로 구금되기까지 했다.[5]

비록 주류의 가치는 아니지만, 왜 이들 중국인들은 "강요된 애국주

---

3 許曉蕾, "陳凱歌感慨:《長津湖》的完成是中國電影的大事", 南方都市報, 2021.6.13. https://m.mp.oeeee.com/oe/BAAFRD000020210613504256.html(검색일: 2022.02.07.); Laura He. "China's Korean War propaganda movie smashes box office record", CNN Business, 2021.10.4. https://www.cnnphilippines.com/world /2021/10/5/China-Korean-War-propaganda-movie-box-office-record-.html(검색일: 2022.02.07.).

4 "《長津湖》電影熱映 中美對朝鮮戰爭的不同敘事", BBC News, 2021.10.6. https://www.bbc.com/zhongwen/simp/world-58789527(검색일: 2022.02.22.).

5 박민희, "'장진호'가 던진 불편한 질문들", 한겨레, 2021.10.14. https://www.hani.co. kr/arti/opinion/column/1015158.html(검색일: 2022.02.07.); "【長津湖】質疑中共 參與韓戰正當性傳媒人羅昌平被以「侵害英烈」罪名刑拘", RFA, 2021.10.8. https://www.rfa.org/cantonese/news/arrest-10082021102103.html(검색일: 2022. 02.22.).

의"[6]에 질문을 던지는가? 현재 중국인들이 북한과 한국, 그리고 주변 국에 대하여 어떠한 선호도를 가지고 있는지를 파악하면 왜 중국인 들이 한국전쟁의 정당성에 대해 의구심을 갖는지 파악할 수 있다. 중국 런민대 마더용馬得勇 교수가 온라인 커뮤니티에서 2017과 2018 년 2년에 걸쳐 각각 2,379명과 5,416명을 대상으로 주변국에 대한 선호도를 조사한 결과 중국인들이 러시아, 미국, 인도, 한국, 일본, 북한의 순으로 이들 국가를 선호한다는 사실을 발견했다(아래의 그래 프 참조). 중국인들은 식민지 경험으로 인해 상흔의 감정이 남아있는 일본과 현재도 국경 분쟁이 지속되고 있는 인도와 비교하여서도 북 한을 선호하지 않고 있다.

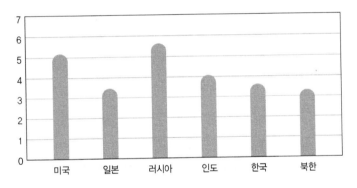

중국 네티즌들의 주변국가 선호도 평균(2017)

6 박민희, "'장진호'가 던진 불편한 질문들", 한겨레, 2021.10.14. https://www.hani. co.kr/arti/opinion/column/1015158.html(검색일: 2022.02.07.).

그렇다면 중국의 당-정은 왜 이렇게 "강요된 애국주의"를 고취시키는가? 마더용 교수가 2018년 설문조사와 동시에 진행했던 간단한 실험 결과를 살펴보면 이와 같은 질문에 대한 일정 부분 답을 구할 수 있다.[7] 실험에서 마더용 교수는 중국의 네티즌들에게 주변국들에 대한 인식을 물어본 뒤 미·중 무역전쟁 관련한 기사들을 읽게 했다. 그 기사 중 하나가 환구시보의 2017년 사설 '항미원조의 의지로 대미 무역전을 진행한다用打抗美援朝的意志打對美貿易戰'라는 기사였다.[8] 기사를 읽은 응답자들은 다시 한번 주변국에 대한 인식을 측정하고 이와 더불어 미·중 무역전쟁에 관한 견해, 그리고 중국의 중앙정부에 대한 인식과 관련된 질문에 응답하였다.

실험 초기 네티즌들은 미국에 대한 호감도가 보통 수준이었으나, 미·중 무역전쟁 관련 기사를 접한 이후 미국에 대한 호감도가 다소 감소하였다. 또한 이 기사를 접한 사람들과 접하지 않은 사람들을 비교해본 결과 기사를 접한 사람들이 미·중 무역전쟁에 관하여 좀 더 반미反美적인 성향을 나타내는 한편, 중국의 중앙정부에 대한 정치적 신뢰도는 증가하였다. 비록 마더용 교수의 실험이 이론적 근거없이 진행된 연구이며, 이를 일반화하여 결론을 도출하기는 힘들지만, 영화 〈장진호〉는 이러한 사전 조사를 참고하여 제작되었을 수도 있다.

그간 중국은 한국의 전장에서 펼쳐졌던 북·중 연합군과 유엔군 간의 전쟁을 부인하고 미국과 중국의 전쟁으로만 다루어 왔으며, 미·중 관계가 악화하는 환경에서는 한국전쟁을 계속 중국 영화의 소재

---

7 馬得勇·陸屹洲, "複雜輿論議題中的媒體框架效應: 以中美貿易爭端爲案例的實驗研究", 『國際新聞界』, 2020年第5期.

8 "社評: 用打抗美援朝的意志打對美貿易戰", 環球時報, 2018.04.07. https://opinion.huanqiu.com/article/9CaKrnK7uoG(검색일: 2022.02.22.).

로 사용하였다.[9] 그러나 반미 정서와 한국전쟁 소재가 당–정에 대한 지지와 연계된다면, 중국 국내 정치적 맥락에서 새로운 정치적·외교적 목적을 갖고 한국전쟁과 관련된 영화는 지속적으로 재생산될 수 있다.

---

9 "《長津湖》電影熱映　中美對朝鮮戰爭的不同敘事", BBC News, 2021.10.6. https://www.bbc.com/zhongwen/simp/world-58789527(검색일: 2022.02.22.).

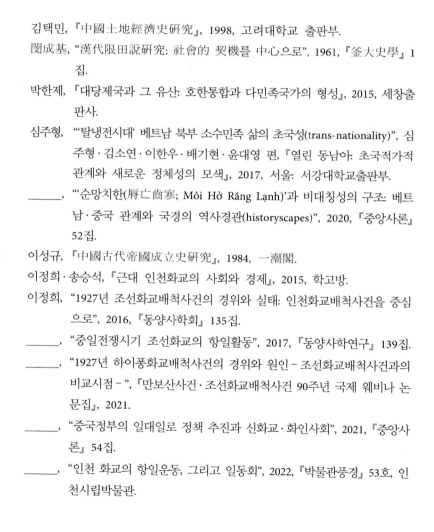

참고
문헌

김택민, 『中國土地經濟史研究』, 1998, 고려대학교 출판부.

閔成基, "漢代限田說研究: 社會的 契機를 中心으로", 1961, 『釜大史學』 1집.

박한제, 『대당제국과 그 유산: 호한통합과 다민족국가의 형성』, 2015, 세창출판사.

심주형, "'탈냉전시대' 베트남 북부 소수민족 삶의 초국성(trans-nationality)", 심주형·김소연·이한우·배기현·윤대영 편, 『열린 동남아: 초국적가적 관계와 새로운 정체성의 모색』, 2017, 서울: 서강대학교출판부.

_____, "'순망치한(脣亡齒寒; Môi Hở Răng Lạnh)'과 비대칭성의 구조: 베트남·중국 관계와 국경의 역사경관(historyscapes)", 2020, 『중앙사론』 52집.

이성규, 『中國古代帝國成立史研究』, 1984, 一潮閣.

이정희·송승석, 『근대 인천화교의 사회와 경제』, 2015, 학고방.

이정희, "1927년 조선화교배척사건의 경위와 실태: 인천화교배척사건을 중심으로", 2016, 『동양사학회』 135집.

_____, "중일전쟁시기 조선화교의 항일활동", 2017, 『동양사학연구』 139집.

_____, "1927년 하이퐁화교배척사건의 경위와 원인 – 조선화교배척사건과의 비교시점 – ", 『만보산사건·조선화교배척사건 90주년 국제 웨비나 논문집』, 2021.

_____, "중국정부의 일대일로 정책 추진과 신화교·화인사회", 2021, 『중앙사론』 54집.

_____, "인천 화교의 항일운동, 그리고 일동회", 2022, 『박물관풍경』 53호, 인천시립박물관.

장세윤, "만보산사건 전후 시기 인천 시민과 화교의 동향", 2003, 『인천학연구』 2집1호.

정병욱, "1931년 식민지 조선 반중국인 폭동의 학살 현장 검토", 2019, 『史叢』 97집.

趙岡・陳鍾毅 지음, 윤정분 옮김, 『中國土地制度史』, 1985, 대광문화사.

최병욱, "쌀 전쟁 – 일본군과 베트남 농민의 싸움", 『베트남 근현대사』, 2019, 산인.

후루타 모토오 지음, 이정희 옮김, 『베트남, 왜 지금도 호찌민인가』, 2021, 학고방.

古田元夫, "ベトナム現代史における日本占領", 『東南アジア史のなかの日本占領』, 1997, 早稻田大學出版部.

毛澤東, "和美國記者安娜・路易斯・斯特朗的談話"(1946.8.6.), 中共中央文獻編輯委員會 編, 『毛澤東選集』第4卷, 1991, 北京: 人民出版社.

_____, "要勝利就要搞好統一戰線"(1946.11.21.), 中共中央文獻研究室 編, 『毛澤東文集』第4卷, 1996, 北京: 人民出版社.

_____, "同三位西方記者的談話"(1946.12.9.), 中共中央文獻研究室 編, 『毛澤東文集』第4卷, 1996, 北京: 人民出版社.

文爱平, "柯煥章: '发展适合首都特点的经济, CBD不可或缺'", 2009, 『北京规划建设』2009年6期.

山田勝芳, 『中國のユトピアと'均の理念'』, 2001, 汲古書院.

梁心, "'另辟新境'的社會改造: 新村運動與民國早期讀書人的鄉村想象", 2016, 『社會科學研究』2016年2期.

油井大三郎・古田元夫, "ベトナムの45年大飢饉", 『第二次世界大戰から米ソ對立へ』, 2010, 中央文庫.

李正熙, "1931年排華事件の近因と遠因", 『朝鮮華僑と近代東アジア』, 2012, 京都大學學術出版會.

張瀟天, "試析'一帶一路'與毛澤東外交思想的聯系", 2018, 『學理論』2018年8期.

楊奎松, "新中國的革命外交思想與實踐", 2010, 『史學月刊』2010年2期.

葉青, "從戰爭與革命到和諧世界: 略論中國共產黨的時代觀發展與中國外交", 2011, 『國際展望』2011年4期.

庄国土, "世界华侨华人数量和分布的歷史变化", 2011, 『世界歷史』, 2011
年5期.

庄国土, "21世纪前期世界华侨华人新变化评析", 『华侨华人研究报告(202
0)』, 2020, 社会科学文献出版社.

トラン・ゴク・ラン, 『ベトナム難民少女の十年』, 1992, 中央公論社.

Báo ảnh Việt Nam, "Kỷ niệm 20 năm ngày ký kết Hiệp ước biên giới và
10 năm triển khai 03 văn kiện pháp lý về biên giới trên đất liền
Việt Nam-Trung Quốc", 2020.8.24.
(https://vietnam.vnanet.vn/vietnamese/ky-niem-20-nam-ngay-ky-ket-h
iep-uoc-bien-gioi-va-10-nam-trien-khai-03-van-kien-phap-ly-ve-bien-g
ioi-tren-dat-lien-viet-nam-trung-quoc/454860.html)

Báo Chính phủ, "Đường sắt Cát Linh-Hà Đông chậm trễ: Trách nhiệm thuộc
về ai?", 2019.10.14.

Bộ Công Thương, *Báo cáo Xuất Nhập Khẩu Việt Nam 2019*, 2020, Hà Nội:
Công Thương

BBC Vietnamese, "Nhà thầu TQ 'kém nhưng không bỏ được'", 2015.6.10.

China Radio International (Tiếng Việt Nam), ""Một vành đai, một con đường"
tại Việt Nam: Dự án tuyến đường sắt đô thị Cát Linh－Hà Đông
tại Hà Nội", 2019.4. 26. (http://vietnamese.cri.cn/20190426/7c09d58e
-73fb-4930-c33c-df33846546d6.html)

Do, Mai Lan and Oanh Hoang. "Vietnam's Tentative Approach to Regional
Infrastructure Initiatives", 2021, *ISEAS Perspective*, Vol.71.

Harry Harding, "How the Past Shapes the Present: Five Ways in Which History
Affects China's Contemporary Foreign Relations", 2009, *The Journal
of American-East Asian Relations*, Vol.16, No.1/2.

IMF, *World Economic Outlook: The Great Lockdown*, April 2020.

Jamrisko, Michelle, "China No Match for Japan in Southeast Asia Infrastructure
Race", 2019.6.25., Bloomberg.

Keith B. Richburg, "Diplomatic Tussle: 'Aobama' or 'Oubama'?", 〈The Washington

Post⟩, 2009.11.16.

Le, Hong Hiep, "Vietnam's Infrastructure Development Dilemma: The China Factor" Fulcrum, 2019.10.8.

Lynn Pan, *The Encyclopedia of the Chinese Overseas*, 1999, Harvard University Press.

Pelley, Patrica M., *Postcolonial Vietnam: New Histories of the National Past*, 2002, Durham: Duke University Press.

Quỳnh Anh, "Khởi công tuyến đường sắt đô thị Cát Linh – Hà Đông", 2011.10.10., Dân Trí.

Robert Foyle Hunwick, "The Communists that China Forgot," *Foreign Policy*, 2015.4.30. (https://foreignpolicy.com/2015/04/30/communists-that-china -forgot-righteous-path-farm-academy/)

Rong, Ma, "Ethnic Relations in Contemporary China: Cultural Tradition and Ethnic Policies Since 1949", 2006, *Policy and Society* Vol.25, No.1.

Shakhar Rahav, "Scale of Change: The Small Group in Chinese Politics, 1919-1921", *Asian Studies Review*, 2019, Vol.43, No.4.

Số 108/1998/QĐ-TTg, "Về Việc phê duyệt Điều chỉnh Quy hoạch chung Thủ đô Hà Nội đến Năm 2020" (1998/6/20).

South China Morning Post, "China roots out its 'gaokao migrants' as university entrance exam nears", 2019.5.7.

South China Morning Post, "China puts Han official in charge of ethnic minority affairs as Beijing steps up push for integration", 2020.12.19.

UNESCO, "The Twenty-Four Solar Terms, knowledge in China of time and practices developed through observation of the sun's annual motion", (https://ich.unesco.org/en/RL/the-twenty-four-solar-terms-knowledge-i n-china-of-time-and-practices-developed-through-observation-of-the-s uns-annual-motion-00647)

Vietnamnet, "Vietnam GDP growth forecast in 2020 remains highest in Asia: IMF", 2020.6.29. (https://vietnamnet.vn/en/business/vietnam-gdp-growth -forecast-in-2020-remains-highest-in-asia-imf-652693.html)

Voice of America(VOA), "Inner Mongolians Boycott Classes to Protest Chinese Language Policy", 2020.9.3.

VTV, "Kim ngạch xuất nhập khẩu của Lạng sơn giảm vì COVID-19", 2020.8.28. (https://vtv.vn/kinh-te/kim-ngach-xuat-nhap-khau-cua-lang-son-giam-vi-covid-19-20200828144802024.htm)

World Economic Forum, *The Global Competitiveness Report*, 2019.

Yap, Karl Lester M. and Nguyen Dieu Tu Uyen, "In Asia's Infrastructure Race, Vietnam Is Among the Leaders", 2017.3.23.

연합뉴스, "내년 北달력 4월4일 빨간날은 청명절 휴일", 2011년 12월 25일자, https://www. yna.co.kr/view/AKR20111225018300014

연합뉴스, "'입춘' '입동' 등 24절기, 유네스코 문화유산 됐다", 2016년 11월 30일자, https://news.naver.com/main/read.nhn?mode=LSD&mid=sec&sid1=103&oid=001&aid=0008859520

위키피디아(https://ja.wikipedia.org/wiki/インドシナ難民).

한국민속대백과사전 (https://folkency.nfm.go.kr/kr/topic/detail/5014)

"媒体: 韩德强, 你的'正道农场'不要迷信得太夸张", 2016.12.06., 凤凰网 웹사이트 (https://news.ifeng.com/a/20161206/50372748_0.shtml)

"韩德强疯了? 大V境遇巨变左右皆边缘化", 2016.12.09., 多维新闻 웹사이트. (https://blog.dwnews.com/post-926369.html)

288

| 집필자 소개 |

구자선

인천대학교 중국학술원 상임연구원. 저서로 『중국의 민주주의: 공산당의 당내민주연구』(공저), 역서로 『중국의 변강정책과 일대일로』(공역), 논문으로 「중국 – 인도 국경분쟁: 국경 협상의 기준 문제」 등이 있다.

권기영

인천대학교 중어중국학과 교수. 한국콘텐츠진흥원 중국사무소장 역임. 저서로 『마르크스와 공자의 화해』, 『바다를 등진 해양도시』(공저), 『인천 대륙의 문화를 탐하다』(공저), 주요 논문으로 「후발국가의 문화산업 추격과 국가의 역할」, 「21세기 중국의 국가비전과 문화산업 발전 전략」, 「중국 문화체제개혁의 형성과 구조적 특징」, 「중국의 지역균형발전과 지역 문화산업 육성전략」, 「중국문화 해외진출 전략 및 유형 분석」 등이 있다.

송승석

인천대학교 중국학술원 교수. 인천대학교 중국학술원 부원장 역임. 저서(공저)로 『동남아 화교와 동북아 화교의 마주보기』, 『근대 인천화교의 사회와 경제』, 『한반도화교사전』, 『인주골 중국동네 사람들』, 『인천에 잠든 중국인들』, 『베트남화교와 한반도화교 마주보기』, 역서로 『근대 중국의 종교·결사와 권력』, 『동아시아 현대사 속의 한국화교』, 『동남아 화교 화인과 트랜스내셔널리즘』, 『제국일본과 화교』, 『식민지문학의 생태계: 이중어체제 하의 타이완문학』 등이 있다.

신지연

인천대학교 중국학술원 상임연구원. 역서로 『중국의 변강정책과 일대일로』(공역), 주요 논문으로 「중국의 WTO 보조금 개혁에 대한 입장과 한계」, 「미중 무역전쟁의 해결: 국제질서의 사회화 효과를 중심으로」, 「중국 '포스트' 개혁·개방 정책의 이론적 기초: '경제내순환론'을 중심으로」(공저) 등이 있다.

심주형

인천대학교 중국학술원 중국·화교문화연구소 HK연구교수. 저서(공저)로 『베트남 화교와 한반도화교 마주보기』, 『아시아 보훈과 민주주의』, 『세계화의 창 동남아: 사회문화의 혼종적 재구성』, 『열린 동남아: 초국가적 관계와 새로운 정체성의 모색』, 주요 논문으로 「경합과 통합의 정치: 베트남 분단체제의 형성과 화교·화인경관」, 「'순망치한(脣亡齒寒; Môi Hở Răng Lạnh)'과 비대칭성의 구조: 베트남·중국 관계와 국경의 역사경관(Historyscapes)」 등이 있다.

이원준

인천대학교 중어중국학과 부교수. 저서로 『근대 중국의 토지 소유권과 사회 관행』, 『도시로 읽는 현대 중국』 1(공저), 역서로 『두만강 국경 쟁탈전 1881-1919』(공역), 주요 논문으로 「중국공산당 100년의 세계 인식과 외교 노선 변천사 試論」, 「'과거'로부터 '미래'를 그리다: 1940년대 중국의 북방 建都論과 '역사'의 동원」, 「중국공산당의 도시 접관接管정책과 하얼빈 통치방침의 변화」, 「1940년대 南京建都論과 근대 중국의 海防論」 등이 있다.

이유정

인천대학교 중국학술원 중국·화교문화연구소 HK연구교수. 주요 논문으로 「시진핑 시기 당의 정당성 강화와 탈빈곤 정책」, 「권위주의체제와 정당성: 중국의 정치체제와 의료보험개혁」, 「2000년대 이후 중국의 당-국가와 사회 관계: 사회조직과 당 건설을 중심으로」, 「전환기 중국 도시와 농촌 거주자의 정부신뢰 비교」, 「노스탤지어의 정치: 중국 향촌의 마오 시기에 대한 노스탤지어」 등이 있다.

이정희

인천대학교 중국학술원 교수. 인천대 중국학술원 부원장. 저서로 『한반도 화교사』, 『화교가 없는 나라』, 공저로 『한반도화교사전』, 『베트남화교와 한반도화교 마주보기』, 『동남아화교와 동북아화교 마주보기』, 『근대 인천화교의 사회와 경제』, 역서로 『베트남, 왜 지금도 호찌민인가』, 주요 논문으로 「1927년 하이퐁 화교배척사건의 발단, 전개, 대응의 제 양상」, 「중국정부의 일대일로 정책 추진과 신화교·화인사회」, 「근대 조선화상 화취공의 경영활동」 등이 있다.

장정아

인천대학교 중어중국학과 교수. 인천대학교 중국학술원 중국·화교문화연구소장. 저서(공저)로 『Intangible Cultural Heritage in Contemporary China』, 『국경 마을에서 본 국가: 중국 윈난성 접경지역 촌락의 민족지』, 『민간중국』, 『경독耕讀: 중국 촌락의 쇠퇴와 재건』, 『중국과 비중국 그리고 인터차이나』, 『여성연구자, 선을 넘다』, 『도시로 읽는 현대중국』 2, 『중국 관행연구의 이론과 재구성』, 역서(공역)로 『중국 운하에서 살아가기: 선민船民의 삶과 인지체계』 등이 있다.

정은주

인천대학교 중국학술원 교수. 저서(공저)로 『태평양을 넘어서: 글로벌 시대 재미한인의 삶과 활동』, 『동아시아연구, 어떻게 할 것인가』, 『한반도화교사전』, 『베트남화교와 한반도화교 마주보기』, 『글로벌 시대 재미한인 연구』, 주요 논문으로 「코로나 시대 아시안 아메리칸 재현과 시민운동의 양상」, 「국민과 외국인의 경계: 한국 내 화교의 시민권적 지위에 대한 성격 분석」 등이 있다.

정주영

인천대학교 중국학술원 상임연구원. 저서(공저)로 『중국의 꿈과 민주주의: 중국은 왜 민주화되지 않는가?』, 『'시진핑 시대' 중국의 정치체제』, 『개혁개방기 중국공산당』, 역서로 『중국의 민주주의: 민주관념의 생성과 변천』(공역), 주요 논문으로 「코로나 팬데믹과 중국 국가-사회 관계의 변화 전망: 정부와 사회조직의 전략적 행위 분석을 중심으로」, 「중국 권위주의 정치기획의 쟁점과 전망」 등이 있다.

조형진

인천대학교 중국학술원 교수. 인천대 중국학술원 부원장 역임. 저서로 『동아시아 지역 거버넌스와 초국적 협력』(공저), 역서로 『삼농과 삼치: 중국 농촌의 토대와 상부구조』, 『경독(耕讀): 중국 촌락의 쇠퇴와 재건』(공역), 『중국의 변강정책과 일대일로』(공역), 주요 논문으로 「중국의 사회주의 신농촌 건설과 기층 거버넌스」, 「한국과 중국의 도시 외교」, 「중국의 일대일로에 대한 조정과 한국의 대응」, 「중국 공산당 19차 당대회의 주요 모순에 대한 평가」 등이 있다.

인천대학교 중국학술원 교양총서 02

중국의 안과 밖
중국적 표준과 세계질서

2022. 5. 20. 1판 1쇄 인쇄
2022. 5. 31. 1판 1쇄 발행

책임편집자 장정아·심주형·정주영
집필자 구자선·권기영·송승석·신지연·심주형·이원준
　　　　이유정·이정희·장정아·정은주·정주영·조형진
기　획 인천대학교 중국학술원 중국·화교문화연구소

발행인 김미화　**발행처** 인터북스
주소 경기도 고양시 덕양구 통일로 140 삼송테크노밸리 A동 B224
전화 02.356.9903　**이메일** interbooks@naver.com　**출판등록** 제2008-000040호
ISBN 978-89-94138-85-5 04910 / 978-89-94138-84-5(세트)　**정가** 21,000원